高等学校经济管理类主干课程教材

◀ 市场营销系列 ▶

消费者行为学

洞察中国消费者

卢泰宏　周懿瑾　著

中国人民大学出版社

·北 京·

前 言

Foreword

教材的功能不是提供知识，而是综合和系统化相关知识，启发思维、培养开拓能力。综合和启发都是为了解决新问题和再创新。

本教材始于2005年，消费者行为学当时在中国高等教育中因需求上升开始受到关注，但起步阶段的各种中文教材，翻译的或自编的几乎都是全盘照搬国外出版的西方情境中的消费者行为学，用来解释中国的消费者行为时往往力不从心、隔靴抓痒。以西方教材相比照，中国消费者行为时常表现出另有千秋甚至迥然不同，其间的差异是无法回避的，我们试图积极面对、另辟新径。2005年的初版以新的框架，开创了国际本土化的新方向，即在学习吸收国际化理论的同时，尽力关注、贴近和抽象出中国本土消费者行为有价值的特征。初版副书名“中国消费者透视”就体现了这个主张和思想。初版的原创内容获得了市场积极的响应和好评，鼓舞我们沿这个方向走下去。

第2版出版于2015年，除了固守并深化贴近本土的学术方向，又迈出了第二步：率先开拓数字化消费者行为学的新内容，努力在教材层面推进从传统消费者行为学向数字化消费者行为学的重大转型。这是立足于势不可挡的数字化变革的大趋势，数字化的大浪使得原有的消费者行为学教材相形见绌，教材更新落后于实践发展。这当然是消费者行为学演变进程中全球普遍性的大挑战。2018年的第3版，又进一步对数字化带来的消费者行为学的变革做了新的强化和升级。这种努力并没有国外教材的引领和模仿，因为这方面的进展基本只反映在公司实践和研究文献中，要靠我们从大量研究文献和公司案例中摸索提炼。事实上，至2017年底我们完成第3版书稿时，国际上消费者行为学的英文教材尽管出现了涉及数字化的相关论述及内容，还没有见到整体或系统的阐述数字化消费者行

本教材的由来

为学的英文新版本。

第 4 版继续保持本教材的“基因”——消费者行为学的 4H 框架和国际本土化的特征。在综述学科基本原理和基础的前提下，突出两个强化：

其一，强化消费者行为学的数智化内容、方法和新鲜案例，以数智化替代数字化为制高点，凸显消费者行为学的变化趋势和知识更新，以应对全球消费者行为已经被数智化的浪潮不断刷新、有的甚至面目全非的现实。幸运的是，中国领先的数智化商业实践让我们可以先行一步，尝试率先为学生提供该领域的新趋势和新进展。

其二，强化理解中国消费者行为本土差异的理论基础——文化与消费者行为的相关性。笔者相信，中国消费者行为之差异的长期和根本原因在于文化，从文化切入可以增加洞察的深度，尽管这条路径并不容易捕捉和实证。

立足为更广泛的读者提供更高的价值，第 4 版的改版主旨是：**更新锐、更精简。** 所谓更新锐，是指丰富了数智化消费者行为学的理论工具和新鲜案例，更反映前沿的进展和中国的情境。例如洞察消费者的方法被数智化技术赋能已经面貌一新，为此重新构造了“如何测量消费者”的板块，既增加了网络算法等新的洞察方法，又削减了传统方法的某些细节。所谓更精简，是指高度综合的精炼，更浓缩简化突出重点和核心思想，以适应中国本科教育的现状，提升学习效果。与第 3 版相比，第 4 版从 16 章压为 13 章（加绪论），在增加大量新内容的前提下，全书字数从 58 万减少到 37.8 万。

消费者行为学 4H 框架

第 4 版的主要更新

第 4 版做了全面深刻的调整，在重新布局全书结构和内容的背景上，具体的更新主要有：

- 增加或强化的新概念，包括：数智化、虚拟社群与圈层、数字化自我、数智化信息环境，作为网络节点的消费者、网络算法、数字场景、信息茧房、行为与文化、文化心理，电子口碑、Z 世代、直达消费者营销、全接触点价值创造、用户生成内容、影响力的捷径、链路营销、人设、新消费与消费升级等。

- 重点改写的章有：绪论、第 1、3、4、6、7、8、9、11、12 章。
- 案例全面更新，新锐案例包括：抖音、快手、B 站、小红书、盒马、贝壳找房、泡泡玛特、完美日记、三一重卡直播、蔚来汽车、正佳广场等。
- 每章前添加了有助教学生动化的引例。
- 全面更新“聚焦中国”和“延伸阅读”专栏及相关基本资料和数据。
- 以二维码形式呈现部分专栏内容，如附录“消费者行为学 50 年：演进与颠覆”和部分专栏内容等。
- 取消了原第 2 章“消费者行为与营销”，其部分内容并入新的第 13 章；精简了传统的消费者研究方法等内容。
- 全书文字表达更为简洁和流畅。

第 4 版书稿是在新冠肺炎疫情不断和盛夏暑热中努力奋斗的结果。卢泰宏承担第 4 版改版的整体设计和结构调整，改写绪论和全书各章正文，并统稿审定全书。周懿瑾负责全书案例、专栏的更新，提供相关补充资料、制作教学辅助材料等。感谢郝佳为第 7 章的更新提供了宝贵的学术意见和文献。

环顾全球，消费者行为学正处在继往开来、推陈出新的重要时期，笔者期待这本数智化消费者行为学将引领潮流，为消费者行为学的中国本土化贡献力量，成为消费者行为学在中国的优秀范本。笔者虽立意高远，且谨慎落笔，然功力有限，错漏失当之处或在所难免，诚恳期盼方家和读者不吝赐教、批评指正，笔者不胜感谢之至！

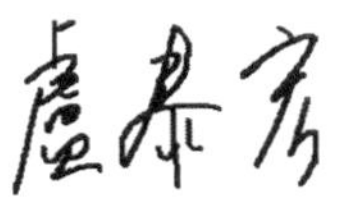

2021 年 8 月，于珠海

致　谢

感谢帮助改进本教材的同行学者，他们以各种方式对本书的问世和改版提供了宝贵的思考和意见。特别感谢以下各位：

周　南（香港城市大学、武汉大学、深圳大学教授）
符国群（北京大学光华管理学院教授）
彭泗清（北京大学光华管理学院教授）
胡左浩（清华大学经济管理学院教授）
张秀兰（香港城市大学商学院副教授）
吴水龙（北京理工大学管理与经济学院教授）
何佳讯（华东师范大学商学院、亚欧商学院教授）
杨晓燕（广东外语外贸大学商学院教授）
张红明（广东外语外贸大学商学院教授）
罗纪宁（广东外语外贸大学商学院教授）
胡晓红（广东外语外贸大学商学院副教授）
雷　鸣（华南理工大学工商管理学院教授）
高　辉（华南理工大学新闻与传播学院副教授）
阳　翼（暨南大学新闻与传播学院教授）
周志民（深圳大学管理学院教授）
刘世雄（深圳大学管理学院教授）
贺和平（深圳大学管理学院教授）
刘　超（广东外语外贸大学新闻与传播学院教授）
郝　佳（广东外语外贸大学商学院副教授）
林升栋（厦门大学、中国人民大学教授）
滕乐法（江南大学商学院、加拿大圭尔夫大学教授）
蒋廉雄（中山大学国际金融学院教授）
许娟娟（河海大学商学院副教授）
周运锦（赣南师范大学商学院教授）
陈　静（广东金融学院工商管理学院副教授）
黄　光（广东财经大学教授）
符莎莉（广州科技贸易职业学院教授）
何　云（中山大学管理学院副教授）
朱辉煌（中山大学管理学院副教授）
朱翊敏（中山大学管理学院副教授）

目 录
Contents

03 第 3 篇 方法与工具篇

04 第 4 篇 营销应用篇

绪 论

消费者行为学是解读或破解消费者行为密码的钥匙，并在理论解释的基础上推动应用。

消费者行为学的基本范畴与学科特征

消费者行为学（consumer behavior）是市场营销学（marketing）的重要基础之一。现代营销管理的核心是顾客价值，营销管理首先需要了解消费者或顾客。而真正深度了解消费者行为是一件很不容易的事，因为消费者行为好似复杂的 DNA，消费者行为学力图解读或破解消费者行为的密码，并在理论解释的基础上推动应用。

消费者行为学的基本范畴

正如美国著名消费者行为学专家所罗门（M. R. Solomon）教授所言，“消费者行为学是一个年轻的领域”。“虽然人们成为消费者已有很长一段时间，但消费现象本身成为正式研究的对象还是近年来的事情。事实上，尽管许多商学院现在都要求营销专业学生必修消费者行为学课程，但大部分学校直到 20 世纪 70 年代才开设这门课程。”[1]

当然，有关消费者行为的个别论述早已有之（如 T. 维伯伦，1899）。较早的研究开始于 20 世纪初，是从消费心理，即心理学切入的。一般认为，作为新兴学科的消费者行为学的著作出现在 20 世纪 60 年代[2]，1968 年，消费者行为学的第一本教材问世，这就是美国恩格尔（J. Engel）等人所著的《消费者行为学》。

半个多世纪以来，顺应现代市场和商业发展的需要，消费者行为学作为市场实战领域和新的学术研究领域蓬勃兴起、进展迅速，吸引了包括心理学、社会学、市场营销学、计算机科学技术等诸多学科的学者，该领域全球范围的核心专业期刊论文、论著和教材的数量一直在不断上升。消费者行为学已经构成市场营销学的重要基础之一，在商科高等教育中是一门重要的课程。同时，消费者行为研究也成为商业性咨询公司、市场研究公司、广告公司和互联网公司的核心知识和重要业务之一。

1. 什么是消费者行为学?

消费者行为学涵盖了很多方面，它研究个体或群体为满足需要与欲望而挑选、购买、使用或处置产品、服务、观念、体验所涉及的过程。[3] 可以简要说，消费者行为学是解读消费者行为密码的钥匙，并基于理论解释推动应用的一门学科。

一般认为，消费者行为学已经成为一个独立的学科领域，尽管国际核心期刊《消费者研究学报》（JCR）在 2010 年仍有文章认为消费者行为学只是一个交叉学科领域，质疑它能否称作一门独立的学科。[4]

2. 消费者行为学的基本问题

消费者行为学的基本问题是明确的，可以概括为“3W2H”，即：

- 消费者的特征辨析和识别（Who）。
- 消费者的心理和行为（What）。
- 如何解释消费者的行为（Why）。
- 如何影响消费者（How）。
- 消费者行为的变化趋势（How）。

3. 消费者行为学的不同流派

消费是人类社会的主要活动之一，学者的相关研究范畴基本上可分为三个层面：

- 消费研究（如消费主义与消费文化、消费社会学、消费地理学、消费历史学、消费政治学、消费符号学等）。
- 消费者研究（如经济人、非理性人等）。
- 消费者行为研究。

相比之下，消费者行为研究的问题更微观。

在解释复杂的消费者行为时，不同的学科有不同的角度和重心，研究方法也不尽相同。面对上述五个基本问题（3W2H），出于关注的重心和视角的差异，出现了不同的流派，而有各种不同的理论框架和结构体系。[5] 在图书馆或网上可以发现，书名同为“消费者行为学”而架构内容各异的不同版本屡见不鲜。这既反映出该学科的多元性和未来发展的空间较大，又提醒读者注意识别和选择。粗略而言，消费者行为学的教材和书籍大致有以下三个流派，或可归纳为三种学科视角：

- 心理学：消费者行为学开始于消费心理的分析，注重个体层面的心理特征，如动机、个性、兴趣等。
- 营销管理：注重从市场与消费者互动的角度理解消费者的行为特征，认为“市场营销学是一门试图影响消费者行为的学科”[6]。
- 社会文化人类学：注重宏观视野下社会消费的变迁。

此外，如后所述技术驱动的数字化消费者行为学正在蓬勃兴起，本教材立足于营销管理的视角，同时积极建构数字化消费者行为学。

4. 全球代表性的消费者行为学教材

以消费者行为学居全球主流地位的美国为例，具有代表性的消费者行为学教材有以下几种：

（1）恩格尔版本（J. Engel et al.），1968 年第 1 版，自 2001 年第 9 版起为布莱克韦尔版本（布莱克韦尔（R. D. Blackwell）成为第一作者），2006 年出至第 10 版。

（2）希夫曼版本（L. G. Schiffman et al.），1978 年第 1 版，2018 年第 12 版；

（3）霍金斯版本（Del I. Hawkins et al.），1980 年第 1 版，2018 年第 13 版；

（4）所罗门版本（M. R. Solomon），1991 年第 1 版，2017 年第 12 版。

消费者行为学的主要进展在近 30 年，这四种版本至今都已经更新出版至 10 版以上。进入 21 世纪以来，新的作者新的版本不断出现，表明消费者行为学处在活跃时期。上述几种影响较大的消费者行为学版本各有其不同的框架结构（参见第 1 章），以下简单阐述其来龙去脉和不同的视角及特征。

1968 年恩格尔等人的《消费者行为学》（*Consumer Behavior*）第 1 版是最早的开创性教材，对心理学、社会学和人类学的相关知识进行综合，为这门课程教材的开发奠定了基础，但还没有形成消费者行为学自己的结构特色。

布莱克韦尔版本是恩格尔版本的延续。布莱克韦尔从 1968 年该书第 1 版开始就是作者之一，2001 年布莱克韦尔成为该书第 9 版的第一作者（恩格尔作为第一作者至 1995 年第 8 版），从 1986 年第 5 版开始又加入了作者米尼德（P. W. Miniard）。与恩格尔版本相比，布莱克韦尔版本更加突出了消费者行为与营销管理的结合，因为布莱克韦尔本人是一位喜欢营销实战的专家。

希夫曼版本的《消费者行为学》始于 1978 年，除了第一作者希夫曼，还有作者卡努克（L. L. Kanuk）和维森布利特（J. Wisenblit）。希夫曼是一位侧重从心理学、社会学角度研究消费者行为的营销学教授。该版本中篇幅最大的是第 2 篇“个体消费者”，也就是说，消费者个人心理部分最详细。这条主线当然与心理学关系密切。其特色是突出媒体-广告-消费者沟通。如作者所言，该书从第 1 版就开创了“用广告来图解消费者行为”的方式。希夫曼版本虽然有其优势和特色，但全书显得疏散而缺乏逻辑，更何况，在移动互联网时代，消费者个体因素的重要性正在被消费者社群的影响力所取代。

霍金斯版本的《消费者行为学——建立营销战略》（*Consumer Behavior*：*Building Marketing Strategy*）始于 1980 年，到 2018 年已经是第 13 版。其副标题显示出营销战略取向是主要特色。作者主张“市场营销学是一门试图影响消费者行为的学科”，力图将消费者行为知识与营销管理相结合，或者说强调消费者行为知识的营销战略应用。该教材提供了通用的原理，个案不少。不足之处是内容和情境基本立足于西方文化背景，而消费者行为的西方情境与中国有较大差距，往往难以契合落地；其次是更新相对较慢，篇幅大而不精简。

所罗门版本的《消费者行为学：购买、拥有和存在》（*Consumer Behavior*：*Buying*，*Having*，*and Being*）始于 1991 年，2017 年出到第 12 版。这个版本虽然开始得相对晚，但具有清晰简约的理论框架以及文化取向。该书第 1 ～ 10 版由以下几个板块构成：消费者行为之轮盘、作为个体的消费者、作为决策者的消费者、文化影响和亚文化影响。从副标题可以看出，所罗门虽然重视消费者购买，但认为消费者行为学的内容不仅限于购买，还应该包括拥有和存在，突出了互联网时代出现的新变化。从 2015 年的第 11 版开始，所罗门将整个框架调整为更加简单的三个板块：消费者行为学基础、消费者行为的内在（微观）影响、消费者行为的外在（宏观）影响。他依然突出文化，将文化放在基础板块，而不是外在影响板块（这是所罗门与别人的不同），并且重点强化了网络化消费者行为（第 12 章）。

虽然每个版本的教材都追求消费者行为的完整画面并且需要兼顾基本内容（如影响因素、个体特征、消费者决策、购买行为），但不同作者的版本有各自的学科倾向和特色，形成的总体差异体现在两个方面：整体的结构框架不同；内容分布的比重不同。希夫曼版本代表心理学取向，侧重于消费者个人心理因素；霍金斯版本和布莱克韦尔版本代表营销战略取向，侧重于消费者决策过程；所罗门版本代表文化取向，侧重于文化和亚文化对消费者行为的影响。

5. 消费者行为研究

消费者行为学的知识来源于消费者行为研究。消费者行为研究的内容和方法反映出消费者行为学的进展。

消费者行为研究属于行为科学（behavioral science）和消费者研究（consumer research）的更大范畴。行为科学从广义上关注人类各种行为的理论解释，尤其重视认知学习行为的研究。应当注意，消费者研究和消费者行为研究并不是同一个概念，前者有更大的范围和更早的历史，从更广泛的社会科学角度进行研究。[7] 比如，核心期刊《消费者研究学报》上发表的论文就涵盖了心理学、市场学、社会学、经济学和人类学等多个学科领域。

消费者行为研究涉及许多范畴，所以有跨学科之说。也许是因为视角各异、涉及面广，对消费者行为的界定有不同的观点：决策过程论把消费者行为定义为消费者购买、消费和处置的决策过程。体验论认为消费者行为是消费者的体验过程，往往是一种感性的行为——消费者是在体验中购买、在体验中消费、在体验中处置。刺激-反应论认为消费者行为是消费者对刺激的反应，从消费者与刺激的关系中去研究消费者行为。平衡协调论认为消费者行为是消费者与营销者之间的交换互动行为，是双方均衡的结果。

消费者行为学的学科特征和发展趋势

作为一门学科，消费者行为学有何特征？它将如何发展？简要阐述如下。

1. 消费者行为学的学科特征

主要表现在它的多学科交叉、研究方法的多元化，研究与应用并重。

（1）跨学科交叉和多元的方法。

消费者行为学是跨学科的。它曾广泛地与心理学、市场营销学、社会学、经济学、人类学和历史学等多学科有关联。[8] 21 世纪以来，计算机科学技术、数字和智能技术大量渗透进消费者行为学，已经将人工智能的算法应用于了解消费者行为。

如同人类行为是复杂多样的，消费者行为也是难以完全理解的复杂问题。因此，出现了多学科“围攻”的跨学科、多元化局面，它运用不同学科的知识和方法，研究中定性与定量互补、实验与算法并存。消费者行为学借用或引入其他学科的概念和理论工具是司空见惯的。例如，将社会学的生活方式（lifestyle）、心理学的自我（self）和多属性态度模型等概念用于解释消费者行为。关于消费者行为研究方法的多元化，请参见本书第 11 章和第 12 章。

（2）研究与应用并重。

与消费者研究的其他领域相比，消费者行为学既注重学术，也注重应用。

营销管理视角的消费者行为学更强调将研究与营销战略、营销活动结合起来。现代营销管理以顾客导向和顾客价值为宗旨，为消费者行为研究的应用提供了巨大的需求和机会。消费者行为的研究成果对营销实践的影响表现在哪些方面？

20 世纪五六十年代，心理学为市场细分提供了依据和划分的工具，包括应用提出的种种概念进行市场细分，其中，以生活方式对人群做市场细分的方法应用得最深入、效果更好。[9]

1990 年代，在品牌领域建立了基于消费者的品牌资产理论，使得品牌研究的主流与消费者行为密切相关，品牌-消费者关系、品牌（消费者）社群等以消费者为主体的研究为品牌战略管理提供了方向和依据。[10]

一般而言，消费者行为研究与营销传播（广告、促销）有最大的关联度，即消费者行为研究常常会落地在如何影响消费者的实务中。有研究对《消费者研究学报》的论文内容进行分析，结果表明，消费者心理行为研究在营销中的应用显著或主要落在两个影响区域：广告和广告效果（占 30%）；沟通和劝说（营销沟通和消费者态度）（占 24%）。[11] 比如，应用各种心理模型研究改进广告效果（如 2000 年前后对美国戒烟广告的效果研究）。当然，整体而言，营销管理的全过程和各个分支都离不开消费者（顾客）行为研究。

2. 消费者行为学的发展趋势

消费者行为学是一个新兴的学科领域，从总体上看，消费者行为学的发展呈现出以下趋势。

趋势 1：数智化消费者行为学（digital & AI consumer behavior）正在兴起。随着数智化时代的巨大变革，21 世纪的消费者行为学将发生许多新的根本性变化，消费者行为学的许多内容都处在发展更新、转型和重构之中。

趋势 2：研究重心从单个人转到网络关系中的人，如社会网络和消费者虚拟社群。消费者体验更受到重视和追捧。将外部环境归因到人，研究更集中在人（消费者）本身。如自我概念、角色、原型、心理地图等。

趋势 3：不同文化背景下的消费者行为，新兴市场（如亚洲，特别是中国）的消费者行为研究呈上升趋势。改变长期以来消费者行为学的研究对象基本局限在西方消费者身上的格局。

趋势 4：更强调理论的应用。消费者行为学研究往往首先是为了赢得消费者和解决市场问题。向需求更大和应用价值更高的营销管理倾斜，营销管理流派的教材上升趋势明显，如增加个案的元素和凸显营销战略（marketing strategy）。

数智化消费者行为学

数字化消费者行为学（digital consumer behavior）或数智化消费者行为学，是指数字化和数智化生态中的消费者行为学。之所以需要另立门户加以区别，是因为与传统的消费者行为学相比较，已经发生了质的变化。

21 世纪以来，消费者行为学的根本变化主要来自以下几个方面：其一，消费者行为模式改变了，特别表现在消费者决策和消费者购买行为这两个关键点上；其二，消费者信息环境完全不同了，社交媒体和社会网络将不对称的不完全信息状态变成了透明的几乎完全的信息状态，消费者拥有了更大的决定性的权力；其三，消费者虚拟社群（virtual consumer community）广泛出现，成为消费者行为的主体形态；其四，更因为数字化智能化新技术的突飞猛进和广泛应用，了解、把握和研究消费者的方法完全不同了。由此，解释和影响消费者的理论方法和路径开始出现根本的不同。可以推想，原有的众多的消费者行为学教材和图书（包括国外的）都面临“过时”的挑战。笔者在 2014 年《消费者行为学（第 10 版）》（所罗门等）的序言中已指出[12]：

> 最近 5 年左右，移动互联网和智能手机的巨浪铺天盖地而来，人类已经迈入真正意义上的“大数据”时代。在移动互联的大数据新环境中，传统的消费者行为和研究消费者行为的方法理论都面临根本性的挑战，一些全新的变化已经出现。例如，任意个人观点的扩散互动可以影响群体行为模式的重大改变；又如，以前了解消费者的心理行为都是依赖人的分析综合，通过越来越精密的工具和方法的改进而深入。现在则已经进入“机器可以（自动）了解人”的阶段，每个人的行为和沟通信息都可能被完全记录，通过抓取、存储、分析海量数据，每个人的个性化偏好和行为都可以预测出来。谷歌和亚马逊公司利用电脑和软件，已经在捕捉个性化信息和行为上大踏步前进，以致理解消费者这一核心问题的解决有革命性的进展。可以想象，全新整体架构和内容的消费者行为学一定会出现。

数字化消费者行为的概念由来

如何描述新时代出现的变革？用什么概念来概括和统领这些重大的变化？

至今，学术界广泛采用的关键词是“digital”，即数字化。显然，人们不是在技术的层面使用这个术语（数字的、数码的）。那为什么会采用这个技术色彩很浓的关键词呢？这要归功于麻省理工学院教授尼葛洛庞帝。

延伸阅读0-1　消费者行为学50年：演进与颠覆

1995 年，尼葛洛庞帝的著作《数字化生存》(*Being Digital*)出版，尼葛洛庞帝说："计算不再只和计算机有关，它将决定我们的生存。"[13]他预言，计算机和互联网会使人类进入数字化生存时代。由于尼葛洛庞帝的思想极富远见，加上他的影响力，这本书产生了深刻的、广泛的影响，成为一个大时代来临的奠基之作。显然，"digital"被赋予新时代的内涵，或者说，"digital"是新时代的一种代称，所以，"digital"在此的中文翻译应为数字化而不是数字。

随着互联网和移动互联网以出人意料的速度渗透人类社会，后来的研究者在开拓创新时常常引用或借用尼葛洛庞帝的数字化（digital）一词，来表明这是某种不同于传统的概念。例如，数字化媒体（digital media）、数字化营销（digital marketing）、数字化传播（digital communication）、数字化品牌建立（branding in digital age）等，并且广泛使用"数字（化）革命"的提法。

尼葛洛庞帝在该书中认为，"数字化生存是指人类在虚拟的、数字化的活动空间里从事信息传播、交流等活动"。重点是人类在不同于传统的另外的空间——数字化生态中活动，当然一切都会不同。

消费者行为领域当然也不会例外。2009 年，著名的消费者行为学学者所罗门在他的《消费者行为学（第 8 版）》前言中简单提出了数字化消费者行为（digital consumer behavior）的概念，并且认为数字化消费者行为是一个新世界。这与他在 2001 年说过的话是同一个意思："消费者的偏好和习惯在 20 世纪 90 年代末发生了重大变化。消费者的生活方式一直在改变，社会的关注点和偏好处于不断发展变化之中。"当然，其他学者在近 10 年也表达过类似的思想。在公司实践的领域里，人们甚至更积极地将触角伸向数字化消费者行为的新空间，力图捕捉新的商业机会。例如，麦肯锡、尼尔森、埃森哲等国际一流的咨询公司高度重视数字化消费者行为的调查研究新课题，近几年连续发布了多份调查分析报告。

综上所述，数智化消费者行为和数智化消费者行为学是数智化生态中描述消费者行为及其理论的新的整体性核心概念。

数智化消费者行为与传统消费者行为的根本区别

数智化消费者行为与传统消费者行为到底有哪些不同？概而言之，数智化消费者行为是一种革命性的新概念。其变革是全面深刻的，正在渗透到消费者行为的方方面面。具体可从两大方面把握：首先和根本的是消费者自身发生的巨变，以致我们将数智化时代前后的消费者分别简称为传统人和数字人；其次是理解、研究、洞察、到达和影响消费者的路径、方法和工具手段发生了极大的变化，由此也带来了理论层面的改变。下面分别述之。

1. 新的行为模式：传统人和数字人

为了表明数字化消费者行为与传统消费者行为的不同，以传统人与数字人的概念加以分界。互联网时代出生的人是数字原住民，此前出生的人一般是数字世界的"移民"。因为在数字化时代，几乎所有人都用智能手机。消费者拥抱数字化，消费者比特化是普遍现象、大势所趋，鲜有例外，只有程度不同而已。所以在数字化时代，各个年龄段的消费者都或多或少具有数字人的特征。

数字人的消费者行为可谓大相径庭。主要的改变可以归纳为以下几点。

（1）数字化消费者信息环境完全不同了。由于各种数字化媒体、**社交媒体**（social media）对传统媒体的大范围取代，信息基础结构从金字塔形变成去中心的立体网球形，消费者从不对称的不完全信息状态进入透明的几乎完全信息状态。获取信息的路径、信息传播的方式和效果、信息利用的充分性和有效性、个体影响力都完全不同了。结果是，消费者的信息行为完全改变了，消费者有了更大的话语权和权力（参见第 6 章）。

（2）**数智化消费者社群**（digital & AI consumer community）成为消费者行为的主体。社会网络（social network）和社交媒体促使消费者虚拟社群广泛出现，互动、分享、共创的力量成为主导性的社会驱动力。消费者行为学在很大程度上从对个体行为的关注和研究转向对消费者社群的高度关注和研究。群体行为不是个体行为的简单相加，两者的行为特征并不相同。营销管理的重心也转向消费者社群，通过消费者社群平台积累的流量和顾客资产成为数字化营销的重心（参见第 6 章）。

（3）**数字化口碑**（electronic word-of-mouth，eWOM）。21 世纪数字化媒体的出现使得被遗忘在历史角落里的口碑重新大放异彩，数字化口碑魔力般放大了传统环境中消费者口碑的效应，走到营销管理和消费者行为学的前台。它的名字从“WOM”变为“eWOM”，即电子口碑、网络口碑或数字化口碑。在学术领域，数字化口碑的研究已成为一个新的理论热点，包括口碑与粉丝、口碑的效果测量等。显然，数字化口碑非常可能在短期内就形成巨大的能量，并且对品牌忠诚度等影响甚大，其商业价值不可低估（参见第 6 章）。

（4）最重要的是，数智化购买行为和决策模式与传统的购买决策有明显的不同。新的购买决策模型出现了，消费者决策的路径、时间、影响权重都发生了巨大的变化，购买体验发展为共享、互粉和互信。新的网购方式大行其道，极大改变了传统的终端购买行为。消费者的网上购买行为和移动购买行为对传统商业渠道、实体零售店形成了挑战，极大改变了传统的终端购买行为（参见第 6 章）。

应该看到，数智化打破了区域性的文化差异和隔离，数智化消费者行为是全球化的共同趋势，是全球共同接受的技术创新文化的产物。

2. 新的洞察方法：消费者行为分析的算法

21 世纪的大数据技术实现了以往难以企及的目标，大数据涵盖了消费者行为的四个方面：

- 上网的全记录：了解消费者完整的踪迹。
- 搜索数据：映射出消费者的关注和需求。
- 社交媒体的数据：判断消费者个性和类型。
- 网上支付数据：显示消费者真实的购买行为。

逻辑上，整合上述四方面的数据就可以得到“（数字）消费者画像”（digital consumer profile），即对特定消费者个体的、全景的、实时的精准描述，而且都是个人化和实时的。依靠人工智能的快速迭代学习，算法使得精准把握消费者的模型越来越有效和高效，而且已经进入商业实用，例如中国的字节跳动公司和拼多多公司在2010年代后期的高效精准运作，都是基于消费者算法。这意味着，大数据和智能算法的技术进展和广泛应用，实现了智能化记录、识别、分析、判断消费者，可以与个体消费者随时随地进行高效互动和相互影响。原来高度难解的消费者黑箱，已经被可以跟踪分析、预判其行为的消费者画像和算法迎刃而解了（参见第12章）。尽管算法对消费者行为的精准捕捉在实践中还存在伦理等问题，但可以肯定的是，研究消费者的方法、途径和效果已经与以前迥然不同、今非昔比了，而且技术还会不断指数式飞跃进步，这在传统时代是完全无法想象的。

数智算法中的个人隐私成为特别敏感的社会问题，人们关注智能手机等智能机器的介入是否会滥用个人隐私信息，以及使人际关系更为冷漠等。不言而喻，数字化智能技术也是一把双刃剑，它对人类是福是祸的伦理学争论至今仍然此起彼伏（参见第12章）。

由这些改变带来的一个重要结果是，传统的消费者行为学不可避免地面临理论修正、更新乃至重构，数智化消费者行为学的兴起和发展已成必然之趋势。

数智化消费者行为学的新概念

新的社会用语和学术术语总是伴随新的时代应运而生。与传统的消费者行为学相对照，数智化消费者行为学的不同首先体现在出现了一批新的概念、术语和关键词。表0-1中归纳了迄今与数智化消费者行为相关的新概念。

表0-1 数智化消费者行为的新概念

新概念	带来行为的改变
上网或在线（on line）	信息搜索，网购
链接（linking），连接（connecting）	认知空间，社群
社会网络（social network）	影响力，交往方式，互动
社交媒体（social media），新媒体（new media）	媒体时间分配，信息来源，分享，互动，自媒体
大数据（big data）	了解消费者的路径及其深度，智能判断
智能手机（smart phone），智能终端（smart terminal）	新的生活方式，移动购物
众筹（crowd funding）	共同创造，创新
用户生成内容（UGC）	顾客融入的商业创新
消费者虚拟社群（virtual consumer community）	互动，分享，参照群体，信息来源，购买决策，品牌态度
消费者比特化（bit-consumer）	行为数字化
消费者画像（consumer profile/portrait）	消费者特征的个体的、全景的、实时的精准描述
数字化生态（digital eco）	数字化生存环境中，离不开智能手机和上网等
数智化生态（digital & AI eco）	数字化+人工智能的环境

续表

新概念	带来行为的改变
智能算法（AI algorithm）	对“自动”的依赖
数字内容营销（digital content marketing，DCM）	直播，短视频，达人，UP 主
场景（context）	追求极致体验
信息茧房（information cocoons）	提防信息个性定制的局限

同时，市场营销学和消费者行为学也出现在原有的概念之前冠以“数字化”的新表达，新的学术术语及代表性文献如表 0－2 所示。

表 0－2　新的学术术语及代表性文献

新术语	代表性文献
数字化消费者行为（digital consumer behavior）	Solomon（2009）
数字化营销（digital marketing）	Carter et al.（2007）[14]；Ryan and Jones（2009）[15]；《哈佛商业评论》（2014）[16]
数字化传播（digital communication），数字化口碑（eWOM）	Kotler and Keller（2015）[17]
数字化生活方式（digital lifestyle）	Charmonman and Chorpothong（2005）[18]
数字原住民（digital native）	Prensky（2001）[19]
数字化自我（digital self）	Solomon（2015）[20]
数字化品牌建立（branding in digital age）	Edelman（2010）[21]；Rowles（2014）[22]
数字化消费者决策进程模型（consumer decision journey）	Edelman（2010）[23]
参与度（participation）	Tuten and Solomon（2014）[24]
浸合（engagement）	Kotler and Amstrong（2017）[25]
全接触点价值创造模型（creating value through all customer touchpoints，CVACT）	Wind and Hays（2016）[26]
数字化交互平台（digitalized interactive platform，DIP）	Ramaswamy and Ozcan（2018）[27]

延伸阅读0-2　数智化时代的消费者隐私

延伸阅读 0－3

2021 中国数字化消费洞察

中国已是全球数字化程度最高的国家之一，在全球电商销售额中占据近半壁江山。2020 年中国电商消费者 8.55 亿人每天花在手机上的时间平均超过 7 个小时，是美国消费者的两倍以上，每年通过手机购买的商品和服务价值高达2万亿美元。根据国家统计局数据，2018年、2019年、2020年（1—11月），实物商品网上零售额占社会消费品零售总额的比重分别是18.4%、20.7%、25.0%，消费者通过手机购买更多类别的商品，数字化消费的市场规模在进一步扩大。

洞察一：网上社交日益成为消费者生活的中心

中国消费者每天在移动互联网上花费的时间超过7个小时，这一数字比新冠肺炎疫情危机之前增加了1/5。在这7个小时中，约2/3的时间都花在了社交或内容应用上。越来越多的用户开始从社交媒体、关键意见领袖/关键意见消费者（KOL/KOC）和朋友处寻找信息，进而做出购买决定。

调研发现，消费者50%的购物意向和25%的购买行为受到社交或内容应用的影响，这比2017年的37%和7%有了明显提高（见图0－1）。

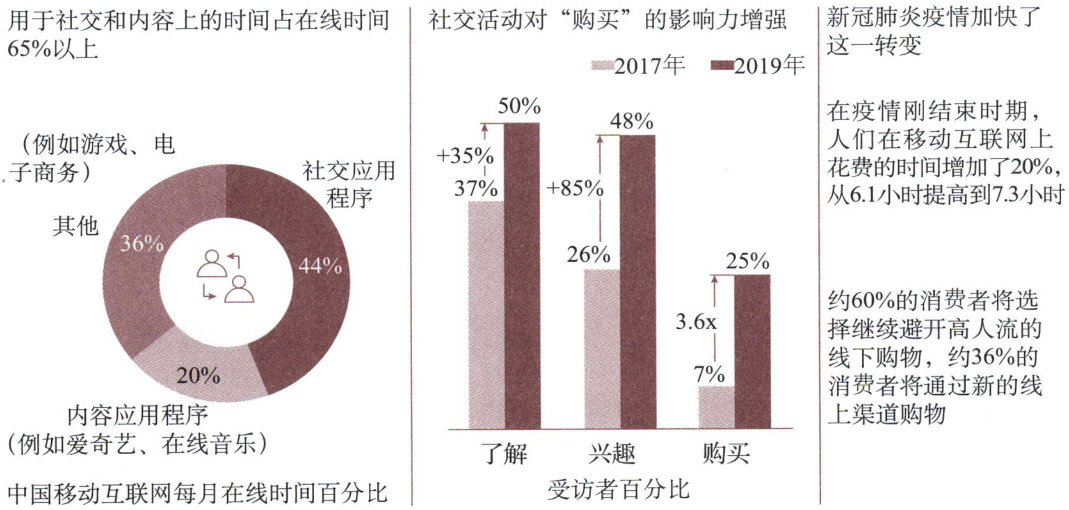

图0－1 社交对购买决策的影响力增加

资料来源：中国消费者报告2021：洞悉中国消费者：全球增长引擎.（2021-03-25）. https://www.163.com/dy/article/G5VBGHKG05445BQZ.html.

整个社交电商市场规模预计将比2019年增长一倍以上，总销售额在2021年将达到近2.9万亿元（见图0－2）。过去5年，中国社交电商实现了三位数增长。很多品牌已纷纷部署社交电商，它们的成功证明了社交电商的潜力。借助社交电商，一些新进入者迅速发展业务并触达中国低线城市的新消费者。

洞察二：影响者营销成效显著

消费者并不爱听品牌的自吹自擂，他们更喜欢听和他们类似的普通人对品牌的评价。大量草根网民通过在某个领域的专业知识、经验、技能获得了大量的粉丝，成为网络世界的网红/意见领袖/影响者（influencer）。牵手网红，利用社交媒体和中国蓬勃发展的粉丝经济来提升品牌形象和知名度成为当今中国数字世界中快速建立品牌的方法。这一方法聚焦知名度高、拥有大量粉丝的名人和KOL（关键意见领袖）以及拥有适量粉丝的KOC（关键意见消费者）。对于现有品牌认知度较低或新品牌，利用KOL影响消费者是最有效的策略。

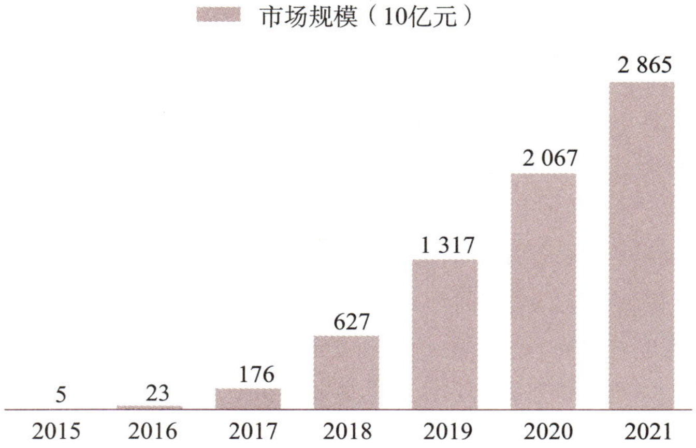

图 0－2　社交电商发展迅猛

资料来源：中国消费者报告 2021：洞悉中国消费者：全球增长引擎.（2021-03-25）. https://www.163.com/dy/article/G5VBGHKG05445BQZ.html.

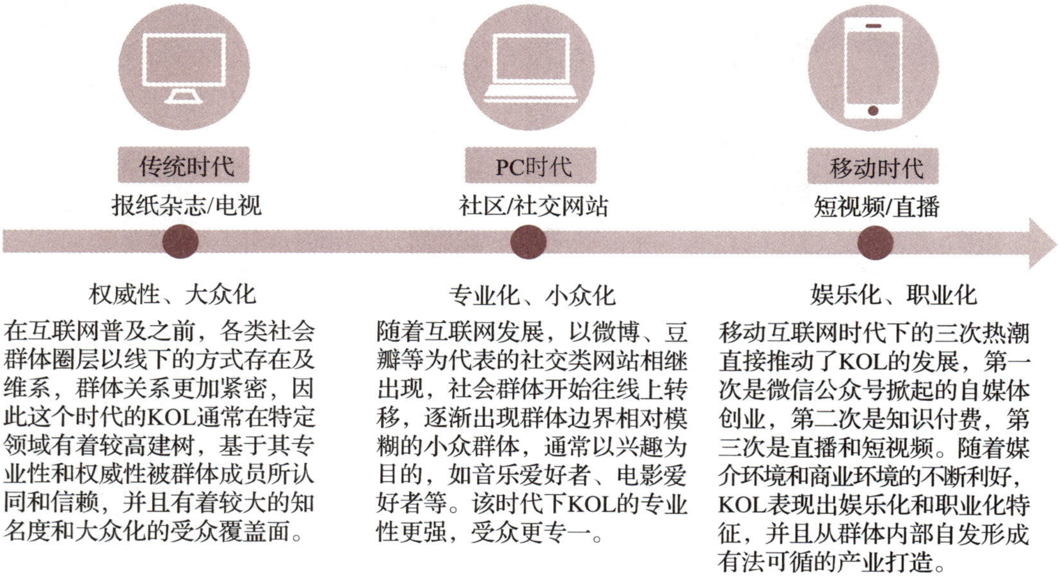

图 0－3　中国 KOL 发展历程及阶段特征

资料来源：2019 年中国 KOL 营销策略白皮书.（2019-03-18）. http://report.iresearch.cn/report/201903/3346.shtml.

洞察三：短视频与直播电商：内容提升消费转化

用户获取资讯的方式从图文时代进入了图文视频多元形态的时代，短视频目前已成为互联网流量霸主。从 2018 年 9 月到 2020 年 9 月，短视频的月活用户从 5.18 亿增至 8.65 亿；在全网用户总使用时长占比从 8.8% 扩大至 18.9%，这两个指标的增速领先于所有互联网细分领域。各短视频平台中除了娱乐内容之外，知识类、资讯类的内容也在快速增长，这让短视频流量变得更有价值。

短视频形态蔓延至各互联网消费领域，成为连接供应端和用户端的标配。在电商网站购物时，消费者越来越习惯观看商品的动态展示；在本地服务中寻找美食时，消费者也看到了大量的短视频。抖音、快手等短视频平台也逐渐电商平台化，从内容到购买链条的打通让消费者下单更加容易（见图 0-4）。

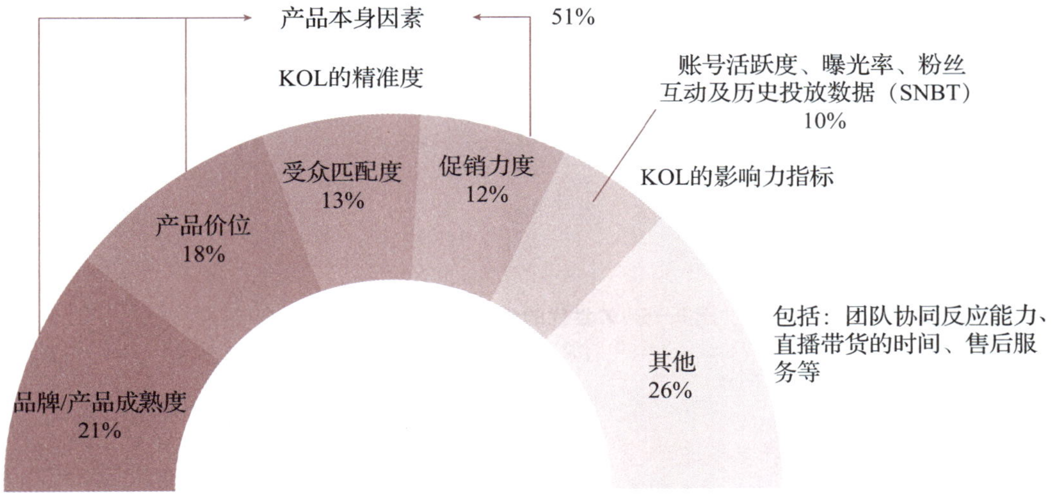

图 0-4 短视频、直播带货效果的影响因素

资料来源：直播电商生态进化论——2020 直播电商行业研究报告.（2020-09-08）. https://lmtw.com/mzw/content/detail/id/191565/keyword_id/-1.

此外，在短视频平台和电商平台相互渗透的领域，直播电商成为新的消费模式。直播电商始于 2016 年下半年，经过 3 年多的高速发展，2020 年全平台的年成交额已经超过 1 万亿元，用户超 2.65 亿。2020 年疫情带来的“宅经济”更是直接推动了直播电商的全民普及，薇娅等头部主播一跃成为市场的宠儿。

直播电商交易额的快速增长除了来源于 KOL 的魅力之外，其销售形态兼具强体验、低客单价、内容到购买的短链路三重优势，转化效率极高。数据显示传统电商的购买转化率仅为 0.37%，社交电商转化率在 6%～7% 之间，而头部网红的直播电商转化率可以高达 20%。

疫情期间直播电商的狂热化虽然带来行业的鱼龙混杂和各种乱象，但在混乱中日渐清晰的前景是：直播电商将成为品牌常态化的营销工具之一。

洞察四：线上线下全渠道消费进一步打通

消费者的数字化生存已经成为现实，而线下与线上的消费也在进一步交融。从年轻消费者的偏好、近年来生鲜电商和社区团购的发展都能够看到这一趋势。

1. Z 世代的全渠道消费偏好

中国新的消费主力群体是被互联网和数字化熏陶的一代，但同时他们也喜爱线下购物的体验感。相比其他国家，中国 Z 世代更习惯于全渠道购物。以服装为例，近 40% 的中国 Z 世代消费者表示会去门店看实物，然后线上下单；其他国家 / 地区的 Z 世代中只有 16%～29% 会这么做（见图 0-5）。

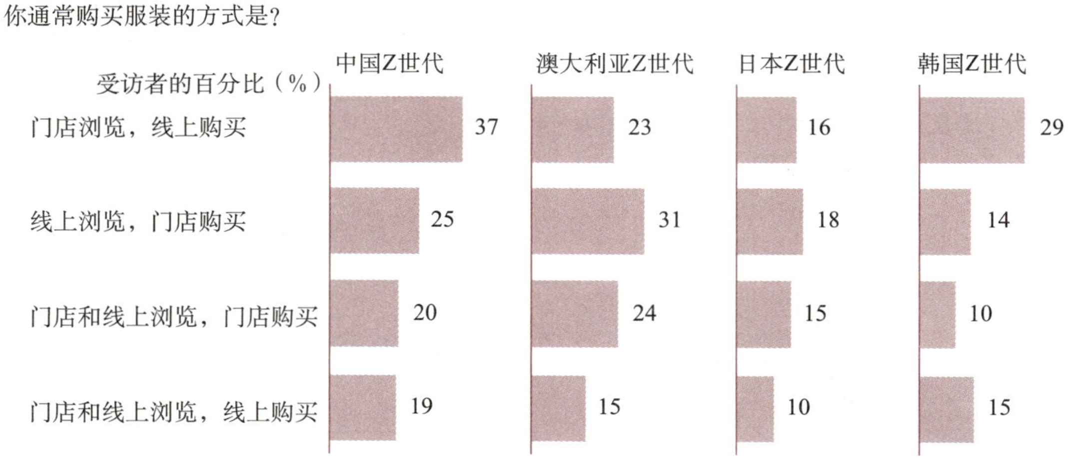

图 0-5　Z 世代的全渠道消费倾向

资料来源：中国消费者报告 2021：洞悉中国消费者：全球增长引擎.（2021-03-25）. https://www.163.com/dy/article/G5VBGHKG05445BQZ.html.

2. 生活服务消费的线上线下融合

生活服务涵盖外卖、快递、家政等生活的方方面面，这一领域正在加速向线上延伸（见图 0-6）。2020 年 9 月月活用户 >100 万的微信小程序中，生活服务类小程序占比达到 20.6%，同比增速 64.8%，高于其他各行业小程序。2020 年 10 月，生活服务微信小程序月活用户规模达到 7.56 亿。

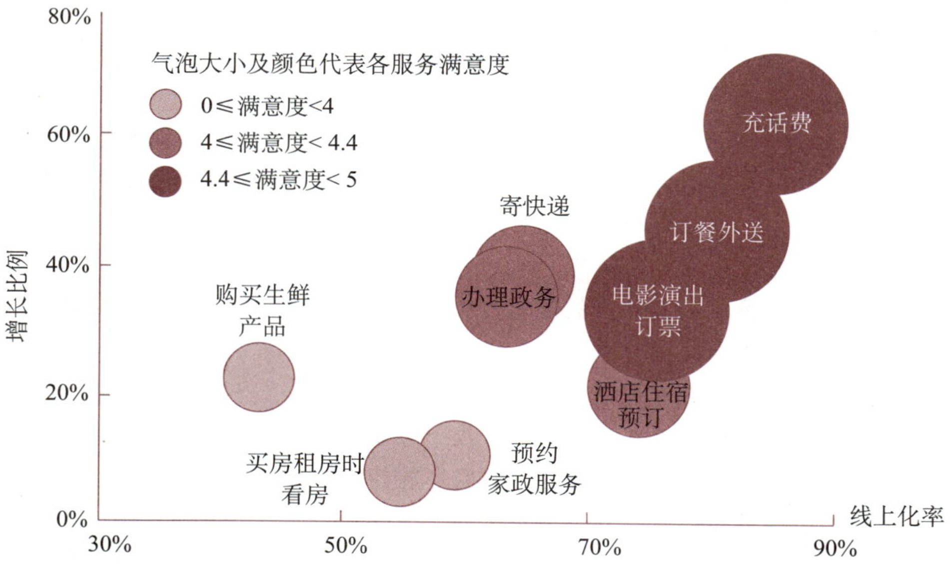

图 0-6　生活服务类的线上化率、增速与满意度

资料来源：2020—2021 中国消费互联网竞争趋势报告.（2021-02-20）. https://www.digitaling.com/articles/409857.html.

生活服务的数字化，使产业分工合作关系得以快速充足，流量也从线下转移到线上。从线上引流、线下实现，到线下线上联动融合，推动服务的创新升级。

生活服务行业新增用户更多为 40 岁以上中老年人群，占比高达 57.3%。城市分布上更多为三线及以下城市，占比超过五成。线上生活服务逐渐渗透至中老年和下沉市场群体。

生活服务更偏向工具类服务，日均使用时长较短，不及内容类短视频的 1/10。此外，月人均使用天数为 7.5 天，可见消费者对线上生活服务的依赖性并不是特别强，行业仍处于用户习惯培养、市场普及阶段。

3. 社区团购

新冠肺炎疫情无疑也加速了社区团购的普及。疫情期间的刚需加上互联网巨头的强势补贴，使得 2020 年社区团购用户规模猛增。

社区团购依托社区和团长的社交关系实现生鲜领域的新零售模式。数据显示，社区团购用户有 76.8% 加入了社群团购群，构建了以团长为中心的私域生态圈。团长和团的存在，让拉新引流、营销推广等都在私域生态中进行，通过私域流量进一步提升用户黏性，并培养使用习惯，62.1% 的用户在看到团长推荐的感兴趣商品后会直接下单。社区团购使得生鲜采购领域的最后一公里实现了线上线下流量的融合。

洞察五：下沉市场更具增长潜力

如果把互联网流量以简单的公式（用户数量 × 用户时长）表示，那么自 2018 年下半年起，中国互联网月活用户增长一直低至 5% 以下，中国互联网的流量增量渐趋平缓（见图 0－7）。

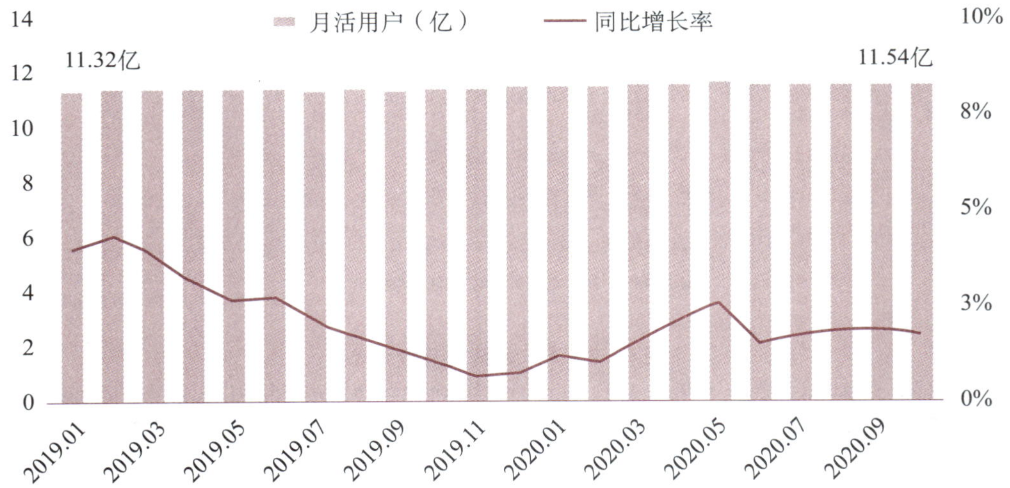

图 0－7 中国移动互联网月活用户规模及同比增长率

资料来源：2020—2021 中国消费互联网竞争趋势报告.（2021-02-20）. https://www.digitaling.com/articles/409857.html.

局部的中低线城市成为电商重要的流量池。存量环境下，用户规模和时长的争夺竞争越来越艰难，但在中低线城市的年轻购物达人对于中国消费支出的持续大幅增长有着重要贡献。这些年轻消费者都是数字原住民，主要居住在生活成本较低的三四线城市。他们对未来保持乐观并充满希望，容易种草最新潮流事物，小红书和抖音都是他们的常驻地。入手最新一代的手机、拔草美妆博主推荐的护肤品或化妆品、外出旅行并去关注的 vlogger 视频中的网红地点打卡，已经是这个群体的普遍生活方式。疫情也加速电商下沉，截至 2020 年 12 月底，下沉市场电商用户规模已突破 4 亿，网购已经成为下沉市场主流的购物方式，其中直播带货显著提升了用户在网购上的使用时间。

洞察六：新技术带来消费新想象

5G、人工智能、云计算、VR/AR、物联网等新技术快速发展，新经济迅速崛起，传统消费形态正在经历一场剧烈的迭代进化，新场景、新模式、新应用的不断涌现正在对传统消费行业产生颠覆性影响。

具体而言，科技变革将从生产端、产品端、供应链端、场景端、营销端五大环节影响整个消费品行业，推动信息产品和服务不断创新，催生众多科技新物种诞生，过去受制于网络带宽和硬件技术无法量产的新产品将由不可能变为可能。与此同时，消费者的新需求随着科技进步不断被满足，产品的颠覆式创新使得原本已经成熟的品类重新焕发活力，创造新的增量市场空间。

整体而言，科技进步叠加消费者需求变化，共同驱动消费行业变革。目前有三大核心驱动力：以 5G 为代表的通信智能、以 AI/ 云计算 / 大数据为代表的数据智能、以手机 /VR/AR/IoT 为代表的硬件智能（见图 0－8）。

图 0－8　未来是智慧消费时代

资料来源：科技改变消费．（2020-02-17）．http://www.xcf.cn/article/64b8a145515411eabf3cd4c9efcfdeca.html.

第 1 篇

原理篇

消费者行为学 4H 框架

第1章

行为的复杂性与消费者行为的影响因素理论

> 有关影响消费者行为因素的知识有助于在实践中发展“坚实”的市场营销策略。
>
> ——德尔·霍金斯

章前引例

泡泡玛特与盲盒

2017—2019年，潮玩品牌泡泡玛特（POP MART）营收分别为1.58亿元、5.14亿元（+225.4%）、16.83亿元（+227.2%）。2020年“双11”，泡泡玛特天猫旗舰店的销售额高达1.42亿元，成为大玩具类目中首家亿元俱乐部成员，更在国内潮流玩具市场中的零售额占有率达到8.5%。2020年12月，盲盒第一股泡泡玛特正式登陆港交所，开盘涨幅即超100%，截至收盘涨幅达79%，总市值953亿港元。而在2019年的最后一轮风投中，泡泡玛特的估值仅为25亿美元。

潮玩流行是数字世界Z世代的选择。艾媒咨询（iMedia Research）的数据显示，中国潮玩市场规模已从2015年的63亿元增长到2019年的207亿元，预计2021年市场规模将达到262亿元，2024年将达763亿元。

从默默无闻到名声大噪，泡泡玛特的奇迹主要来源于小小的盲盒。2016年品牌签下潮玩设计师王信明，算是为泡泡玛特的成功之路开了个好头，但随后将日本扭蛋机中的盲盒玩法发扬光大，则是其商业突破的关键。

泡泡玛特一个系列共有12个款式外加1个隐藏款的玩法，统一定价，但在买下和拆开玩具盒之前，玩家都无法得知自己得到的是哪一个“娃”。可能抽到的是自己心仪已久的隐藏款，也可能是不喜欢的雷款或者已经拥有的重复款。消费者往往沉浸其中不能自拔，无法量化自己所花的钱与所得的奖励之间的关系。

盲盒这种行为学习过程早在80多年前就已被研究。1938年著名的斯金纳箱实验，通过食物奖酬的正强化，训练小白鼠按压杠杆的行为。这个实验揭示的行为原理是：为了获得概率性的正反馈（按压杠杆后随机掉落食物），小白鼠学会了不停按杠杆。实验表明，概率性的正反馈（vs. 每次都有正反馈 & 固定间隔正反馈）能让小白鼠的按压杠杆行为更持久。同理，玩家为了得到正反馈（比如仅有1/144的可能抽到稀有玩具），会沉迷于反复去消费盲盒。盲盒的玩法借助猎奇心理拉动首次尝试，激发收集欲望驱使反复购买。盲盒与手机游戏里的抽卡机制相似，却更好玩、更新潮。这种潜在的追求幸运的赌徒心理是普遍存在的，盲盒作为一种黏住消费者的新玩法，正在被广泛推广于不同的商业情境中。

本章讨论三个问题：其一，作为消费者行为学更大背景的多学科的人类行为的基本理论；其二，消费者行为学的不同框架；其三，消费者行为影响因素的主要理论。试图高屋建瓴又简明扼要，因此，本章言简意赅，学习难度大，需要高度投入。

1.1 行为的基本理论

市场经济和现代商业在20世纪的大发展，提出了洞察消费者行为的迫切需求。消费者行为是人类行为的一个类别，所以，离不开研究人的行为的总体背景。人类社会中，人的行为的多样性和复杂性可谓司空见惯、普遍存在，众说纷纭、莫衷一是，也成为古今中外许多著名的文学、艺术、电影作品反映的永恒的主题之一。

那么，人的行为到底是如何产生和决定的？是性格决定行为，还是环境决定行为？是理性决定行为，还是感性决定行为？是先天决定行为，还是后天决定行为？

为了解释人的难以捉摸的行为，人文社会科学做出了巨大的努力，从心理学到经济学、从社会学到人类学、从历史学到政治学、从伦理学到管理学，不同学科的研究者从不同的角度“围攻”这个目标试图找到答案，不断取得进展。但是，这是一个没有永恒答案的问题。

例如，态度（attitude）是社会心理学的一个核心概念，在早期的解释中，态度决定行为是毋庸置疑的理论观点，例如购买某品牌是因为喜爱这个品牌。然而1934年心理学家拉皮埃尔（Lapierre）一项关于态度与行为不一致的著名研究，挑战了态度决定行为的观点。该研究中，拉皮埃尔与一对中国留学生夫妇进行了一次行程1万多英里*的环美旅行，在66家旅馆住宿，在184家饭店停留。基于当时美国人对东方人持有的强烈偏见，拉皮埃尔在旅行前预测这对夫妇将很难被旅馆和饭店友好接纳。但实际情况是，这对中国夫妇几乎没遇到麻烦，甚至得到了很好的接待，只有一家旅馆拒绝接待他们。6个月后，拉皮埃尔给他们去过的旅馆、饭店和一些他们没有光顾的旅馆和饭店寄

---

* 1英里＝1 609米。

去问卷，主要问题是："你愿意在你那里接待中国人吗？"在光顾过的这些旅馆或饭店中，有 92% 表示不愿意。该结果显示出店主的态度与他们的实际行为并不一致。1969 年，威克尔（Wicker）在其关于态度与行为关系的研究中指出态度不能预测行为，并且认为社会心理学基本上可以摒弃态度这个概念。这引起了相当大的反响，此后，越来越多的研究者致力于改进态度-行为模型，提出了一些更好的行为解释模型。

又如，行为上瘾在现代社会已经非常普遍，如何解释和面对上瘾行为？请参见延伸阅读 1－1。

再如，长期以来，消费者行为学主要关注个体行为，群体行为并不是重点。但在数字化时代，对消费者行为的关注重心已经从个体行为转向群体行为。群体行为不是个体行为的简单相加。两者的行为特征并不相同，从理论上理解了个体行为不等于就掌握了群体行为。因此，社群行为成为新的理论热点。

或因如此，老子在《道德经》中所言的"知人者智，自知者明"就成为一种高境界。为了知人和自知，让我们从了解行为的主要理论开始。

延伸阅读1－1 行为上瘾

长期以来，人文社科关于人的行为研究的努力有了重要的进展和结果，尽管还没有最终的答案，因为更好的理论还在探索之中。为了概括了解和简明表达，仅将相关的主要理论归纳列举在表 1－1 中，由此可以通向进一步的深入研究。

表 1－1 解释行为的主要理论一览

社会学	行为经济学	政治学	心理学
社会认知理论（social cognitive theory） 认为外部环境、个人因素和行为这三者是相互联系、相互决定的。	预期理论（prospect theory） 消费者会根据价值函数，从获益和损失的角度构建不同的决策方案。	政治行为理论（theory of political behavior） 试图量化和解释哪些因素定义和影响了一个人的政治观点、意识形态和政治参与程度。	行为主义理论（behaviorism） 行为主义是心理学的重要流派，认为行为可以脱离内部心理过程或是假定的一些构念（如想法、信念），能被科学地描述出来。
集体行为理论（collective behavior theory） 集体行为是指群体自发的共同行动的社会过程或事件，但这些集体行为并不反映既定的社会结构。			学习理论（learning theory） 学习是人的重要行为。该理论解释在学习过程中，信息是如何被个体消化吸收、加工处理和保持记忆的。
行为改变理论（behavioral change theory） 认为决定行为的主要因素是环境、个人和行为特征。			受限意向行为理论（theory of planned behavior）[1] 行为态度、主观规范和感知行为控制三者共同塑造了个体的行为意向和行为。

好的理论具有强的解释能力和预测能力，但也受到边界条件和假设的局限。当研究者将消费者假设为心理人时，注重的是个体的心理因素。将消费者假设为经济人时，注重的是价格和收益等因素。将消费者假设为社会人时，注重的是外部的影响因素。将消费者假设为理性人时，注重的是推理逻辑和以理服人。将消费者假设为感性人时，注重的是情感因素和视觉体验等。消费者行为理论的进化过程中，出现了两个值得重视的趋势：其一，从完全的理性人模式转向注重消费者的非理性行为，行为经济学推动了这个趋势；其二，新生代消费者更加感性和互动，这与数字化生态密切有关。

表 1－1 中的社会认知理论、预期理论和受限意向行为理论这三个理论相对更重要。社会认知理论在本章后面将涉及，预期理论将在第 5 章“购买决策理论”中介绍。下面简要说明受限意向行为理论。

理性行动理论（theory of reasoned action）用意向（intention）替代了态度，提出意向能够决定行为，即意向-行为模型。比早期的态度-行为模型前进了一大步，因为态度并不能唯一地决定和产生行为。

受限意向行为理论（TPB）* 在意向-行为模型的基础上，加入了两个受限的因素——社会压力和自我控制，并将意向分解为行为信念＋行为态度。故受限意向行为理论包括四个基本构念：行为信念（behavioral belief）；行为态度（attitude toward the behavior）；主观规范（subject norm）——是指个体在决定是否执行某特定行为时感知到的社会压力；感知行为控制（perceived behavior control）——个体对促进或阻碍行为的因素的感知。

受限意向行为理论认为，消费行为会受到消费者对产品的意向、他人对消费行为的评判（主观规范），以及消费者对自身控制消费行为的判断（感知行为控制）等因素的影响。例如，一位女性很想购买一款奢侈品牌皮包（行为态度），因为她觉得这个皮包会使她有面子（行为信念），但她缺乏鉴别这个品牌的知识，而且负担不起（感知行为控制）。如果勉强购买，会让家人觉得挥霍（主观规范），最后她没有购买这个包。

最后，值得指出，在很长时间内关于人的行为的研究和理论都局限在人文社会科学的范围之内。进入数字化时代之后，这种状况有了很大改变，新兴的技术科学和自然科学，例如基于大数据人工智能的网络科学（network science）和社会物理学（social physics）等，开始用全新的手段从新的角度对人类行为进行研究，如有关社会网络如何影响人的行为的研究已经取得成果。[2] 解释人的行为的理论有望出现重大突破。

延伸阅读 1－2

消费者是理性人还是非理性人

传统经济学总是假设人是理性的，会按照成本-收益原则行事。事实上，在我们的日常消费行为中，处处充斥着非理性。比如，兴致勃勃买回来的东西却放在家里用不上；原本没人买的东西加上“限购”二字就会卖得很好。

世界银行 2015 年发布了一份报告《头脑、社会和行为》，通过对过去几十年大量

* 曾被译为计划行为理论，显然言不达意、容易误解。

实证行为的研究，证明人并不总是理性的，常常不像传统经济学里完美的理性人那样行事。在《怪诞行为学》这本书中，作者丹·艾瑞里以许多情景中的实验为基础，指出人非理性的"怪诞"行为大量存在。可见消费者虽然有理性的一面，还是有很多行为是非理性的。

相对比较效应

在经典的"《经济学人》订阅"案例中，人的非理性表现得非常明显。实验中给出以下三种订阅选择：

- 单订电子版：59 美元
- 单订印刷版：125 美元
- 合订印刷版加电子版套餐：125 美元

麻省理工学院管理学院的 100 名学生中，16 人选择单订电子版，84 人选择套餐，没有人选择单订印刷版，因为套餐看起来明显比单订印刷版划算。中间的选项被称作诱饵。当把中间这个明显不会有人选的选项去除，仅剩下单订电子版、套餐两个选项时，100 人中选择订阅电子版的上升到 68 人，选择套餐的下降到 32 人。这就是非理性的相对比较造成的结果，也称为诱饵效应。这一效应不仅在做购买决策时会出现，在择偶时也会出现。

相对比较还会从另一方面引导我们作出非理性的决策。假如你需要做两件事情，买一支新钢笔和买上班穿的套装。在一家文具店你看到一支不错的笔标价 25 美元，正要买时想起同样的笔在 15 分钟路程以外的另一家店卖 18 美元。你是否决定跑 15 分钟的路去节省 7 美元？很多人表示愿意这样做。第二件事情是买衣服，你看中的西装标价 455 美元，正要买时有人告诉你，15 分钟路程以外的另一家店卖同样的衣服只要 448 美元。你会选择跑 15 分钟的路去节省这 7 美元吗？多数人说不会。

同样是 7 美元，同样是 15 分钟的路程，为何作出的选择不同？因为钢笔的总价较低，差价使得低价的那支相对优势突出，但西装的总价较高，差价使得低价的那套相对优势显得很小。

锚定效应

除了比较带来的非理性决策，面对不确定性时，人们会将最初的数值（锚点）作为心理上的标杆，来帮助作出后续的判断和决策，哪怕这个最初的锚点是毫无道理的，这就是锚定效应（anchoring effect）。比如杜克大学的丹·艾瑞里做的拍卖实验，他在课堂上请学生写下自己身份证号码最后两位数字，然后请学生对鼠标、键盘、巧克力进行竞价拍卖。没有一个学生认为自己身份证号码的最后两位数字会影响他的出价，但事实是学生中身份证号码最后两位数字比较大的（80 ～ 99）出价最高，那些后两位数字较小的（1 ～ 20）出价最低。

免费的魔力

免费能够唤起人们的热情，成为一个非理性的来源。原来压根儿不想买的东西一旦免费，就变得十分吸引人。比如，为了一些以后多半要扔掉的赠品，买了原本不想买的产品；为了买二送一的那个"送一"，买下两个根本不需要的东西。我们会因为免费作出不理性的决策。如果你有两个选择，只能选一个，一个是一张 10 美元的亚马逊礼品券——免费；另一个是一张 20 美元的礼品券——你要付 7 美元。想一下该选哪个。实验的结果表明，大多数人选择免费礼品券。如果是理性人，则会发现 20 美元的礼品券需要付 7 美元，净得是 13 美元，这肯定比免费拿 10 美元的礼品券（净得 10 美元）要划算。但因为免费，人们容易选择效益较小的选项。

市场规范还是社会规范

经济学假设人是理性人，会按照市场规范来决策，但事实上，我们同时生活在两个不同的世界里，其中一个世界是由市场规范来主导，另一个世界是由社会规范来主导。社会规范一般是友好的、界限不明的，不要求即时的报偿。市场规范则不存在友情，这里的交换黑白分明，涉及利益的比较和即时的偿付。社会规范和市场规范之间是有界限的。

一项实验采用一个简单又无聊的重复任务来验证两种规范的作用，一组获得 5 美元，另一组获得 5～10 美分，第三组没有任何报酬，只是过来帮忙。结果显示两个付钱组中，高报酬的组工作更努力，成果更多。但不给钱的第三组工作成果最多。换句话说，这些人仅仅是按社会规范来参与，他们比高报酬的人更努力。

在现实中，这种效应也很普遍。美国退休人员组织问一些律师是否愿意低价为需要帮助的退休人员服务，报酬大约是 1 小时 30 美元，律师说无法接受。于是，该组织的项目经理问律师是否愿意免费为需要帮助的退休人员服务，说愿意的律师占了绝大多数。为何 0 美元会比 30 美元更有吸引力？这是因为，提到钱的问题，律师用的是市场规范，认为报酬与他们的实际工资标准相比太少。没提到钱的问题，他们用的是社会规范，所以他们愿意贡献时间。

导致非理性的三种思维方式

有趣的是，这些非理性并不是混乱的，而是可以预测和引导的。总体来说，我们的思维呈现三种截然不同的模式：直觉式思维（think automatically）、社会化思维（think socially），以及模式化思维（think with mental models）。这三种思维模式会让我们作出种种不理性的消费行为。第一，直觉式思维。行为经济学对传统经济学的完全理性假设提出修正，2002 年诺贝尔经济学奖得主丹尼尔·卡尼曼是行为经济学的主要人物。卡尼曼本来是心理学家，却开创了行为经济学的新方向。卡尼曼和其他一些研究者发现，人的思维存在两套系统，一套快，一套慢；一套无意，一套刻意。慢系统负责刻意的、理性的、计算式的决策，而快系统则是基于直觉和经验快速做出反应。无论承认与否，我们的许多决策都是基于直觉作出的。一个最简单的例子就是生活习惯：喝咖啡还是喝茶，其实并不需要思考。除了这些无关紧要的生活习惯，许多至关重要的决策同样受直觉的影响。

第二，社会化思维。传统的假设将每个人都视作冷静理性的自利行动者，但事实上我们的行为深深地受到社会环境、社会规范和文化的影响。将人视为同质化的自利个体，经济学家和政策制定者以此达到高度的抽象。但真实的情况是，特定的社会环境会大幅增加人们动机和行为的复杂性。在传统的理性自利假设下，无处不在的搭便车让合作无以为继。但行为学家在多个国家的研究发现，人的行为与搭便车理论的预测不符，而且不同文化中人们的合作行为存在差异。

第三，模式化思维。看到新事物时，人们倾向于迅速通过归纳类别、贴标签来认识并进行阐释。而这些模式化的认知又受到特定的文化和信念体系的影响。因此我们不能简单地认为人们会全面、无偏地获取外界信息，作出最优决策，相反，往往会在不经意间过滤信息，选择性地接受。

资料来源：1. World Development Report 2015：Mind，Society，and Behavior. http://www.worldbank.org/en/publication/wdr2015.

2. 丹·艾瑞里．怪诞行为学．北京：中信出版社，2010.

1.2　消费者行为的总体解释模型

用一般规律来结构性解释消费者的行为，有时概括称为消费者行为模型。消费者行为模型也是实证研究的理论架构和基础。

随着消费者行为研究的深入，消费者行为模型的种类和数量不断增加，例如希夫曼在《消费者行为学》中列举过六种不同的消费者行为模型。[3] 鉴于消费者行为模型众多，可以将其分为两大类：总体解释模型和专项解释模型，即一般模型和专用模型。本章仅提供宏观解释的基本框架，由于消费者行为具有复杂性，仅靠总体的理论解释并不够，除此之外，还需要分门别类的理论，这些理论和一些专用模型将在本书后面的章节中进一步展开。

本节综合的几种主要的总体解释模型，出现在全球有影响的不同教材中，也反映出该学科代表性的多种基本视角。读者需要用比较的观点和方法来学习理解以下模型，发现它们的相同和不同，以及各自的特点所在。这将帮助你识别众说纷纭的种种消费者行为学的书籍。本书提出的“消费者行为学 4H 框架”不同于以下这些模型，请参见前言。

1.2.1　霍金斯模型

霍金斯等所著的《消费者行为学》一书以图 1－1 所示的综合模型为总体结构。[4] 该模型认为，解释消费者行为的基本板块有四个，即外部影响、内部影响、自我概念和生活方式及决策过程。

1.2.2　阿塞尔模型：消费者行为反馈

阿塞尔所著的《消费者行为和营销策略》一书以图 1－2 所示的模型为总体结构。[5] 该模型与霍金斯模型有一部分相同，不同之处是强调了反馈。

聚焦中国 1－1　中国人行为中的数字偏好

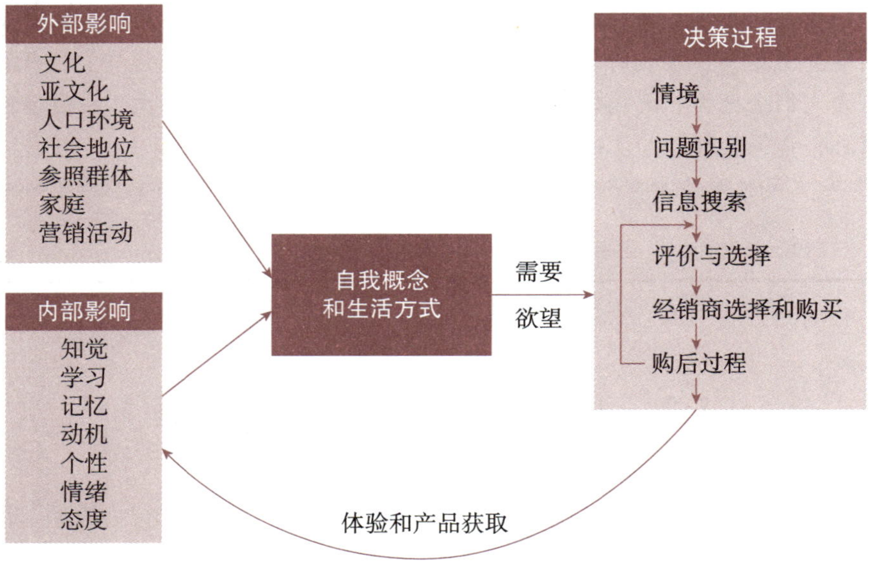

图 1-1　霍金斯模型

资料来源：德尔・I. 霍金斯，戴维・L. 马瑟斯博. 消费者行为学：第 12 版. 北京：机械工业出版社，2014：15.

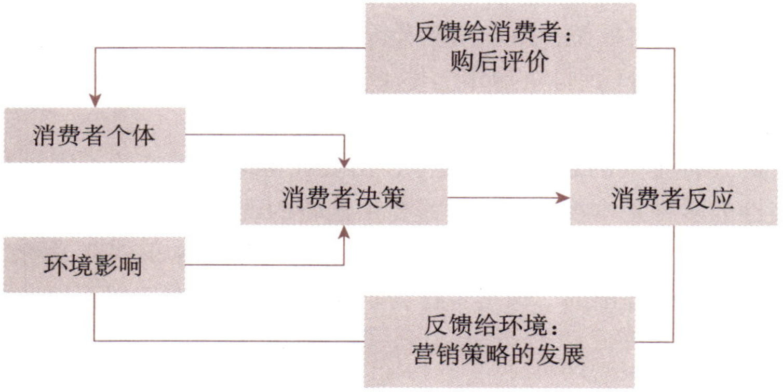

图 1-2　阿塞尔模型

资料来源：亨利・阿塞尔. 消费者行为和营销策略：第 6 版. 北京：机械工业出版社，2000：15.

1.2.3　所罗门模型：消费者行为轮盘

所罗门所著的《消费者行为学》一书以图 1-3 所示的消费者行为轮盘为总体结构。[6] 该书从微观层面到宏观层面进行剖析，指出解释消费者行为的几个基本板块是：市场中的人们、作为个体的消费者、作为决策者的消费者、消费者与亚文化，以及消费者与文化。

1.2.4　消费者行为黑箱模型

根据行为心理学理论，科特勒提出“刺激-反应”模型[7]，认为消费者行为是一个刺激与反应的过程。消费者行为源于受到环境和营销的刺激，面对刺激，消费者会因为个体特性的不同而作出不同的反应。该模型解释消费者行为时只关注输入（刺激）和输出（消费者的反应），而忽略购买者特征和决策过程这两大相关因素，故又称为黑箱模型，如图 1－4 所示。

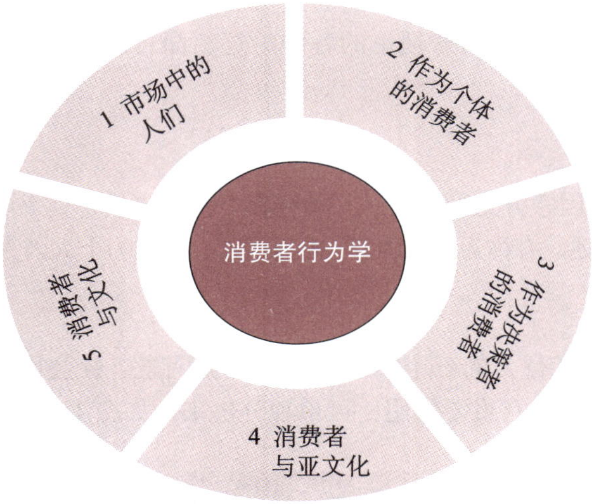

图 1－3　消费者行为轮盘

资料来源：Solomon M R. Consumer Behavior. 10th Edition. Pearson，2013.

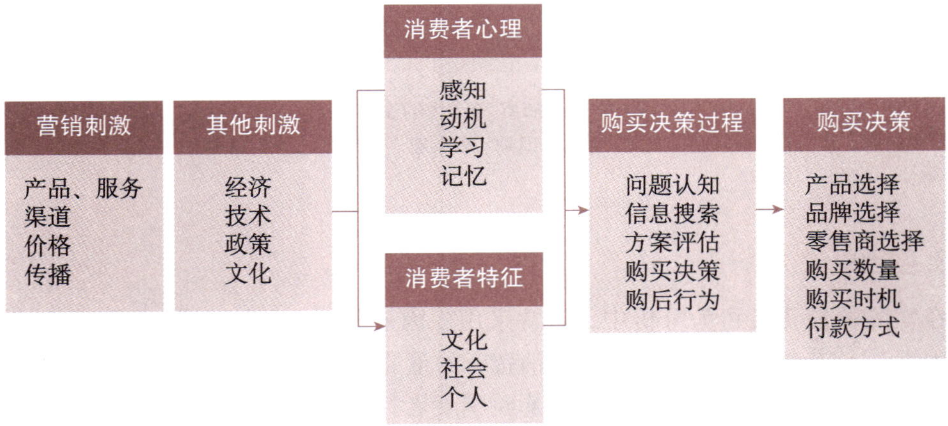

图 1－4　消费者行为模型

资料来源：菲利普·科特勒，凯文·莱恩·凯勒，卢泰宏．营销管理：第 13 版·中国版．北京：中国人民大学出版社，2009：117.

1.3　消费者行为的影响因素理论

在全球消费者行为学的各种教材中，消费者行为的影响因素理论和影响因素分析往往占据了最多的篇幅，构成整个消费者行为理论体系中比重最大的部分。其基本问题是，从一般规律中找出可解释消费者行为的相关因素，并建立起概念逻辑模型或可进行实证的各种模型，以精细地解释消费者行为的各个方面。

1.3.1 影响因素论的架构

纵观消费者行为的影响因素理论的各种论述，简言之，可以归纳为三类：二因素论、三因素论和四因素论。

1. 二因素论

二因素论将影响因素分为两大类，一类存在于消费者内部，一类存在于消费者外部。二因素论有不同的表述，有称为外部因素 / 内部因素；或称为个人因素 / 环境因素。[8]

2. 三因素论

科特勒提出消费者行为的三个影响因素：文化因素、社会因素和个人因素。[9] 在个人因素中，心理因素具有重要作用，可单独分出来，如图 1－5 所示。

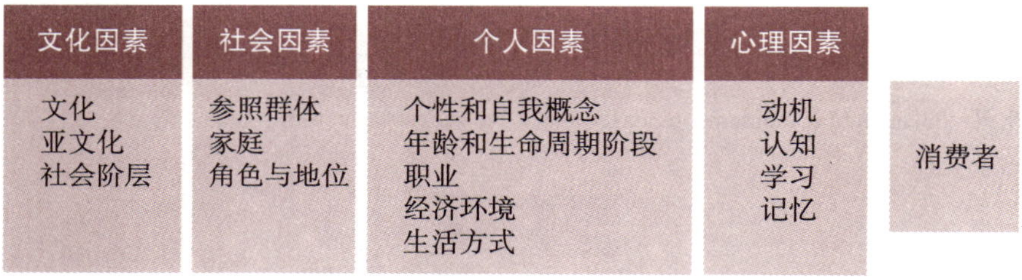

图 1－5 消费者行为的影响因素

资料来源：菲利普・科特勒，凯文・莱恩・凯勒，卢泰宏．营销管理：第 13 版・中国版．北京：中国人民大学出版社，2009：116–122.

3. 四因素论

在实际的消费者行为分析中，常常采用三因素分析（个人因素、市场营销因素和环境因素），将市场营销因素作为影响消费者的重要因素单独列出来。进入数智化时代，基于社会网络的**消费者虚拟社群**成为影响消费者行为的重要因素（参见第 6 章），由此需要加入另一个因素——虚拟社群，即不仅考虑个人因素，更强调虚拟社群越来越大的影响力和重要性。

在数智化生态中，行为的影响因素必须强调网上社群和社交媒体中的群体行为。社会网络中的群体行为呈现出如下新的关键特征：

- 网络本身没有强制性的中心控制；各点之间高度互联。
- 点对点的相互影响通过网络形成非线性的因果关系。
- “乌合之众”效应，这种效应源自勒庞的名著《乌合之众》(*The Crowd*，1895）。

数智化时代消费者行为的影响因素的框架见图 1－6。

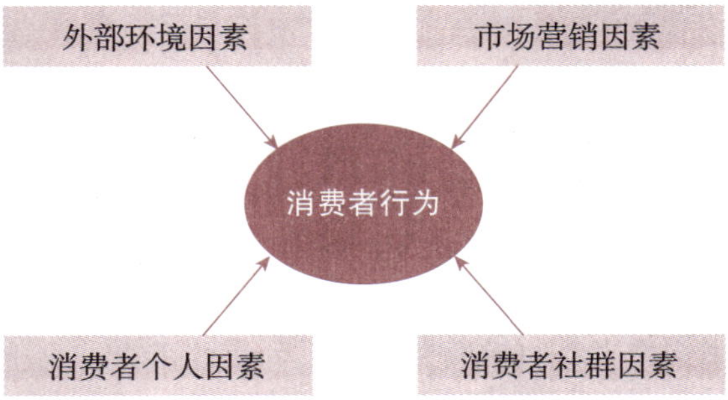

图 1－6　消费者行为影响因素的框架

案例 1－1

小红书

小红书 2013 年诞生于上海，迅速成为中国影响力极大的消费者内容社群、以年轻女性为主的线上生活方式分享平台。用户通过短视频、图文、直播等形式记录真实生活点滴，分享生活方式，并基于兴趣形成互动分享。2019 年小红书用户数和月活用户数已分别超过 3 亿和 1 亿，其中 70% 新增用户是 90 后。又据千瓜数据（2020），小红书平台女性占比达 88%，18～34 岁用户占比达 74%，用户属性为爱生活、爱创新、爱分享。小红书的社区内容主要覆盖时尚、个人护理、彩妆、美食、旅行、娱乐、读书、健身、母婴等领域。

为什么小红书能在短短几年内迅速成为中国女性市场最有影响力的消费者内容社群的标杆？其发展引人注目、值得探究。核心的问题有两个：小红书如何种草？如何兑现？

小红书种草三部曲

“种草”是培育发展顾客、积累顾客资产的俗称。小红书的成功，首先是种草的成功，其关键主要有三大步。

第一步：“海淘购物分享”获得种子顾客

小红书起步于一个分享境外购物攻略的工具型 App“香港购物指南”，积累了第一批热衷时尚的种子用户。同年小红书升级为“海外购物分享社区”，增强了互动性。早期的用户多为女性，热衷时尚且有一定消费力，聚集在一线城市或海外，受教育程度高，对生活水平有较高追求。这些早期使用者，奠定了小红书的种草基因。

第二步：消费者生产内容，积累和黏住粉丝

小红书不但创建了用户生产内容的健康生态，更实现了“线下真实体验”与“线上分享互动”的互通互促，为种草作出了巨大贡献。新用户因为小红书上真实、具体的分享和测评而来，在社群氛围的影响下，也纷纷卷入笔记的发布与分享等内容生产环节。《2021 小红书品牌营销手册》称，小红书的内容创作者达 4 300 万人之多，全年笔记发布量超过 3 亿条。早期小红书的推荐机制以内容为导向，孵化出大量素人博主，积淀了丰富且优质的用户生成内容（UGC）。每天生产超过 70 亿次的笔记，其中超过 95% 为 UGC。2020 年小红书创作者中心上线，粉丝量超过 5 000、在过去 6 个月发布过 10 篇或以上自然阅读量超过 2 000 的笔记且无违规行为的用户，都可以在 App 内申请创作者中心使用权限。

2016 年小红书开始应用大数据和人工智能算法提升用户体验，将社区中的内容精准匹配给感兴趣的用户。它使用“去中心化”的算法：先将笔记扔进流量池中，再依据用户互动情况决定是否推向更大的流量池。这样的算法能够让大量 KOC 和 KOL 从零开始成长起来——即使初期没有名气和流量加持，单纯靠优质的内容也能积累粉丝。优质的笔记分享为小红书带来了好口碑和慕名而来的黏性用户。成千上万仍至上亿条真实的消费体验，也使小红书成为全球最大的消费类口碑库。

第三步：明星入驻，提升热度

2017—2018 年，明星入驻和综艺曝光将小红书推向更广阔的大众视野，带来新一轮的用户增长。至 2017 年 6 月，小红书用 4 年的时间积累的用户量是 5 000 万。而在明星扎堆入驻小红书不到一年时间里，小红书的用户达到 1 个亿（2018 年 4 月）。用户月活跃度接近 3 000 万，是一年前的 3 倍。

依靠电影《美人鱼》走红的林允，自发在小红书发布了第一篇笔记，反馈良好，之后众多明星纷纷效仿，以一种接地气的姿态在小红书分享好物，与粉丝互动。2018 年上半年，小红书赞助了两档节目《偶像练习生》《创造 101》，选秀综艺直接带动了小红书 App 的下载，且带来的用户足够年轻、足够下沉。随着更多的头部明星通过市场、活动和策划方式入驻平台，KOL 的影响和社群氛围的同化，普通用户的分享习惯和搜索习惯逐渐向小红书靠拢。

兑现：从种草到收割

2014 年小红书转向“社区＋电商”的运营模式，即兑现种草的商业价值。至今主要采取了两条路径：培育新品牌和正品电商。

1. 培育新兴品牌的社群平台

小红书种的草，成为女性市场新兴品牌追捧的平台资源。在孵化新品牌上，小红书作为内容社区的优势非常明显。新兴美妆品牌完美日记从 2016 年创办到 2020 年上市，小红书在其中扮演了重要角色，外界也称完美日记为小红书新品牌第一股。

对很多品牌来说，小红书的价值不在于大而在于精准。另一个依托小红书成长的国货品牌谷雨，其市场总监曾表示，在其他大流量平台上做一个覆盖 100 万人的投放，转化率甚至可能不如在小红书上做 10 万曝光转化的用户，因为小红书的目标人群更为精准。此外，作为内容平台的小红书，用户更愿意花时间阅读长文，这就更有利于品牌的培养和沉淀。

2. 正品自营的电商

小红书 2014 年启动的电商模式，与澳大利亚保健品品牌澳佳宝（Blackmores）、斯维诗（Swisse）、日本化妆品排行榜“@cosme 美容大赏”等达成了战略合作，还有越来越多的品牌商家通过小红书销售。截至 2017 年 5 月，小红书营收已近 100 亿元。

小红书也于 2020 年推出了自己的电商直播业务。小红书的直播带货以专业和分享见长，更注重主播和用户之间的互动性，主播和粉丝之间的关系更加紧密。基于平台用户追求时尚、良好的审美以及较高的用户黏性，小红书的直播数据呈现三高一低，即客单价高、转化率高、复购率高、退货率低。根据 QuestMobile 2020 年 4 月的数据，在抖音、快手、微博、小红书四个内容平台中，抖音、快手的平均带货转化率为 8.1%、2.7%，微博 9.1%，小红书则高达 21.4%。

小红书正在积极开拓平台垂类内容，自 2020 年以来，小红书泛知识、泛娱乐品类内容增长迅猛，体育赛事、数码科技类笔记发布量也有大幅增长，平台内容日趋多元。社区内容边界正从美妆、护肤等领域逐渐向外延伸。2020 年小红书发布“创作者百亿平台向上计划”，聚焦视频创作者、直播创作者及泛知识、泛娱乐品类创作者做定向扶持。

小红书的社群观

从购物攻略到信息分享社区，再到“社群＋电商”模式，小红书经历了多次调整升级，但不变的是消费者社群的定位。小红书创始人瞿芳在接受采访时表示，小红书的核心形态是社群。她强调，每个社群能走多远、创造多大价值，最重要是两件事：一是种子用户是谁，它会奠定基因；二是核心规则，社群鼓励与激励什么，它的价值观，会决定社群能走多远。

小红书社群价值观的转变，可以从标语的变化中窥见一二。从“找到全世界的好东西”变成“标记我的生活”，“分享美好生活方式”成为平台主动倡导的价值观，也在间接引导着用户生产内容的价值方向。

资料来源：1. 小红书正在助推更多“完美日记”.（2020-11-25）. https://mp.weixin.qq.com/s/IB860xL09tyoe2BDUXNusw.

2. 赚到翻车的小红书？.（2019-07-30）. https://mp.weixin.qq.com/s/vGcG9p4tlS7Xw1Xrbb3c2w.

3. 小红书“激进”变革.（2019-07-01）. https://mp.weixin.qq.com/s/H0Pl97oxguIZMbQNrfNgmw.

4. 小红书孤芳自赏.（2021-04-06）. https://mp.weixin.qq.com/s/vVNdlf_wI7pzwK6nByTigg.

5. 完美日记敲钟上市　“小红书新品牌第一股”市值超 122 亿美元.（2020-11-20）. https://baijiahao.baidu.com/s?id=1683868715580982431&wfr=spider&for=pc.

6. 小红书成长的烦恼.（2019-07-23）. https://mp.weixin.qq.com/s/xoBRgp8mblc6IWQrYM8QKQ.

7. 国海证券——传媒行业深度报告：从小红书再看芒果超媒价值.（2021-01-22）. http://news.10jqka.com.cn/20210122/c626426135.shtml.

8. 内容种草，一场用户心智的争夺战.（2020-10-09）. https://mp.weixin.qq.com/s/mGuPMXG9VqfiDWXkFmSoPQ.

讨论题

1. 小红书如何影响了目标消费者？
2. 小红书能够黏住消费者的原因是什么？

1.3.2　影响因素的清单

以上给出了消费者行为的影响因素的框架，每一方面还包含若干具体的因素。就四因素分析而言，消费者行为的具体影响因素如下。

1. 外部环境因素

因素 1：文化和亚文化（价值观、文化传统、宗教、民族）

因素 2：政治、经济、法律环境

因素 3：社会消费基础结构（政策、消费基础设施、技术）

因素 4：家庭（结构、生命周期、决策模式）

2. 消费者个人因素

因素 5：社会阶层（年龄、地位、收入、职业、教育）

因素 6：情绪、动机、认知、态度、学习、记忆

因素 7：个性和自我概念

因素 8：世代和生活形态

3. 虚拟社群因素

因素 9：网上或终端社群的吸引力和影响力

因素 10：虚拟社群的定位、价值观、生态、资源、活力

因素 11：参与度、互动性与参照群体

4. 市场营销因素

因素 12：营销要素（产品及服务、价格、渠道、品牌、顾客资产）

因素 13：营销传播（传统媒体、数智媒体、粉丝、全方位接触点、广告、促销、公关、情境）

具体影响因素的内涵，除以下内容外，将在以后各章中分别解释。

文化（culture）是一套从社会中获得的行为模式，它通过语言和其他方式象征性地传播给特定社会的成员。[10] 文化的基本要素是价值观、行为规范（及准则）和象征图腾。文化对消费者行为的影响详见本书第 2 篇。

社会消费基础结构包括硬结构（消费基础设施）和软结构（消费政策），为社会消费提供平台和可能，反映国家或地区的消费水准。

社会阶层（stratum）又称社会等级，是指社会中在地位、财富、受教育水平、财产和价值观上互不相同、相对比较稳定的阶层。[11]

参照群体（reference group）是指这样一个群体，该群体的看法和价值观被个人作为当前行为的基础。因此，参照群体是个人在某种特定情况下作为行为向导的群体。

在解释消费者行为的理论中，在强调外部因素还是个人内在因素以及上述各具体因素的重要程度上亦存在分歧。实践中解释具体消费者行为的难点在于，理论给出了包罗万象的影响因素，在具体情境中到底是哪一因素起主导作用？这是最为关键的，也恰恰是最难把握的。为此，需要进行深入的市场研究和消费者研究。

聚焦中国 1－2

中国消费者行为的特殊影响因素

与西方消费者相比较，中国消费者的行为既有相同的一面，也有不同的一面。产生中外消费行为差异的原因是复杂的，需要通过广泛的研究去寻找。这里仅从中国的消费环境和文化因素的角度做初步讨论。

中国消费者行为的特殊影响因素包括：由于文化和亚文化因素产生的消费价值观

和行为规范的差异；由于制度政策因素产生的消费者行为差异和社会变迁。前者是深层的、长期的因素，后者是相对短期的、直接的因素。

1. 中国的消费环境急速变化

1980 年代对外开放以来，中国的社会和消费环境发生了巨大变化。在几十年内经历了西方几百年的工业化和市场化的进程。发生了真正意义上的"中国消费革命"。这是理解中国消费者行为不可忽视的重大背景。

中国社会消费环境的变化主要包括基础消费环境、消费政策环境和文化信息环境的变化。基础消费环境从无到有、从单一到多元，改变了消费的主要内容和方式，快餐店、商品房、高速公路、大卖场、连锁店、便利店、旅行社、手机等的出现改变了吃、穿、住、行、购、玩。消费政策环境不断调整，如购房政策、更多假期、利率下调、鼓励私人服务业等。文化信息环境的开放带来外来多元文化、西方生活方式、媒体个性化、互联网等，影响中国人的消费观念和消费价值取向。

在消费环境中，对中国消费者行为影响最大的是政策因素。西方消费环境的变化因素主要是技术。对比西方，政策因素对中国消费者行为的影响是突出且特殊的。

中国政府的独生子女政策（1978）、富民政策（1979）、购房政策（2000）、医疗改革政策（1998）等都对消费产生了重大而长远的影响，给几乎每个中国人和家庭的消费决策带来直接而巨大的影响。

2. 中国文化因素对中国消费者行为的基本影响

中国文化价值观是造成中国消费者行为差异的深层原因。研究表明，有数千年历史的中华民族在哲学观、价值观、认知观、思维方式、处世方式、生活态度、风俗民情等方面都不同于西方人，中国人有自己的行为逻辑，这种行为逻辑甚至是西方人无法理解的（例如电影《刮痧》）。比如，西方消费者受个人因素影响更大，中国消费者受群体因素影响更大。

按文化三要素的理论（价值观、行为规范、象征图腾），比较消费价值、消费行为和消费象征这三个方面，中国与西方都有所不同，而且，中国的区域亚消费文化和世代亚消费文化呈现出丰富多彩的差异。

有哪些根本的社会和文化价值观对中国消费者行为影响最大？有学者（如李骢华，1999）认为是生命的延续、人际关系、社会地位和（群体）同化。

从文化的层面来看，对中国消费者行为影响最大的文化价值观主要有：

（1）以"根"为本的文化——重家、族、国；生命的延续；望子成龙、光宗耀祖。

（2）中庸文化——阴阳平衡的行为导向；福祸相依。

（3）关系文化——礼尚往来，来而不往非礼也。

（4）面子与从众——有脸有面；重群体舆论，人言可畏。

（5）礼与地位——儒家强调举止行为与地位要一致。

（6）和文化与天人合一——和谐、和气、和睦、和平、和满、和贵；天时、地利、人和。

中国社会的集体主义的文化倾向显著，更注重群体认同。虚拟社群和圈层对消费者的影响力更加显著；购买决策更注重面子和评价；参照群体和权威、明星更有影响力；

口碑和广告对品牌和公司更重要。

资料来源：1. 卢泰宏等. 中国消费者行为报告. 北京：中国社会科学出版社，2005.
2. 李聰华. 中国：消费者革命. 香港：三联书店（香港）公司，1999.

第1章小结

1. 如何解释消费者的行为？本章以宽广的理论视野，给出了消费者行为学最基本的理论知识背景。
2. 本章简要综合了有影响的若干种消费者行为学框架，即解释消费者行为的不同概念框架，以及主要的总体解释模型，提供了学术大视野，也是用实证方法研究消费者行为的基础。
3. 本章简要综合了消费者行为的影响因素理论，包括二因素论、三因素论和四因素分析。数智时代的四因素分析理论，对解释消费者行为的传统三因素论做了重要的补充和完善，主要是在基本框架中加入“消费者（虚拟）社群”。

第1章思考题

1. 解释消费者行为的难点是什么？试比较本章阐述的消费者行为总体解释模型。
2. 试结合各种理论及个人的体验，讨论如何理解消费者行为的理性和非理性。
3. 讨论数智时代影响消费者行为的四个因素。试结合资料及自己的体验，以某一消费者行为为例，具体说明影响消费者行为四大因素中的每一个因素。

第 2 章

消费者需求、动机与体验理论

营销最简短的定义是：在满足需求的同时获利。

——菲利普·科特勒

消费者的需要是现代市场营销的基础。在高度竞争的市场环境里，比对手更早、更好地识别并满足消费者需要的能力，是企业得以生存、获得利润与取得发展的关键。

——利昂·希夫曼

章前引例

三顿半：速溶精品咖啡

雀巢为代表的速溶咖啡曾以方便价廉成为大众咖啡市场的主流。不过部分消费者并不满意速溶咖啡：个性化口感不足，品位不高。星巴克和近些年大城市中各种咖啡馆走红，正是因为更好满足了消费者的愿望，其卖点是体验更佳、口感更好、有品位，但受消费地点限制，价格也高。

能不能在满足咖啡消费需求上进一步创新？

三顿半咖啡在经历多年探索和失败后，于 2018 年找到了消费者需求的新空间，开创了咖啡的新品类——超即溶精品咖啡。

首先创新产品，三顿半通过独创的“冷萃提取、智能冻干”技术，实现了“超即溶”。三顿半咖啡粉能最大程度保留咖啡口感、香气、新鲜度、甜感等细节层次，同时表现出较好的溶解性，可溶解于热水、冰水、牛奶、燕麦奶当中。这两个特性使喝咖啡更方便，拓展了咖啡的消费场景：不仅可以覆盖原有速溶咖啡的消费场景，还可以满足飞机上、高铁上、旅游、户外等无法到店的场合。

其次创新外观设计，传播品牌定位、简化消费决策。三顿半另辟蹊径设计了迷你可爱的杯子装，搭配亮黄、淡红、黑灰等多种经典配色，超强的辨识度令其脱颖而出，强化了精品咖啡的审美体验和分享欲。此外，小罐包装上简明的 0～7 号数字标签区分精品咖啡的不同风格和烘焙程度，简化消费者决策，吸引了大量消费者尝试。而回收空杯包装的“返航计划”也体现了公司的环保意识。

三顿半这个新品类在口感、品味和便捷性上优于传统速溶咖啡，价格相对线下咖啡馆又极具优势（4～7 元 vs. 10～36 元）。凭借竞争优势，三顿半采取深度垂直的数字化营销，在 2018 年正式登陆天猫后，销量持续增长。2019 年“双 11”期间，三顿半咖啡的成交额同比增长 10 倍，击败雀巢居天猫平台咖啡品类第一。2020 年天猫“618”期间，三顿半咖啡跃居冲调大类销量第一。截至 2020 年 8 月，三顿半已经卖出逾 6 000 万杯咖啡。

本章涵盖三个重要的理论概念：消费者需求、动机理论和消费者体验。洞察需求和动机是营销管理的出发点，消费者体验则是赢得消费者的制高点。

2.1 动机的理论

为了把握消费者行为，一条逻辑路线是寻找行为的内在原因，心理学家和社会学家认为需要和动机是产生行为的基础和原因，并对分辨需要和动机的类别的理论做了大量研究。

营销管理将顾客需求作为营销的出发点，并从市场的角度细分为需要（need）、需求（demand）和欲求（want 或 desire）。还提出了消费者价值（value）的概念，并视其为现代营销的基础。在数智化时代，消费者体验更是新的特别重要的消费者价值。

需要、动机和行为之间的关系如图 2－1 所示。需要是个体由于缺乏某种东西而产生的生理或心理上不平衡的状态。它是消费行为的基础，没有需要就不会产生相应的消费行为。当消费者希望满足的需要被激发时，动机就产生了。动机是行为的原因。在一些消费者行为学教材里，动机和需要是两个可以互相替换的概念。比如霍金斯《消费者行为学》(第 8 版）就用“马斯洛动机层次”代替通用的“马斯洛需要层次”。

图 2－1 需要、动机和行为的关系

动机（motivation）是引导人们做出行为的过程。关于动机的概念，表述不尽相同，如布莱思将动机界定为“行动的简单理由”。[1] 所罗门认为动机“是引导人们做出行为的过程，是希望满足的需要被激发时产生的”。[2] 莫文认为，动机指人们所处的能导致有目的的行为的一种被激活的状态。[3]

动机的研究主要来自心理学。20 世纪初至今，动机理论的研究经历了从本能论、驱力论、诱因论到认知论等的发展过程。[4] 大致而言，本能论和驱力论可以归入人本主义心理学，诱因论和认知论可以归入行为主义心理学。前者关注人的自身，后者关注环境的影响。在众多的理论流派中，影响最大的三个人物是 S. 弗洛伊德、A. 马斯洛和 F. 赫茨伯格。下面简单介绍一些主要的动机理论。

2.1.1　20 世纪初：本能论

20 世纪初，心理学家受达尔文进化论的影响，认为对动物行为的研究有助于解释人类的行为。他们开始尝试用动物不学而能的行为方式来说明人的行为，并进行了大量的动物实验研究，进而形成了本能论。本能论的主要代表人物詹姆斯（James）和麦克杜格尔（Mcdougall）对本能进行了分类并列出了本能的细目清单，把人类复杂的行为归结为几种或几十种本能。但这种区分存在循环定义的缺陷，如将人的爱心表现归结为慈爱本能，然后又用这种慈爱本能去解释人的爱心行为。

弗洛伊德对动机研究作出更大的贡献，成为本能论的代表人物。弗洛伊德的观点和初期本能论的不同之处，是他提出了人的心理结构各部分之间的动力关系。他不仅区分了人类的几种基本本能形式，还对本能如何起作用以及本能的能量作用等一系列问题进行了详细的论述。弗洛伊德的本能论来自他在医疗实践中对人类行为的观察，而不是来自对动物的研究。

2.1.2　驱力理论和马斯洛需要层次论

1. 驱力理论

20 世纪 30—50 年代的驱力理论（drive theory）认为，如果人有一种未满足的需要，就会产生一种紧张的状态驱使其试图减少或消除这种紧张。人们认为减少紧张是支配人类行为的一个基本机制。消费者当前的状态和理想的状态之间总是存在差距的，这种差距造成某种紧张的状态，紧张的程度决定了消费者缓解紧张的迫切程度，这就激发起一种驱力，推动或驱使其为寻求能满足需要的东西而采取行动。

驱力概念比本能概念前进了一步，它不像本能概念把人的行为看作是由遗传先天决定的，它强调驱力在激发行为中的作用，认为需要引起有机体的内部紧张和个体力图缓解内部紧张状态的行为。在希夫曼的动机过程模型中，将动机理解为：个体内部促使他作出行动的驱动力，动机因一种紧张状态而产生，使人们产生动力去满足未满足的需要（见图 2－2）。

2. 马斯洛需要层次论

马斯洛（Maslow）提出的需要层次论对动机问题研究产生了很大的影响，具体请参见 2.2 节“需求的分类”。

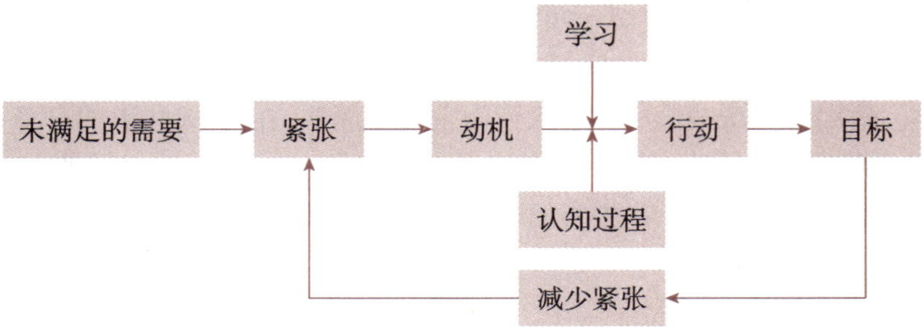

图 2-2　希夫曼的动机过程模型

资料来源：Schiffman L G，Kanuk L L. Consumer Behavior. 7th Edition. 北京：清华大学出版社，2001：64.

2.1.3　诱因理论

诱因理论又称为**期望理论**（expectancy theory），该理论认为行为在很大程度上由外部诱因牵引，而不是受内在因素推动。

动机的诱因理论强调奖赏出现时对行为产生的引诱力或拉力。与驱力理论相对应，诱因理论关注外在刺激、强化作用如何引导行为的发生。诱因理论主要包括巴甫洛夫行为主义者的有关研究，特别是斯金纳的强化理论。经典性条件反射和操作性条件反射理论，替代学习（又称观察学习，是指人们观察他人的行为以形成自己的行为模式）理论都属于诱因理论。

诱因理论建立在如下假设基础之上：行动着的个体知道他的行为将有什么后果。积极诱因（人们希望得到的）包括食物、爱情、名誉等；消极诱因（人们希望避免的）包括痛苦、焦虑、挫折等。

强调外因的布莱思的动机形成模式如图 2-3 所示。

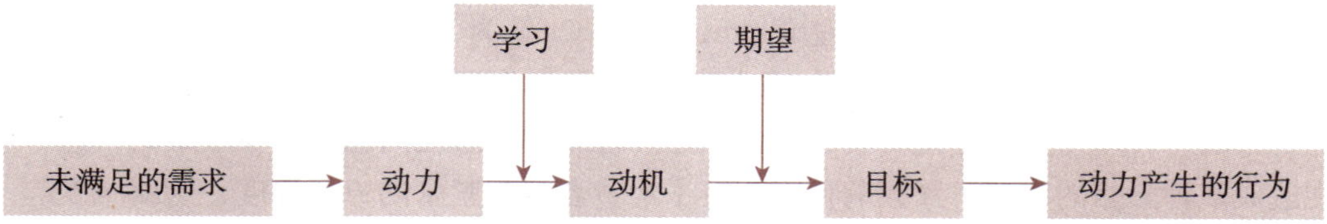

图 2-3　布莱思的动机形成模式

资料来源：J. 布莱思．消费者行为学精要．北京：中信出版社，2003：14.

2.1.4　双因素理论

赫茨伯格提出的双因素理论[5]把不满意因素（引起不满的因素）和满意因素（使人满意的因素）区别开来。他认为，消除不满意因素是不够的，还必须提供能激发购买的满意因素，即需要双因素的驱动，或动机来源于双方面：消除负面因素和强化正面因素。例如，一部智能手机如果没有质量保证书，就是一个不满意因素，但只提供质量保证书还不能成为购买的满意因素或激励因素，因为保证书并不是导致对手机真正满意的本质因素。对手机购买者来说，易操作、智能解决方案等才是满意因素。

2.1.5　认知动机理论

20 世纪六七十年代是动机研究的转折时期，主要表现为由前期的机械观向认知观转化。主要理论有：联结论、驱力论、认知论、精神分析论、归因论以及成就动机论。研究的主题包括好奇（探索行为）、交往、不平衡（失调）、挫折、攻击、焦虑、志向水平、生物化学关联作用、强化理论等。这些研究内容既有 20 世纪 50 年代以前有关研究的延续，也包括一些新的研究领域，特别是认知方面的有关研究。

1980 年代形成了一系列认知动机理论，如成就动机论、自我效能论，以及自我决定论、预言论、归因论等。这些理论从某个角度为揭示人类复杂的社会动机作出一定的贡献。认知动机理论和前期的机械反应论有着明显的不同，它假定人是理性的，人的行为受个体的调节控制，而不是被动地受内外部刺激的摆布。

2.2　需求的分类

需求的分类有多种视角。

2.2.1　心理学的视角：人的需求

多少年来，对行为感兴趣的心理学家和其他学科的研究者试图完整归纳出人类的一系列需要。虽然对人类具体的生理需要没有什么异议，但对人类的心理需要却有着众多不同意见，大多数的需要在内容与持续性上各不相同，以下列举基于心理学的人类需要的主要分类。

1. 后天习得性需要论

一些心理学家将需要区分为原始需要（primary needs/innate needs）和后天（习得性）需要（secondary needs/acquired needs）。习得性需要不同于生理需要，它不是天生的，而是后天从环境中习得的，包括：

（1）心理需要，如权力需要、交往需要、亲和需要、合群需要、独特性需要。

（2）功利需要，如成就需要、地位需要。

（3）享乐需要，如奢侈需要、旅游需要。

2. 默里的心理需要清单

1938 年，心理学家默里（Henry Murray）分几大类详细列出了人的心理需要。默里提出的基本需要包括对消费者行为有重要作用的许多动机成分，诸如成就、认同与自我表现（见表 2-1）。

表 2－1　默里的心理需要清单

对无生命物的需要	遵从
获得	同一性
保护	自主
秩序	敌对
保持	**施虐、受虐的需要**
构造	攻击
反映抱负、权力、成就与声望的需要	谦卑
优越感	**与人际感情有关的需要**
成就	亲和
认同	拒绝
自我表现	抚养
不受侵犯	求助
避免羞辱、失败、丢脸、受人嘲弄的需要	玩要
防卫	**与社会沟通有关的需要**
对抗	认识
与权力有关的需要	解读
支配	

资料来源：Costa P T，McCrae R R. From Catalog to Classification：Murray's Needs and the Five-Factor Model. Journal of Personality and Social Psychology，1988，55（2）：258–265.

默里认为每个人都有一系列相同的基本需要，但每个人对这些需要的优先排序（偏好等级）有所不同。默里的需要结构成为许多广泛使用的个性测验的基本结构。比如，在主题统觉测验（thematic apperception test，TAT）中，测试人员会向受测者展示 4 ～ 6 幅主题模糊的图片，要求他们回答四个与图片直接相关的问题。这四个问题是：（1）发生了什么事？（2）是什么导致了这个情况？（3）你在想什么？（4）接下来会发生什么？接着测试人员会参照特定的需要来分析每一个答案，并在该需要一被提及时就进行记录。该项测试潜藏的原理是，人们会不自觉地将自己的潜意识需要投射到图片上去。通过他们对图片的反应，可以了解其真实的、占主导地位的需要。

3. 马斯洛的需要层次论

心理学家马斯洛提出的需要层次模型是获得广泛认同和高被引的需求解释模型。马斯洛提出了人类的五种基本需要（见图 2－4），它们从较低层次的生理需要到较高层次的心理需要依次排序出现。该理论认为，在较高层次的需要出现之前，个体往往寻求满足较低层次的需要。各种层次的需要都是相互排斥的。同时，各种层次的需要会交叉重叠，因为通常不可能完全满足某种需要。

马斯洛的需要层次模型对于理解消费者行为是很有用的工具，并有助于制定灵活的营销战略，这主要是因为消费者购买的物品经常只能满足某一层次的需要。例如，买房子、食品以及衣服是为了满足生理需要；购买保险、参加职业培训以及接受金融服务是为了满足安全需要等。该理论的主要问题是，它是一个概念模型，而不是一个实证模型，不能精确地测量如何满足个体的某种需要，以及如何上升到较高层次的需要。

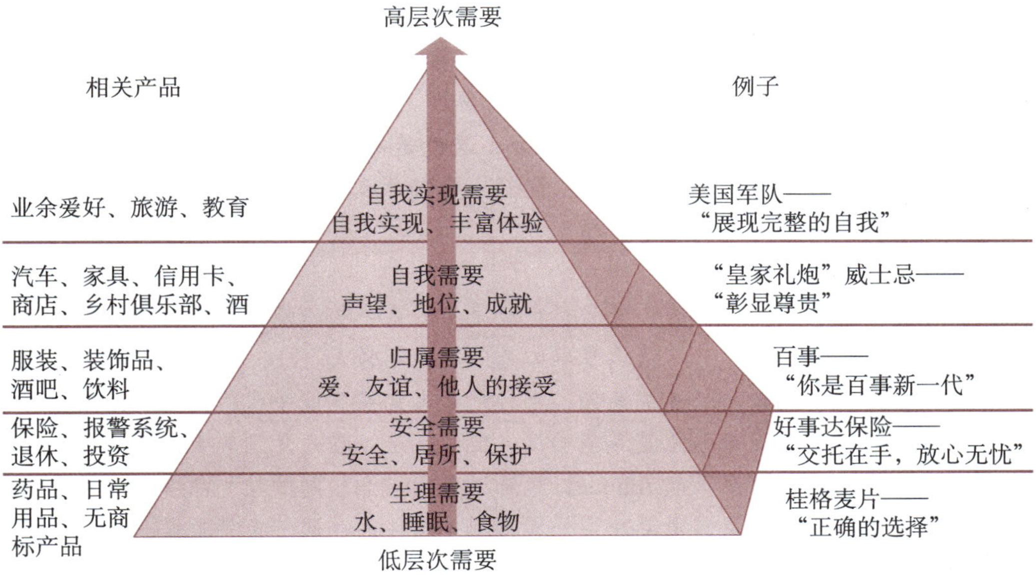

图 2-4 马斯洛的需要层次理论

资料来源：迈克尔·所罗门，卢泰宏，杨晓燕．消费者行为学：第 10 版：中国版．北京：中国人民大学出版社，2014：84.

2.2.2 市场营销学的视角：市场需求

现代营销将市场建立在需求的基础之上，准确判断需求是开拓和发展市场的前提和关键。所以，营销致力于更加深入、更加细致和更加具体地回答需求的问题，并且将需求理解为市场需求。

科特勒按性质将需求分为八种状态：负需求、无需求、潜在需求、下降需求、不规则需求、充分需求、超饱和需求和不健康需求。[6] 布莱克韦尔把人类的需要分为十类：生理需要、安全与健康需要、情感需要、金融资源与保险需要、娱乐需要、社会形象需要、拥有需要、给予需要、信息需要和变化需要。[7] 所罗门认为，需求是需要的表现形式，是用来满足一种需要的特殊消费形式。[8]

营销学家强调，顾客需求是营销的出发点，并从市场的角度将顾客需求这一概念一分为三，包括**需要**（need）、**需求**（demand）和**欲望**（desire），并且主张区分需要、需求和欲望。[9]

- 需要：指人的基本要求。
- 需求：指有购买力的愿望。
- 欲望：指追求和梦想。

案例 2-1

小米手机为什么火爆：消费者需求角度的透视

小米科技公司成立于 2010 年，2014 年小米创始人雷军当选《福布斯》亚洲商业人物。2020 年小米成立十周年之际，小米手机的出货量重回全球前三。2020 年 12 月底，小米市值突破千亿美元，股价翻倍。

2011 年小米推出第一款手机时，中国智能手机市场刚被 iPhone 和三星智能手机点燃。这两个品牌的智能手机占据了大部分市场份额。但是，在 iPhone 和三星占领先机的中国市场上，小米找到了特殊的市场机会，这就是渴望拥有智能手机的一大群年轻人。为此，小米需要解决三个关键问题：年轻人具有什么特征和需求？小米如何满足消费者的需求？如何点燃和激发这个市场？

小米手机的目标市场

小米手机并不针对高端客户，其目标市场是年轻人，核心用户是手机发烧友这个群体，也被小米称为种子用户，二级消费群体是广义的年轻人。

随着智能手机市场进入快速成长期，年轻消费者购买智能手机的欲望逐渐增强。他们对新鲜事物既敏感又好奇，总是渴望尝试，但经济上年轻人受到较大的预算约束，他们中的绝大多数人一时还买不起 iPhone，也难以负担利润较高的领先品牌。从社会心理看，年轻人注重自身的形象，渴望获得外界特别是同伴的认同。也就是说，年轻人想尽早拥有智能手机，不仅希望省钱，还希望“玩酷”。他们追求智能手机带来的新的与世界沟通的方式，希望以低廉的价格获得较好的功能，同时希望这种低价不会让他们“掉价”，即渴望获得一种身份价值。在低价、身份的前提下，他们可以容忍性能的缺陷，包括可靠性低、死机等。

低价高配的高性价比价值

2011 年，小米以 1 999 元不可思议的低价进入市场，提供市场最高手机硬件配置和专为中国人打造的 MIUI 操作系统。这个价格比苹果至少低 60%，也远低于市面上的其他主流机型，几乎不用支付溢价。在手机性能方面，小米公司参考个人电脑的比较方法，让年轻人看到小米手机的硬件配置远远高于其他品牌（见表 2－2）。这种比较方法解决了品牌附加值、操作软件稳定性的问题，让此时还没有建立品牌的小米在这场比较中以绝对优势胜出。市场最高硬件配置和最低价格这种超预期的组合让整个市场大为震动，一下子激发了年轻人的购买热情。

表 2－2　2011 年手机市场的配置 / 价格对比表

手机	CPU	内存	电池	屏幕	摄像头（像素）	定价（元）
小米手机	双核 1.5GHz	1GB	1 930mAh	4.0 寸 854*480	800 万	1 999
HTC Sensation	双核 1.2GHz	768MB	1 529mAh	4.3 寸 960*540	800 万	3 575（水货）
三星 Galaxy S2	双核 1.2GHz	1GB	1 650mAh	4.3 寸 800*480	800 万	4 999
MOTO Atrix ME860	双核 1.0GHz	1GB	1 930mAh	4.3 寸 960*540	500 万	4 298
LG Optimus 2X	双核 1.0GHz	512MB	1 500mAh	4.3 寸 800*480	800 万	2 575（水货）
苹果 4	单核 800MHz	512MB	1 420mAh	3.5 寸 640*960	500 万	4 999

小米在三年内的六个手机产品皆采用市场最高配置，虽然用了最贵的原材料和组装厂，价格却一直维持在 1 499 ～ 1 999 元，红米手机维持在 699 ～ 799 元这样的超低价位上。这种性能价格组合远远超出市场的期望，引发了轰动和直接购买行动。

虽然小米公司以软件起家，之前并没有生产硬件和电商销售的经验，其产品和供货一直存在各种各样的问题，但消费者的容忍度和价格成反比，在如此低的价格之下，小米手机出现的死机、供货不稳定等问题并没有影响消费者的热情，特别是产能不足反而引发消费者更强烈的需求。

除了减少顾客的成本，提高顾客的净收益之外，小米获得成功的重要原因还在于虽然价格低，却为年轻人提供了身份价值。在小米手机之前，中国市场上除了苹果、三星、HTC 这些高价的智能手机品牌外，还有大量的小厂商生产的价格低廉的山寨智能手机。小米手机在低价的基础之上，巧妙地规避了低价山寨机易引发的负面联想。

小米通过两个手段构建年轻人的身份价值：一是通过其核心用户——手机发烧友的参与和认同让小米显得更“酷”；二是通过新电商销售渠道与社交媒体传播品牌精神——年轻人的品牌。

（1）手机发烧友的参与和认同让小米显得更“酷”。小米的广告语是“为发烧而生”，其最早的核心用户群体是手机发烧友。这一群体是其他人购买时主要参考和咨询的意见领袖，其口碑具有非常高的可信度。通过这一群体的认可，小米让自己与山寨机的形象割裂开来，成为一个“酷”的产品，从而为年轻人提供了身份价值。

为了获得手机发烧友的认同，小米通过“与消费者共创”的参与模式来探究核心用户群体的价值需求，并在此过程中让发烧友形成品牌认同。

小米先在安卓的基础上开发了适合中国人使用的 MIUI 手机操作系统，然后开始生产手机硬件。整个系统是在小米 100 多位工程师的主导下，由 10 万多手机发烧友共同合作开发的。小米每周发布一个操作系统，手机发烧友提交体验报告，表达对功能的需求，提供改进方案，并投票决定功能开发的前后次序。小米工程师根据用户的反馈，每周快速迭代出新的版本。每周五发布的新功能基本上都是由发烧友设计和决策的，因此每一次更新都让每个深度参与其中的用户非常兴奋。小米将产品需求、测试和发布统统开放给用户，公司只掌控工程代码编写这一环节，根据用户意见不断完善产品。这种方式让小米最大限度地把用户的智慧结合在一起，在价值选择的过程中不走弯路，打造一个最符合消费者需求的操作系统。比如，晚上睡觉时可以设置只接听 VIP 的电话，防止 24 小时开机的人接到骚扰电话。更重要的是，核心用户群体通过参与价值创造的过程，对小米形成深度认同，成为小米忠诚的粉丝和品牌的传道者。至 2014 年 MIUI 已经拥有 7 000 万用户。

（2）通过新电商销售渠道与社交媒体传播品牌精神——年轻人的品牌。小米的销售渠道及其传播策略完全贴合年轻人的生活方式，全方位地塑造了“年轻一代”的品牌形象。

小米 1 的上市没有采用传统的手机销售渠道，而是采用互联网进行直接销售。这不仅符合年轻人的网购习惯，也大大降低了渠道成本。提前预约，每周二的限量抢拍，让消费者对小米手机产生更大的渴望。马德里的 IE 商学院教授 Juan Pablo 这样描写小米手机的销售模式：

> 利用类似摇滚乐队出售演唱会门票的方式，向预算有限但注重身份的青年人群出售手机。有意购买的顾客只有很短的时间在网上提前登记。他们需在开卖前至少保持在线两个小时，但只有前 20 000 名幸运儿有机会购买。经过这次糟糕的经历，用户愈发渴望这款手机了。
>
> ——《哈佛商业评论》(2014-10-27)

被称为饥饿营销的这种销售模式缓解了小米初期产能有限的压力，产品组件的成本随时间的推移而下降，组件的利润率有所提高（小米也因此被称为是在卖手机期货）。产品的稀有性和抢购的难度形成话题，让年轻人在社交媒体中热烈地谈论小米手机，形成共鸣，促进小米的知名度不断攀升。

小米进行营销传播的主阵地是年轻人最活跃的社交媒体平台，它屡屡借用年轻人关注的话题来营造小米的“青春形象”，构建其品牌价值。如拍摄青春话题的微电影，借助《那些年，我们一起追过的女孩》《来自星星的你》等热点来塑造品牌个性。此外，投放在传统媒体上的小米品牌广告以“我们的时代”传递青春梦想，塑造品牌的青春基调。

2019 年，雷军在小米年会上提出，公司未来五年的核心将聚焦于“手机 + IoT”两大战略。除了继续保持对手机业务的关注以外，小米将万亿市场新风口下的物联网市场作为公司未来发展的第二曲线。2020 年小米手机业务收入占比已经下降至 61%，IoT 与生活消费产品占比提升至 27%，互联网服务收入占比提升至 12%，后面两个业务的利润率远超手机业务。

资料来源：1. 黎万强．参与感——小米口碑营销内部手册．北京：中信出版社，2014.

2. 如何评价小米手机 4？．http://www.zhihu.com/question/24561648.

3. ZDC 互联网消费调研中心．中国手机市场研究年度报告（2010—2011，2011—2012，2012—2013，2013—2014）.

4. 扎克伯格清华演讲全程秀中文：我想挑战自己．（2014–10–23）．http://tech.qq.com/a/20141023/004696.htm.

5. 苹果在中国智能手机市场份额不敌三星．（2012–03–13）．http://tech.sina.com.cn/t/2012-03-13/04396830014.shtml.

讨论题

1. 小米如何满足消费者的需求？
2. 小米手机的目标市场是谁？他们有什么特征和需求？

案例 2－2

华为高端智能手机的攻坚战

华为从 2011 年开始创立手机品牌华为 Ascend，2013 年推出了另一品牌线——荣耀系列手机。全球知名市场研究公司 GfK 集团中国智能手机零售监测报告显示，2017 年 4 月，华为手机总销量高达 808.3 万部，市场份额为 22.8%，居中国第一，全球第三。2019 年第三季度，市场研究机构 Counterpoint Research 统计中，华为手机依然稳居中国第一，全球第三。2020 年在美国的限制和重压下，华为手机出货量大比例下滑，2021

年已经跌出全球前五。然而华为追求品质和技术领先的战略依然在其他相关业务领域继续体现。

华为决定从B2B进入B2C手机市场，正值中国智能手机的快速发展期。据不完全统计，2014年初，中国手机品牌约540家，到2014年末已消失了140家。2016年，国内近百家手机厂商能够盈利的只有6家。华为是如何在这个厮杀激烈的智能手机市场上占领高档市场的?

华为手机的战略选择和产品攻坚是关键。在战略上，华为一是选择双品牌战略: Ascend系列和荣耀系列，两个互相独立的品牌。荣耀品牌针对年轻群体，与小米等大量注重性价比的手机进行正面竞争；Ascend品牌系列中的Mate系列和P系列主攻中高端市场。二是制定海外市场战略，华为手机的海外之旅始于2013年，重点市场在欧洲。针对海外的顾客群体，华为先后签约梅西、斯嘉丽·约翰逊等作为代言人，打造国际品牌形象。全球调研机构益普索（Ipsos）的数据显示，华为全球品牌知名度从2012年的25%上升到2015年的76%，品牌形象迅速国际化。良好的海外品牌形象又反哺国内市场，让华为手机的中高端品牌形象更加稳固。

这两大战略得以顺利推进的核心，则是华为手机的产品攻坚战。从华为的Mate系列和P系列，可以看出华为是如何深入了解目标消费者的需求，以及如何不断改善用户体验的。

Mate系列的目标顾客是中年的商务群体，多数为行业精英，追求工作的高效率和专业性。因此，Mate在配置和技术上追求“高精尖”，如指纹解锁、大屏幕、强劲的续航能力、领先于苹果的双摄像头技术等，每次推出新款都有核心硬件的大升级，让Mate在同等商务机市场中保持最高端配置。商务群体的手机对保密要求高，手机隐私一旦泄露将造成巨大的损失，华为为此做了不断的优化，Mate 8达到芯片级安全，而Mate 9系列更是采用金融级安全芯片。2016年推出的Mate 9配备第二代徕卡双镜头，与业界最高端品牌的合作更是强化了Mate系列的品牌形象和定位。该产品频频在国际上获奖，如荣获了三家德国重要科技媒体（Conncet，Chip，Areamobile）评选的最佳智能手机奖，在2017年国际消费电子展上横扫八项大奖，其中包括《华尔街日报》评选的最佳智能手机奖。

华为Mate系列的定价是最高的，但其每一款手机面市都受到消费者的极大关注，引发购买热潮。如2016年11月14日在京东开售仅一分钟，华为Mate 9的销售额就突破1亿元。Mate 9发布四个月后取得500万部的销售成绩，相比Mate 8同期有36%的增长，可谓2016年度爆款产品。华为Mate系列已经成为中高端智能商务机的代名词。

华为P系列的目标顾客是追求时尚艺术感、喜欢拍照的年轻群体，因此P系列更多从消费者的体验出发，追求外形设计美观、拍照有美感，追求高颜值。从华为P6开始，P系列一直重视外观设计的时尚性和拍摄效果的最优化。如华为P8主打超薄机身，同时注重性能，P9机型主打第二代徕卡双镜头两倍双摄变焦，以及金属陶瓷效果与拉丝氧化抛光工艺。P系列（P8、P9）连续两年获得欧洲影音协会EISA颁发的最佳消费者手机大奖，蜚声海外，满足了年轻时尚群体对于美、手机性能、身份的三重追求。一款能够随时随地拍出清晰度高的、色彩饱和的甚至能与单反相机媲美的照片的手机，受到消费者的认同和追捧。华为 P9 和 Plus 9 的市场反应热烈，全球出货量突破 1 000 万部，是华为第一款出货量破千万的高端旗舰产品。“华为”成为高端智能手机的代名词之一。

资料来源：1. GfK 报告出炉：国内手机现“新三甲”华为保持第一.（2017-05-19）. https://tech.sina.cn/mobile/xp/2017-05-19/detail-ifyfkqiv6526439.d.html.

2. 华为 2016 年报出炉：净利润仅增 0.38% 平均薪酬 63 万.（2017-04-01）. https://www.guancha.cn/economy/2017_04_01_401685_s.shtml.

3. 2016 手机市场深度报告.（2016-07-04）. http://cdc.tencent.com/2016/07/04/2016%E6%89%8B%E6%9C%BA%E5%B8%82%E5%9 C%BA%E6%B7%B1%E5%BA%A6%E6%8A%A5%E5%91%8A/.

4. 从山寨到名牌——华为手机的华丽转身.（2013-12-02）. http://www.emkt.com.cn/article/603/60356.html.

5. 手机如何重塑品牌形象？.（2017-05-09）. http://mt.sohu.com/it/d20170509/139564534_505816.shtml.

6. 包揽五项德国 iF 工业设计大奖的华为产品都是哪些？.（2017-02-14）. http://www.sohu.com/a/126257858_373823.

讨论题

1. 华为 Mate 和 P 系列智能手机凭什么成功挑战了苹果智能手机？
2. 其他手机品牌满足了消费者的哪些需求？为什么有些成功有些失败？

2.3 消费者体验

消费者体验（CE）已成为消费者行为新的驱动力。以消费者体验为中心的营销体验和品牌体验在数智化营销中备受关注，体验是数智化消费者行为中最重要的制高点。

那么，何谓体验？

2.3.1 心理学的角度：何谓体验？

所谓**体验**（experiences）是人们响应某些刺激（stimulus）的个性事件（private events）。体验通常是由于对事件的亲身参与或直接观察而产生的，不论事件是真实的还是虚拟的。

体验会涉及顾客的感官、情感、情绪等感性因素，也会包括知识、智力、思考等理性因素以及身体的一些活动。体验的基本事实会清楚地反射到语言中，例如描述体验的动词，如喜欢、赞赏、讨厌、憎恨等，形容词，如可爱的、诱人的、刺激的、酷毙的等。澳大利亚新南威尔士大学营销学院注册心理医师和讲师范文君在对被调查者的体验进行分析后发现，消费者使用过 220 多个不同的表达情感的词汇，用得最多的 10 个词汇是：气愤、愉快、沮丧、懊恼、失望、满意、急躁、放松、兴奋、愤怒。为了将体验描述得更透彻，还使用了其他的词汇，如尴尬、受侮辱、无助、怨恨、惊讶、充满危险、开心、受人尊敬、奢侈、吃惊。对市场营销而言，如果对消费者及其品牌体验洞察深刻的话，其结果是，客户不仅满意，还心存感激、心满意足、热情洋溢、愉快且忠诚。

2.3.2　经济学的角度：何谓体验经济？

随着体验的概念被引入消费和市场营销领域，出现了体验经济、体验营销等新术语。经济学家认为，随着消费形态的改变，经济已从农业经济、工业经济、服务经济转变至体验经济。派恩二世（B. Joseph Pine Ⅱ）与吉尔摩（James H. Gilmore）指出，货物（commodities）、商品（goods）、服务（services）与体验（experiences）区分出经济价值演进的四个阶段。所谓体验经济，是指企业以服务为重心，以商品为素材，为消费者创造出值得回忆的感受。传统经济主要注重产品的功能强大、外形美观、价格优势，现在的趋势则是从生活与情境出发，塑造感官体验及思维认同，以此吸引消费者的注意力，改变消费行为，为产品找到新的生存价值与空间。体验经济在生产行为上以提升感性程度与服务为首，并以商品为道具；在消费行为上则追求情境，创造值得消费者回忆的活动，并注重与商品的互动。派恩与吉尔摩建立的"体验王国"如图 2－5 所示。体验分为四个部分——娱乐（entertainment）、教育（education）、逃避现实（escape）和审美（estheticism），它们互相兼容，形成独特的个人遭遇。

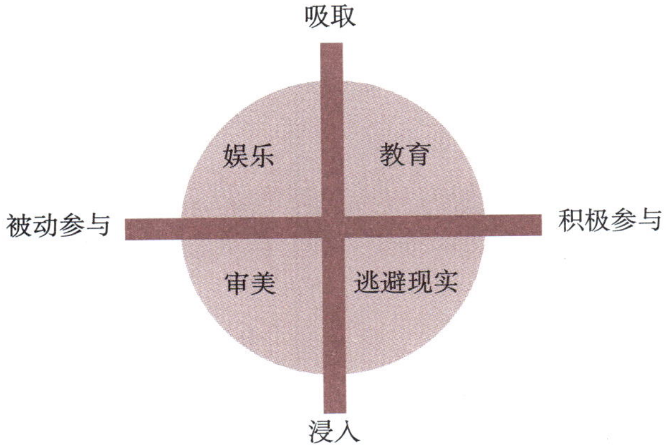

图 2－5　体验王国

资料来源：B. 约瑟夫·派恩，詹姆斯·H. 吉尔摩．体验经济．北京：机械工业出版社，2002.

2.3.3　营销管理的角度：何谓体验营销？

体验经济时代，体验营销成为新的挑战。它的目标是把握消费者的体验消费机理，创建体验品牌。

1998 年，美国战略地平线 LLP 公司的两位创始人 B. J. 派恩二世和 J. H. 吉尔摩提出体验营销的概念。他们对体验营销的定义是：通过看（see）、听（hear）、用（use）、参与（participate）的手段，充分刺激和调动消费者的感官（sense）、情感（feel）、思考（think）、行动（act）、关联（relate）等感性因素和理性因素，重新定义、设计营销。

B. H. 施密特博士（Bernd H. Schmitt）在《体验营销》（*Experiential Marketing*）一书中延续这一定义[10]，将感官、情感、思考、行动、关联这五个模块称为战略体验模块

（strategic experiential module，SEM），以此形成体验营销的如下构架。

1. 感官营销

感官营销（sense marketing）的目标是创造知觉体验，感官由视觉、听觉、触觉、味觉与嗅觉组成。感官营销可分为公司与产品识别、引发顾客购买动机、增加产品的附加价值等。

2. 情感营销

情感营销的诉求是顾客内在的感情与情绪，目标是创造情感体验，其范围可以从温和、柔情的正面情绪，到欢乐、自豪的激动情绪。

3. 思考营销

思考营销的诉求是智力，以创意的方式引起顾客的惊奇、兴趣、对问题的思考，为顾客创造认知和解决问题的体验。

4. 行动营销

行动营销的目标是影响人们的身体体验、生活形态与互动。行动营销通过增加人们的身体体验，指出新的方法、生活形态与互动方式，丰富顾客的生活。

5. 关联营销

关联营销包含感官、情感、思考与行动营销等层面。关联营销超越私人感情、人格、个性，加上个人体验，与个人的理想自我、他人或文化产生关联。

2.3.4 数智化时代的顾客体验

20 世纪 70 年代，欧美国家开始兴起一种新的消费方式 DIY（do it yourself），意为“自己动手干”，它主张“积极动手、参与其中”的生活态度。来自瑞典的全球最大的家居零售巨头宜家（IKEA），正是通过倡导 DIY 的生活方式并将产品融入其中，成功塑造出一个另类、新潮、个性的家居零售商形象。[11]

进入 21 世纪，顾客体验发生了质的飞跃。从简单的 DIY，发展到 DIT（do it together），就是大家一起做，即我们一起创造。这是互联网时代杰出的思想家之一安德森提出的重要思想。他总结自己 20 多年的创客经历，认为创客运动是一种全新的、开放的创新模式。它强调分享的体验、互动的体验、共创的体验，这也是创客的内涵。

数智时代开创的社会网络，特别是消费者虚拟社群的活跃，使得顾客体验又进入了新的境界——**数智化体验**。数智化的新生态中，消费者集聚的在线虚拟社区是一个非常有前景的创新源，消费者虚拟社群及圈层的数智化体验正在发挥出前所未有的、裂变式的威力，即顾客体验的指数爆发。社群顾客体验引爆新产品、新品牌的案例已经别开生面、络绎不绝地浮现出来，请参见案例资

延伸阅读2-1　感官营销力：五蕴创造价值

料小红书、完美日记和《哪吒》等。

在开放创新思想引领下，如何让顾客参与营销的整个过程备受关注，除了让顾客参与后期的产品组装以及口碑传播之外，企业也关注如何通过数智技术让顾客参与到价值创造的起始——新产品开发的过程中。[12]

让顾客参与新产品开发过程，跳出了以往顾客调研的框框，极大地发挥了剩余经济、共享经济的作用。传统的以制造者为中心的新产品开发过程赋予顾客的角色太小，只是做一些顾客调研或产品入市前的顾客测试。这些调研的缺陷在于，顾客往往不清楚自己的潜在需求或无法准确描述其需求，他们所提出的需求往往是对现有产品的渐进式改进。因为顾客不能陈述出真正的需求，特别是无法描述他们没有体验过的产品，所以顾客调研对全新产品开发的作用非常有限。在价值共创中，企业将顾客视为一种珍贵的资源，是合作共创者（co-creators）。通过提供更易使用和更有乐趣的工具，如 3D 图像技术、虚拟现实技术、增强现实技术、网络工具箱、产品设计工具箱等，将顾客的知识、对产品的了解、对自己需求的理解融入产品开发的各个阶段。顾客充分参与新产品开发，在互动中相互激发、相互评价、相互支持（比如产生和评价新的产品创意，发展、评价和挑战产品概念），创造虚拟的产品原型，并带给企业团队灵感。顾客在创新过程的三个阶段都可以为品牌增加价值（见图 2－6）。

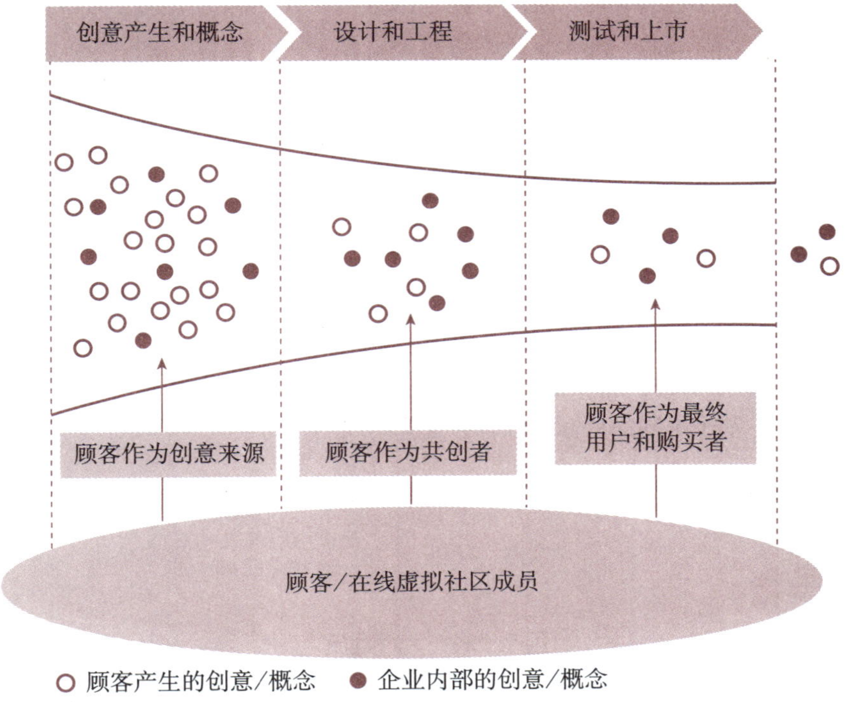

图 2－6 顾客参与价值共创的三个阶段

资料来源：Füller J，Matzler K. Virtual Product Experience and Customer Participation—A Chance for Customer-Centred，Really New Products. Technovation，2007，27（6-7）：378-387.

第一阶段是创意产生和概念阶段。此阶段关注产生各种新的点子或者是虚构的概念。高创造力的顾客——也称为领袖用户，可以作为这个阶段的外部资源。他们的贡献可以给公司员工做参考。随后，在创意和概念的评估阶段，通过对员工和顾客的咨询，最有潜力的创意和概念被选出来。比如，宝马就举行过远程信息、在线服务以及未来驾驶助手的创意大赛。这个阶段需要一个互动的多媒体工具帮助用户产生新的创意以及评价他人的创意。

第二阶段是设计和工程阶段。此时顾客的角色变成共创者。有学者介绍了六种基于网络的工具，让用户参与到这个过程中去。[13]用户参与的深度和主动性都远远高于现有的市场研究方法。举例来说，用户设计方法允许用户根据他们自己的需求设计产品，他们在进行设计时，可以在网上通过简单拖拽来创造理想的产品，与此同时，设计选项、特征选项、工程约束、对价格的影响会实时显示在屏幕上。

相较于常规的网上市场调查，这种新的整合顾客创造力的方式是完全不同的，企业不仅询问顾客的意见、需要和需求，而且邀请顾客贡献他们的创造力和解决问题的技巧，包括产生新产品概念，发展产品概念的细节，评价或改造产品概念，讨论和改进解决方案，选择产品的虚拟原型，测试和体验新产品特征，获得新产品的反馈等。施华洛世奇就主导了一次基于互联网的产品概念测试和设计比赛。首先，顾客评价施华洛世奇关于“水晶刺青”——新一代珠宝的产品概念，然后施华洛世奇给顾客一个网络工具盒，让顾客设计自己的水晶刺青。800 个顾客参与这个虚拟交流并表达了他们的偏好，创造了 263 个有趣的主题图案，激发了施华洛世奇设计团队的灵感，并帮助企业分析了顾客的潜在需求。[14]

第三阶段是测试和上市阶段。在线虚拟社区的成员可能扮演最终使用者或购买者的角色。比如“米粉”下载更新 MIUI 系统，使用并提出反馈和改进建议。[15]

顾客参与价值共创的模式可以用两个维度进行区分：

- 参与的持续性
- 参与的主动性

持续性维度是指顾客参与新产品开发的频次。浮动范围可能是从某个特定任务的一次互动，到整个新产品开发过程的持续互动或是几个项目的持续互动。主动性维度是指顾客参与新产品研发的主动性，从被动到主动。基于这两个维度，顾客参与价值共创有四种模式（见图 2－7）。基于不同的目标，顾客会选择不同的参与模式或者多个参与模式的组合。

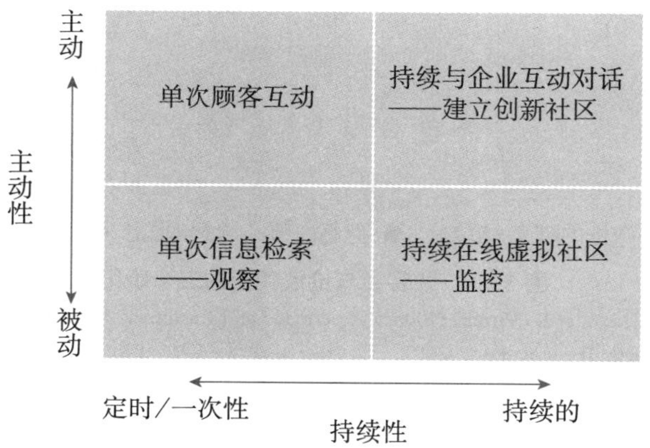

图 2－7　顾客参与价值共创的四种模式

不同参与模式要求企业有不同的整合方法和整合工具。比如，被动的、持续的参与模式适合采用网络民族志的方法，观察和监控顾客社区。基于社区的创新方法使得顾客可以积极参与到特定的创新任务中去。[16] 创新社区则保证积极的顾客不间断地与企业互动，甚至成为企业的编外义务员工。[17]

成功地吸引顾客参与价值共创需要四个步骤：

（1）制造者清晰地界定哪些细分顾客或哪些类型的顾客应该参与到价值创造中来。是重度使用者还是早期接受者？是发烧友还是最终购买者？

（2）找到合适的在线社区去发掘这些顾客。可以使用品牌官网或一些特定的论坛。

（3）设计基于互联网的虚拟互动方式。设计与顾客互动的规则时需要考虑他们的特质和心理动机。虚拟互动的规则设置没有最好的单一方案，而是依赖于每个特定的情境。以下一些设计参数可供参考：互动的强度（如参与的人数、频率和时间）；所用媒体的丰富性（如动画、虚拟产品展示）；沟通方式（如正式 / 非正式，单向、双向或多向沟通，互动团体 / 个人的匿名性）；提供的激励（如以合作发明人命名产品、优先提供权威信息、货币补偿、乐趣等）；应用工具（如工具箱、虚拟概念测试、虚拟股票市场、创意竞赛或开放性论坛）。除此之外，互动的设计还得易用和有趣，这样顾客才知道如何贡献他们的创意。

（4）顾客进入或邀请他们参与。互动平台和规则设置好之后，可通过电子邮箱、横幅广告、跳出的窗口、微博、微信召集等方式让顾客进入平台。

在互动过程中，参与者会寻求帮助，或者提出一些问题要求企业快速做出回答。大多数顾客期望企业对他们的努力作出直接的、有礼貌的回应。获得顾客的创意之后，企业可以分析这些创意，同时也要持续改进创新平台和规则以促进顾客更好地参与，逐渐形成企业的创新平台。

从价值共创的互动体验来看，以下五个维度的体验有助于顾客参与到虚拟共创系统中：实用性、社交性、易用性、享乐性、合作性。实用性是指与产品相关的信息是否能够在虚拟社区中获取。社交性指的是在虚拟社区中产生的社会关系和互动。易用性是指人机互动的质量。享乐性是指在虚拟环境中的互动需要有刺激性和娱乐性。合作性是指在虚拟环境中大家合作的程度，包括共同建立共创系统，以及后续创意产生的合作性（见表 2－3）。[18]

表 2－3　促进顾客参与的五个维度的体验

实用性 • 形成互动的目标 • 引发灵感的规则设计 • 创造身临其境的环境 社交性 • 吸引关键大众 • 鼓励合作 • 关注对话 • 培育信息的社交性 易用性 • 简化体验	• 提供清晰的导航指引 • 促进直觉式使用 • 提供个人化的支持 享乐性 • 培育娱乐性 • 提供具有挑战性的任务 合作性 • 建立共创系统

资料来源：Kohler T，Füeller J，Matzler K，et al. Co-creation in Virtual Worlds：The Design of the User Experience. MIS Quarterly，2011，35（3）：773–788.

案例 2－3

正佳新体验

2005 年开业的正佳集团旗下的正佳广场，位于有中华第一商圈之誉的广州市天河路商圈。天河路商圈总体量超过 150 万平方米，商圈日客流量最高达 80 万人次，居全国面积最大的商圈之列。正佳是天河路商圈中最耀眼的一颗明珠。

在数字化和网购的挑战下，正佳广场主动调整商业战略。正佳判断：传统商业模式已摸到天花板，单纯租金模式不可持续，必须有超前转型、壮士断腕的勇气，“要先‘自杀’，然后才能‘活着’”。正佳的战略转型经历了从“亚洲体验之都”到“家庭时尚体验中心”再到“世界级城市中心文化旅游目的地”和“正佳星球”。

2015 年，正佳集团投入近 8 亿元向大型文旅商教综合体转型。今天的正佳广场不仅是超大型购物中心、家庭时尚体验中心与城市中心的文化旅游目的地，更是一个集文化、旅游、商贸、体育、娱乐、教育等功能于一体的 4A 国家级旅游景区与最新一代超大型文旅商教综合体。正佳广场以每年超过 5 500 万人次的超级客流、无可比拟的高集聚丰富业态以及超大消费规模，被业界称为文旅商教融合的标杆和典范、城市文化和旅游消费集聚的超级物种、商业终端的新场景。

创造与消费者强联接，打造超级 IP

据 2019 年正佳广场客群肖像数据显示，正佳广场主体的消费者年龄层为 19 ～ 29 岁，占比 47.85%，年轻人的消费占据了半壁江山。广场内各文旅业态，以正佳极地海洋世界为例，30 ～ 39 岁年龄层的消费者比重较高，占 36.7%，以亲子家庭出行为主。因此，年轻人和亲子家庭为正佳广场主要的客群。

正佳广场陆续举办了哆啦 A 梦、HelloKitty、同道大叔、Kimmy&Miki 海洋绮梦展等主题展览，并于近年开始尝试打造原创 IP 疯兔节、小丑节，带给游客沉浸式乐园体验，将主题活动逐渐引向 IP 化和年轻化。正佳广场还以旅游、商业、运动、音乐 IP 为媒介连接网络平台与购物中心，两次携手广马发起了国内首个网红主题音乐节“Spotlite 红音乐节”，四次携手国际钢琴大师郎朗献上“正佳之夜”音乐会，参与举办了连续九届的广州市国际购物节以及国际论坛。正佳广场成为造节高手，将主题活动逐渐引向 IP 化和年轻化，这就是正佳生态变革的精准目标。正佳团队做过深度调查，好玩、注重内容和精神体验正是现在年轻人和亲子家庭的消费需求，正佳通过打造一系列超级 IP，吸引年轻人和亲子家庭，逐渐形成粉丝黏性。

以“Hi Night 网红之夜”为例，正佳极地海洋世界携手无忧传媒联合发起。利用网络平台和海洋馆作为不同的展示场景，集结华南地区头部网红达人，100+ 网红矩阵，全力助阵广州夜经济，粉丝总数突破 1.5 亿，影响力覆盖全国。借助网红在社交媒体上的口碑、创造力和影响力，驱动强大粉丝群体的导向，将线上“红人粉丝”和线下“消费群体”相互转化，把线上流量转变成线下商业价值。

正佳广场，世界级城市中心文化旅游目的地

正佳广场致力打造世界级城市中心文化旅游目的地。除了哈根达斯、陶陶居、哥老官、鱼鲜生等 100 多家餐饮业态品牌和迪奥、纪梵希、兰蔻、雅诗兰黛、乐高城市旗舰店、Nike Rise 概念店等 900 多家零售业态品牌之外，文化、旅游、体育、娱乐、教育等业态非常齐全且颇具规模，经营面积超过 20 万平方米，占整个广场面积的 48%。文化、旅游类业态项目包括：拥有吉尼斯世界纪录深海实景展缸、南北极生物的海洋城市生活空间——正佳极地海洋世界，国内首个商场内的空中雨林生态植物园——正佳雨林生态植物园，国内收藏展示美洲恐龙化石最多的博物馆——正佳自然科学博物馆，多年雄踞广州市最高入住率的正佳万豪酒店，广州面积最大，拥有鬼屋、密室逃脱的美式娱乐城——哇哇哇游乐城，广州最大的儿童主题街区——侏罗纪恐龙乐园，广州唯一的室内广府文化主题街区——广正街，广州首个真冰溜冰场——冰河湾，广州最长的全息投影户外音乐喷泉等众多重量级项目，此外，还有非洲动物大迁徙标本展、正佳大剧院、空中升降舞台等丰富多彩、独具特色的文化和旅游项目。

新模式、新物种的引入，不仅极大丰富了市民和游客的休闲活动空间，满足了多元需求，增加了消费体验，也提升了市民和游客的幸福指数和生活品质，带动了天河路商圈的繁荣，拓展了广州城市生活的美学空间。

正佳星球：将想象和体验打造到极致

2019 年，正佳与时代文旅合作，提出“正佳星球”这一极具开创性的全新概念。首次将创造全人类幸福的重要理念保护地球融入海洋、雨林与穿越时空的博物馆等各个场景。让商场变成一个名副其实的“星球”，其关键在于两个极致：极致体验和极致想象力。

1. 将消费者体验打造到极致

消费者体验是赢得市场的尚方宝剑。如何让人们获得极致的体验？正佳做了很多实验性的创举和研究，致力于全方位打造人类生活方式新体验，创造出大自然与人类精神生活融为一体的、人与自然和谐相处的生态链。

（1）视觉感官的极致体验。打造正佳全息影院、球幕剧场，正佳广场天穹将改造为声光电幕墙光影展，以宇宙星球为主题，采用星球艺术装置和声光电幕墙投影，打造出身临星系天际般的奇幻沉浸体验。未来的正佳会让人恍如进入无涯宇宙，天穹、星空、黑洞、极光……结合中国古代传统神话嫦娥奔月、夸父追日等，营造星空穿越的奇幻世界。

（2）寓教于乐的极致体验。将牛顿苹果树嫁接到正佳，让孩子体验牛顿发现万有引力的场景；仿建比萨斜塔，让孩子通过扔铁球体验重力加速度；科技馆与英国格林尼治天文台互动，让孩子通过激光体验光速；还将打造天空牧场，建设成集科普、教育、游乐、体验等多功能为一体、具有世界一流水准的新型农业体验园。

（3）人文生活的极致体验。正佳广正街还原广州“十三行”时期的特色建筑与生活气息，成为饱览广府文化、品尝岭南美食的特色街区。即将开放的天眼图书馆，游人进入后眼睛展开，犹如无穷无尽的知识海洋。游人休息的座椅也将出现全新变化，与传统文化如戏剧脸谱相结合，坐着休息可以听到梅兰芳大师的声音，动物座椅区会根据不同的动物造型，坐在椅子上可以听到动物的叫声。

（4）夜间文旅的极致体验。除了博物馆奇妙夜、夜探雨林、夜宿海洋馆等体验自然世界中的夜间百态，正佳还将打造天空舞台，人们可以看节目、看电影、听音乐、喝咖啡，感受全景式夜间生活。正佳北广场还将建造全新的音乐喷泉，打造独具特色的城市中心夜间水舞秀。

2. 将想象发挥到极致

正佳有许多将想象发挥到极致的精彩项目：由全球知名学者携手打造的各种世界尖端科学体验、65 组中外科学家蜡像的正佳科学馆，首创科普厕所，48 间厕所全部改造成微型博物馆，还有天眼图书馆、天空牧场、国内最高落差的室内瀑布等。位于英国牛津大学著名的牛顿苹果树将嫁接至正佳，还会出现黑天鹅潭瀑布、侏罗纪公园、天穹星系……形成自然、科学、人文、艺术融合的城市中心全新生态体系。未来的正佳将是城市、大地、海洋、雨林、天空的复合体，是一个前所未有的“星球”。

在正佳星球的图景中，文化旅游休闲业态占比将首次超越 50%，正佳正尝试重写城市生活空间的逻辑结构。正佳通过人文生活、科学理念、动物保护、苍穹宇宙等元素，不断传递人与自然和谐相处的积极价值观和生活方式。

为人类社会带来幸福和快乐——正佳星球将为城市注入更多想象力和非凡体验。正佳不再是一个单纯购物中心，它已是一个国家 4A 级旅游景区、一个可持续发展的文化地标、一个城市的记忆符号。

资料来源：1. 福布斯全球十大购物中心.（2007-03-05）. http://www.chinadaily.com.cn/hqph/2007-03/05/content_819928.htm.

2. 广州出了个“正佳星球”.（2017-07-19）. https://gzdaily.dayoo.com/pc/html/2021-07/19/content_879_762543.htm.

3. “正佳星球”崛起！打造世界级城市中心文化旅游目的地.（2021-07-19）. https://static.nfapp.southcn.com/content/202107/19/c5539755.html.

4. 广州，千年不衰的商业“妖精” | 商业 70 年.（2019-10-02）. https://www.sohu.com/a/344786103_120044126.

5. TEA&AECOM 报告：2018 全球十大主题公园集团共接待 5 亿游客.（2019-05-28）. https://www.meadin.com/yj/200587.html.

6. 广州正佳夜游营销主打“网红”牌.（2020-08-12）. https://baijiahao.baidu.com/s?id=1674778878869132936&wfr=spider&for=pc.

讨论题

试分析消费者体验在正佳广场转型中的作用。

第 2 章小结

1. 市场需求是营销管理关注的起点和基础。
2. 顾客体验越来越重要和受到重视，尤其数智化生态中的消费者社群体验，既是关键的消费者价值，更是赢得市场的创新点和制高点。
3. 需求与动机密切相关，一般而言，心理学更侧重从动机（分析）入手，市场营销学则更偏向于需求（分析）。
4. 本章归纳了消费者动机和消费者价值的主要理论。营销管理主张用消费者价值的概念去理解消费者需求。发现潜在的、真正的需求，是进入市场的前提。

第 2 章思考题

1. 请结合具体的例子，讨论在数字化时代什么是潜在需求，什么是消费者欲望。
2. 消费者的动机是复杂的，哪些理论有助于解释消费者的动机是如何产生的？
3. 在数智化生态中，消费者体验最重要的特征是什么？

第3章

自我概念、生活方式与态度理论

> 在已被应用到市场的所有人格概念之中，自我意识也许提供了最一致的结果，在商业实践中最有应用前景。
>
> ——戈登·福克塞尔

章前引例

不消费者主义

乔桑，不消费主义的践行者。2019年底，乔桑搬进了自己买的两室一厅新房，装修时砸掉了隔断，改成大开间。只买了床、洗衣机、冰箱、衣柜等少数家具，添置了两副碗筷、一套床品、一双拖鞋。

独居的家里虽然家具很少，但从父母家搬来的衣服和鞋塞满了柜子，乔桑觉得“原本很空的家里，突然变得沉重”，她开始“断舍离”：送掉了200多件衣服和大部分鞋子，只留了一年四季必要的3双鞋和十几件衣服。

那之后，乔桑省下了每天几十分钟的搭配衣服时间，用在了她觉得更有意义的事情上，比如看书。她甚至卸载了淘宝，把有限的时间和精力转移到瑜伽上，关注自己的身体和内心。

“钱可以直接获取物质，但这阻断了我们对事物本质的思考，也减少了人与人之间的交流。”她开始规划如何在不消费的原则内获取食物，这个原则也是经过思考的——只花必要的支出，也反思每一笔花费是否必要。不消费不等于完全不花钱，只为必需的物品付钱，珍惜粮食和蔬菜。简化生活后空出来的时间和精力，则用来关注健康和心灵。

乔桑没有梳妆台，在水乳和精华等护肤品用完后，她也没有再购入，每天洗把脸就能出门，只有偶尔见客户的时候才会画下眉毛。“别人没有你以为的那么在意你的穿着打扮”，并没有同事问她怎么每天都穿同一件衣服，她给自己剪了三次头发，越剪越短，最近剪到了齐耳长度。

乔桑的工作需要经常出差见客户。有一次，她只在卫衣外套了件羽绒服，背了个帆布包就坐上动车。她发现，即使没有化妆、不穿正装，只要足够专业，客户的尊重一分没少，更不会影响工作。

本章主要阐述有助于剖析个体消费者和同质消费者群体的理论：消费者自我概念和生活方式，以及态度理论。这些理论将有助于深入洞察消费者，使作为营销战略出发点的市场细分更容易准确抓住消费者的特质，为市场细分提供新的基础、新的方向和方法。

3.1　自我概念

研究表明，消费者个人的基本特征，包括人格、气质、心理、自我概念等会从根本上长期影响消费者的行为，例如，实证研究表明顺从型的人使用更多的漱口水和香皂，愿意选择名牌产品；进攻型的人则使用更多的香水和剃须膏。

在把握和理解个人特征的诸多因素中，自我概念尤为重要和关键。不仅因为人们总是购买有助于强化自我意识的品牌和产品，更因为自我概念是深入洞察消费者内心的大门和关口。

3.1.1　理解自我概念

何谓**自我概念**（self-concept）？简言之，就是对自我的看法，或对“我是谁”的理解。自我概念在消费者行为学的发展中越来越重要，可谓举足轻重、别有洞天。自1982 年瑟吉（J. M. Sirgy）将自我概念引入消费者行为学，所有的消费者行为学家对这一概念高度重视，几位重要的学者纷纷提出了各自的定义，例如：

- 所罗门定义自我概念是一个人对自身特征的认识和评价。[1]
- 霍金斯定义自我概念为个人将自身作为对象的所有思想和情感的总和，是对自己的感知和情感。[2]
- 布莱思则指出，自我意识具有如下四个特点[3]：它是习得的而不是天生的，它是稳定而持久的；自我感知可能会改变，而意识不会变化；它是有目的的，即它内含一个理由和目的；自我意识对每个人都是独特的，并且会促进个人主义。

自我的概念起源于心理学。1890 年，哈佛大学心理学家詹姆斯（William James，1842—1910）在《心理学原理》（*The Principles of Psychology*）中第一次提出了自我意识（consciousness of self）和自我的学术概念。之后，不同流派的心理学家对自我概念进行了广泛的研究。1902 年，库利（Charles Cooley）提出了镜像自我（looking-glass self）的概念（《人的本性和社会控制》)。1934 年，符号互动学派的创始人米德（Mead）在社会自我和镜像自我等概念的基础上，指出必须把自我当作整个社会系统和社会过程的组成部分（《心灵、自我与社会》)。20 世纪五六十年代，以罗杰斯（Carl R. Rogers）为代表的人本主义心理学派兴起，其人格理论的核心即自我概念。罗杰斯指出，自我概念是对“我是谁”以及“我看起来像什么”的主观知觉。1977 年，认知心理学家马科斯（Markus）提出了自我图式（self-schema）理论，即形成自我的认知结构。[4] 每个人都有一个单一的、整合的自我概念。自我概念可以被视为关于一个人特征的所有特殊图式的集合体。1986—1987 年，马科斯又进一步提出了“可能的自我”（possible selves）与“动态的自我概念”(working self- concept)。

在消费者行为学领域，1982 年，瑟吉在核心期刊《消费者研究学报》上发表论文，开创性地将自我作为理解消费者的新工具，使消费者行为研究进入新的发展阶段。[5] 瑟吉提出，自我概念在消费者行为研究中的关注点是多方面的：

（1）消费者自我概念与社会心理因素之间的关系。主要包括通过测量与产品对应的自我概念来区分消费者的社会阶层。

（2）产品形象 / 自我形象的一致性。研究各类品牌（产品）所投射出的消费者自我概念或自我形象，用自我形象一致性理论预测消费行为，并延伸至自我概念与品牌行为的关系研究。

（3）从消费者自我及行为结果投射到品牌（产品）形象。主要包括消费者的自我实现与品牌（产品）形象认知的相关性。

（4）自我概念对消费者行为的直接影响，以及消费者行为对自我概念的影响。

3.1.2 多重自我

自我概念是一个多学科都关注的跨学科概念。心理学家、社会学家、市场营销学家等对自我概念进行了大量的研究，试图从多个维度揭示自我概念的本质。

1. 自我的基本类别

“自我方格”对自我的解剖非常精彩和有用。它以“私人自我-社会自我”和“实际自我-理想自我”作为两个维度，将自我概念划分为四个基本的类别（见图 3－1 及表 3－1）。

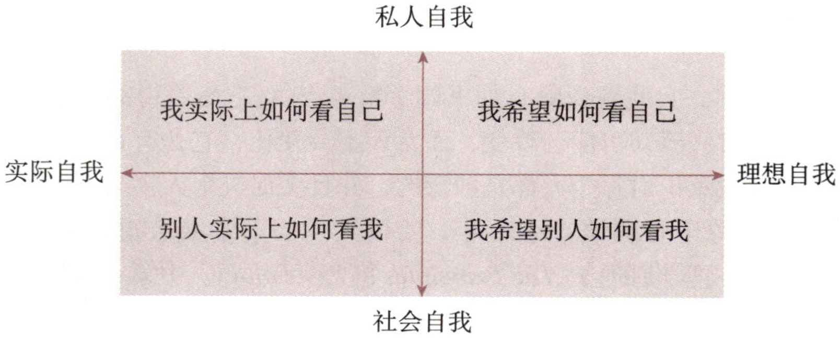

图 3－1 自我概念的维度

表 3－1　不同的自我形象

不同取向	说明
实际自我	是真实的、客观的自我，就像别人看我们一样。这种定义有一个问题，因为别人永远也不会知道完整的故事，这意味着实际自我可能并不是呈现给世界的那个我。
私人自我	是主观的自我，就像我们看自己那样。私人自我很可能与实际自我有明显差异，但从某种程度上来说，它是根据来自其他人的反馈逐渐调整的。
理想自我	是所希望的自我。它与马斯洛所确定的自我实现需要相联系。这个自我通常在个人试图填补自我形象和理想自我之间的鸿沟时发挥作用。
社会自我	是别人眼中的自我，或我们认为别人如何看我们。这个自我并不总是与人们实际上如何看我们相吻合，因为我们不能读懂他人的想法。来自他人的反馈会受到一定的限制，因此，我们不可能总是知道其他人对我们的真实想法。

资料来源：J. 布莱思．消费者行为学精要．北京：中信出版社，2003：50.

- 实际自我（actual self-concept）：我现在是什么样子。
- 理想自我（ideal self-concept）：我想成为什么样子。
- 私人自我（private self-concept）：我对自己有什么想法或我想对自己怎样。
- 社会自我（social self-concept）：别人怎样看我或我希望别人怎样看我。

其中，社会自我引申出一个新的术语人设，主要涉及明星塑造或建立个人品牌，请参见延伸阅读 3－1。

延伸阅读 3－1

人　设

所谓人设，是一种社会建构的象征性符号，主要指将明星个人信息浓缩成一个简短的标签或整体形象，用于快速传播，以形成一种能够被快速记忆的符码，使之具有符合大众审美的符号价值。人设作为一种社会角色，是一种社会标签的外化。

打造人设，正成为明星或走红平民自我宣传、获取市场资源的重要方式。开发出辨识度高、关注度高、受欢迎的人设，就成为娱乐产业合理化和系统标准化的运行逻辑。明星若具有高度概括力和辨识度的标签，就能获得相应的市场资源和社会关注，像“硬汉”吴京、“鬼马精灵”周冬雨等。

明星人设作为一种社会建构的产物，是明星、娱乐资本、大众和粉丝多方力量共同互动的结果，在全民娱乐化的过程中，人设的建构主体不仅仅是自上而下的娱乐资本和传播媒介，还有自下而上的受众需求。人设是明星和资本主观包装、刻意营造的结果；是社会大众因明星个人习惯、性格或特别成就而给予的社会标签；也是粉丝将明星在影视作品或舞台中的虚构角色与个人现实生活相结合而形成的情感转移；甚至是资本、传媒、明星和粉丝多方互动的结果。

粉丝：人设的第三种权力

粉丝是明星的仰慕者或追随者，在数智化生态中，粉丝不再仅仅是明星相关信息的被动接受者和消费者，而成为参与明星生产、传播和营销的策划者，成为明星人设维持的重要力量。

中国明星人设始于娱乐文化大众化的发展。20 世纪 90 年代香港娱乐文化流入内地，“玉女”“天王”等明星标签开始盛行，由此成为明星人设营造的初始阶段。这一时期，明星人设的营造因社会包容性不强而更多地成为一种迎合大众主流审美的文化意趣。但到 21 世纪初，明星人设的营造开始表现出多元化、个性化的特征，挑战主流审美的明星人设开始出现，由此开始进入全民人设娱乐化的新阶段。而后，伴随社会生活网络化的进程以及网络粉丝社群的兴起，特别是 2015 年以来粉丝文化的发展，明星与粉丝互构的“老干部”“学霸”“锦鲤”等更符合粉丝群体想象和社会预期的人设开始出现，由此进入粉丝人设建构的新时期。

粉丝人设建构不同于全民人设娱乐化，因为人设建构的主体不再是自上而下的资本和传播媒介，而是自下而上的粉丝需求。而互联网和社交网络，如微博、微信等自媒体的兴起，为粉丝参与明星人设的制造提供了平台和工具。同时，基于网络而形成的网络粉丝社群不仅加强了粉丝的凝聚力和行动力，也增强了粉丝对于粉丝社群文化的认同，从而能够集体演绎出符合粉丝偏好的明星人设。

通过粉丝及粉丝社群，明星被粉丝“赋魅”，其符号化的人设即具有了符合粉丝期待和大众认同的形象，粉丝对这一形象产生情感投射，以获取情感寄托和认同归属。

人设崩塌

人设作为一种社会标签，具有对应的社会规范和伦理价值。当本人无法胜任其建构的人设，或者对自身人设的理解与公众或粉丝产生偏差时，就会导致人设崩塌。

所谓人设崩塌，即明星传达给大众的整体形象与大众对明星的形象认知间存在矛盾，由此导致其形象定位失败。基于受众集体想象而打造起来的人设，寄托着受众群体的情感和价值认同，在人设崩塌时会导致社会认同危机。近来人设崩塌事件层出不穷：2019 年初，翟天临学术造假事件致使学霸人设崩塌等。

资料来源：刘诣，汤国英．生产、维持和崩塌：明星人设的三重逻辑．中国青年研究，2019（2）：80-86.

此外，霍金斯认为根据地区文化背景的差异，自我又衍生发展为依存型自我和独立型自我。[6]

依存型自我（interdependent self-concept）。具有这种自我意识的人认为人们相互联系、相互依存；强调家庭、文化、职业和社会联系，倾向于服从，以社会为中心，注重整体协调和协同，以社会角色、家庭关系和所处群体（甚至包括种族和国家群体）其他成员的共同性来决定自己的生活。依存型自我概念的构建主要基于亚洲地区的集体主义文化。

独立型自我（independent self-concept）。具有这种自我意识的人认为人生来就是独立的，强调个人的目标、特性、成就和愿望；倾向于个性化、利己主义、自我独立；在生活中注重自己做过什么，自己有什么，自己具有哪些与别人相区别的特征。独立型自我概念的构建主要基于西方的个人主义文化。

1976 年，沙沃森（R. J. Shavelson）提出了自我概念多维度层次理论模型[7]，代表自我概念走向多元化。20 世纪 80 年代后，伯恩斯（Berns）提出了自我概念结构图，把自我概念分为物质自我、社会自我与心理自我（侧重于情绪）。

2. 延伸自我

贝尔克提出了**延伸自我**（extended self）的概念，认为延伸自我由自我和拥有物两部分构成，人们倾向于根据拥有物来界定自我，某些拥有物不仅是自我概念的外在显示，同时构成自我概念的一个有机部分。[8] 除了身体之外，许多东西都可以看成是自我的外延部分。例如，高档的品牌、汽车、房子，甚至团队标识、文身都是延伸自我的典型方式。延伸自我的概念强调我们就是我们所拥有的。如果丧失了那些关键的拥有物，我们将丧失自我或成为不同的那个自我。

延伸自我的概念与符号互动论（symbolic interactionism）有关，自我完成的符号理论（symbolic self-completion theory）认为，自我定义不完整的人倾向于通过获取以及展示相关的符号来完善这一身份。[9] 例如，处于青春期的男孩可能会使用如汽车或香烟等有男子气概的产品以显示其正在形成的男性魅力。这些物品在身份不确定的时期起到了“社会辅助”的作用。

自我强化（individual self-enhancement）理论（Grubb E L and Grathwhohl H L, 1967）把消费和消费者的自我概念联系起来，认为个体趋向于消费具有象征意义的商品来强化自我概念。商品的购买、展示和使用可以传递象征意义。

这种社会学传统的观点认为人们存在于一个符号的环境中，通过这些符号来赋予任何情境或者物体以意义。这在形成自我与其他人的关系中起到很大的作用。[10]

符号互动论对自我的观点表明，每个人都有多重自我，并且需要不同系列的产品来支持我们扮演每个角色。

基于符号互动学派的环境自我形象（situational self-image）理论（Schenk and Holman, 1980）认为，环境自我形象是希望他人形成的关于我的形象，这种在特定环境下的形象包括个体希望他人产生的与自己相联系的态度、知觉和感情。个体选择表达自我的哪个方面取决于特定的环境。一旦个体选择了在一定社会环境下要表达的自我方面，他就会寻找这一自我方面的表达方式。因此，那些重复购买率比较高、比较引人注目的产品，或者特点比较突出的品牌可以被消费者用来在特定环境下表达自我。环境自我形象理论表明消费者的自我概念是一个动态的过程，对一个品牌的消费在一种环境下可能与自我形象高度一致，到了另一种环境中，却可能与自我形象完全不同。

3.1.3 数字化自我

数智化生态中，自我概念有什么新的变化？所罗门在他的《消费者行为学》（第 11 版，2015）中提出了**数字化自我**（digital self）的新概念。[11] 数字化自我也被称为虚拟自我（virtual self）或网络自我（cyber self）。数字化自我可以理解为在线的身份表达和呈现，即虚拟的自我。

人们往往会选择性地将一些个人线索呈现在他人面前。在数字虚拟世界中，这种选择变得更加容易和显著，例如可以通过后期制作之类的工具按其意愿完美自己的形象。[12] 许多免费或低价的 App 应用让每个人都可以戏剧性地改变自己的在线形象。管理数字形象的能力和艺术改变了游戏规则，它为延伸自我增加了一个全新的滤镜。[13]

社交媒体用社交足迹或是数字生命轨迹等来描述数字化自我或消费者画像。社交足迹是消费者在数字空间（如脸谱）留下的印记。数字生命轨迹是其在不同平台（如虚拟空间、游戏、微博、博客、微信等）上数字生活的轨迹之和。

科学家已经能够将人的思想传递给他们的电子“化身”。研究表明，志愿者会将其在虚拟世界的化身当成真实的自己，从而做出各种反应。新游戏的平台中，消费者的在线自我和线下自我已能够持续融合。

在极具影响力的小说《雪崩》中，作者斯蒂芬森（Neal Stephenson）展望了一个代替互联网的虚拟世界，称为超宇宙。在超宇宙中，人们在一个 3D 仿真的数字世界中扮演独特的身份。书中的主角在现实中是一个比萨饼外卖员，但在超宇宙中，他是一位佩剑的王子，获得剑术比赛的冠军。

人们在线上建立虚拟身份或者自己的化身，驱使人们创建数字化自我的一个因素是大量即时互动的、易用的虚拟技术平台的增长，这让每个人都能够在网络中建立自己的虚拟身份。很多人都在非常投入地扮演数字化角色，如全球有超过 1 100 万人是虚拟世界游戏《第二人生》的用户，超过 800 万人是《魔兽世界》的玩家。

数字自我和真实自我之间有什么联系呢？

虚拟与现实中的行为既有相同，也有不同。有的比较贴近其真实的情况，有的则是非常夸张的不同角色。人们使用化身时，有时化身之间的互动差不多等于真人之间的互动，和真实世界相似。比如，在虚拟的《第二人生》中，男性与男性交谈会离得较远，和女性交谈会更近。在交谈中，男性比女性更少保持眼神交流。当化身相互接近时，倾向于不看对方，可见，真实世界的社交规范在虚拟世界中依然存在。[14] 另一方面，虚拟角色会有很多与真实世界完全不同的行为，这也许是为了冲破现实生活中受到的种种束缚。一项研究跟踪了超过 400 人的在线行为，发现在虚拟世界中，女性比男性更愿意暴露身体。71% 的男性角色穿着衣服或盔甲，但只有 5% 的女性会这样做。

研究发现，数字自我可能是现实自我在网络中的镜像呈现，也可能与现实自我存在很大的差异。Jin（2012）借鉴 Higgins（1987）自我差异理论，将虚拟身份偏离实际自我的程度定义为虚拟自我差异（virtual self-discrepancy），并且开发出相关的测量量表[15]。

数字化自我还在不断进化，新的角色和身份对消费者购买决策有何影响呢？可参考表 3－2 总结的某些变化。

表 3－2　数字化自我对消费者购买决策的影响

领域	后果	例子
消费者决策	消费者对市场信息的获取、消费者的互动和交易都更加主动，更加个性化。	1. 推送技术（如关于处方药购买时间的自动邮件提醒）。 2. 健康监控（如智能家庭中的传感器可以监测是否有老人摔倒；TOTO 的智能马桶可以测量人的血糖水平、血压、体脂和体重）。 3. 智能手机的应用程序可以根据个人的预算、营养目标和药物使用情况定制食谱。
消费者信息搜索	市场细分和个性化的搜索使得用户使用相似的过滤标准来进行社会比较。	个性化定制的搜索引擎只按照用户设定的偏好显示搜索结果。一位作家将这个建构过程称为“滤泡”。

续表

领域	后果	例子
消费者购物	1. 购买变成众包行为，产品选择（包括线上和线下）受到由可靠的建议者组成的“影子内阁”的影响。 2. 在线购物中，人们对产品属性的评估可以通过“代理”完成。	1. 年轻女性会上传最近购买衣服的相关视频。 2. 社交购物网站（如 Fashism）在消费者购物前提供群组对产品的反馈信息。 3. 在数字空间里，触控手套可以模拟物品的触感。 4. 采用增强现实技术的镜子可以让购物者直接看到产品上身的样子。 5. 在线个人助手经过一段时间可以了解使用者的独特偏好（如苹果的 Siri）。
消费者产品使用	个体采用定制化的产品。	1. 药物遗传学和 DNA 序列可以帮助医生为病人开出有针对性的药品。 2. 乘客可以将汽车窗户当做白板。 3. 数字化的卧室墙鼓励人们通过触屏改变墙体插图。 4. 智能家庭可以自动调节室内的温度和灯光。

资料来源：Sheth J N，Solomon M R. Extending the Extended Self in a Digital World. Journal of Marketing Theory & Practice，2014，22（2）.

延伸阅读3-2　手机是你的延伸自我吗?

3.1.4　自我概念与消费者行为

消费者的自我概念是他们对自己的态度的反映。不论这些态度是积极的还是消极的，都会引导消费者的许多购买决定：某些产品会增强消费者的自尊心或者使其认同自己的身份（见表 3－3）。

表 3－3　自我形象对应的购买行为

维度	与销售的关系	例子
实际自我	作为显示给世界的模样，这是人们最希望去影响的。	对汽车、房子、化妆品、时装的消费。
私人自我	在两方面有作用：自我形象的负面影响理想自我；正面则影响强化自我形象的购买。	自我形象冷酷的人不会去改变自我形象，而是购买适当的产品来匹配这种形象。 一些自我形象很差的人想去改正缺点。
理想自我	导致大量购买有助于自我提高的产品。	课程、化妆品、整容手术、乐器以及任何其他导致自我发展的产品。
社会自我	我们认为别人是如何看我们的：社会自我在改变我们不喜欢的观点或强化被感知为正面的观点时影响我们。	一个人如果认为朋友把自己视为冷静或令人厌烦的人，可能会为改变形象去买一辆赛车。相反，一个更为外向的人可能会随意买一辆车来适应他在朋友面前的形象；也许因为朋友把自己看做固执的、实事求是的，他就会买福特护卫舰或者沃克斯豪尔 Nova。

资料来源：J. 布莱思．消费者行为学精要．北京：中信出版社，2003：51.

1. 运用自我概念为品牌定位

自我概念可作为解释定位理论的基础。定位可以理解为在品牌形象与消费者的自我概念之间建立心理链接，并通过信息传递不断强化这一品牌形象。[16] 大量事实表明消费者倾向购买与自我概念相一致的品牌。营销的目标就是努力塑造品牌形象，使之与消费者的自我概念一致（见图 3－2）。

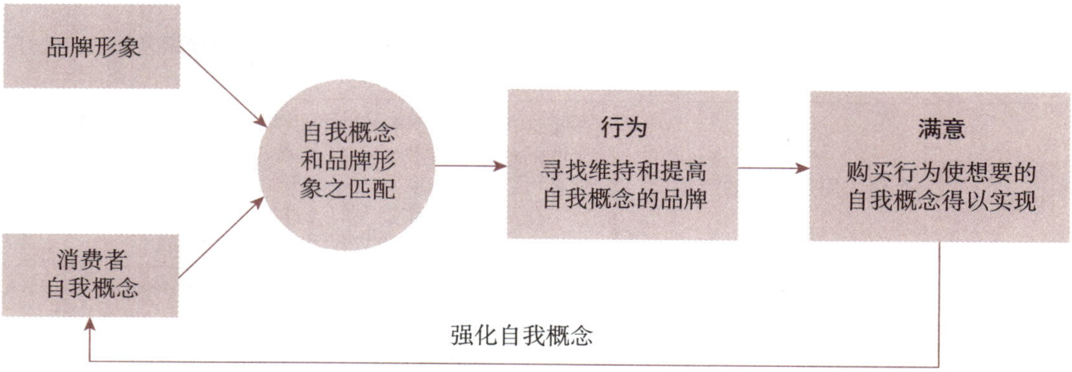

图 3－2　消费者自我概念与品牌形象

资料来源：德尔·I. 霍金斯，戴维·L. 马瑟斯博. 消费者行为学：第 12 版. 北京：机械工业出版社，2014：404.

2. 自我形象 / 产品形象一致理论

消费者行为在很大程度上受商品中蕴涵的象征意义的影响。1981—1982 年瑟吉提出自我形象 / 产品形象一致理论，该理论认为包含形象意义的产品通常会激发包含同样形象意义的自我概念，消费者的自我概念与自我形象一致是影响购买动机的重要因素，自我形象 / 产品形象一致理论奠定了消费者研究中自我概念理论的应用基础。

自我形象一致模型（self-image congruence models）认为当产品的属性与自我的某些方面相符合的时候，该产品就会被选择。[17] 该模型假定了一个产品属性和消费者自我形象间的认知匹配过程。[18]

另外，对消费者延伸自我的研究，发现自我与符号互动论有关，产品群（production constellation）在反映某种形象中有象征或符号作用。比如，宣传服装的广告可以展示珠宝。至少有两个产品被放在一起表示某种一致的形象。合作品牌（co-branding）就是产品群这一概念的应用。[19]

3. 自我概念的测量

自我概念的测量始于 1969 年哈里斯（Piers-Harris）的研究。在多维自我概念测量量表中，有过两个影响大的量表：1982 年哈特（Harter）发表的儿童能力自知量表和 1984 年马什（Marsh）等人发表的自我描述问卷（SDQ）。

马尔霍特拉（Malhotra）采用语义差别法测量自我概念，其量表由 15 对形容词组成。[20] 测量时在每对形容词之间用 5 ～ 7 分进行打分（见表 3－4）。

表 3-4　自我概念的测量量表

粗糙的	精细的
易激动的	沉着的
不舒服的	舒服的
主宰的	服从的
节约的	奢侈的
愉快的	不愉快的
当代的	非当代的
有序的	无序的
理性的	情绪化的
年轻的	成熟的
正式的	非正式的
传统的	开放的
复杂的	简单的
黯淡的	绚丽的
谦虚的	自负的

资料来源：德尔·I. 霍金斯，戴维·L. 马瑟斯博. 消费者行为学：第 12 版. 北京：机械工业出版社，2014：258.

聚焦中国 3-1

中国女性社会角色之转变

中国女性的社会角色及其变迁是理解和研究中国女性消费行为的重要视角。与西方及社会相对稳定的国家相比较，中国女性的社会角色在近 70 年里发生了极大的变化，使中国成为全球女性社会角色变化最为剧烈的国家之一。社会变革产生了促使中国女性社会角色转变的力量，也孕育出一种与传统力量相对抗的现代力量。这使得中国女性在性别角色的转变中面临着挑战与冲突。总体上，中国女性的不同世代表现出完全不同的人生价值观，扮演不同的社会角色。这种巨变对中国的消费市场产生重大影响，值得研究和高度关注。

智威汤逊广告公司在 2005 年 2 月曾提出一个框架性概念，认为中国女性一直在贤妻良母、红色娘子军和自我三者之间寻找平衡。从时间和世代的角度来看，中国女性这三种典型的社会角色之间的变迁是非常明显的，即不同世代中国女性的社会角色以及三种角色的比重都有显著区分。以下简述中国女性三种典型的社会角色。

贤妻良母型：中国传统文化中的女性社会角色
——贤妻良母型女性的消费观和消费方式的最大特征是完全为别人

中国传统文化在两千年的封建社会中对中国妇女社会角色的形成起了重要作用，儒家文化对女性的角色扮演和道德规范都有明确的规定。推崇相夫教子观，把“男主外，女主内”作为社会分工的基本原则，主内为女性的社会角色定位，相夫教子是女性的天职。还有以剥夺女性独立人格为代价的母以子贵、妻以夫荣等观念，即主张通过男性——丈夫和儿子的社会地位和价值，来衡量和体现女性（即妻子与母亲）的角色和作用。传统文化从行为范式上束缚女性，大到女性一生各个阶段，小到每一天从起床到就寝，都有具体的规定，概括起来就是三从四德，这是传统文化对女性修身养性的最高要求。东汉班昭的《女诫》对四德做了进一步要求，提倡女子无才便是德。*

中国传统的女性角色有双重性：一方面，女性存在的价值仅仅局限于男权社会的需要。把性欲视为罪恶之欲，把生育视为人生第一需要。另一方面，中国女性的贤良美德具体化为吃苦耐劳、识大体懂忍让、敬老顾家、相夫教子等，这些成为中国女性的优良传统品质。

100 多年来，传统中国女性的社会角色面临不断的冲击。1898 年维新运动和 1919 年新文化运动中，梁启超、陈独秀、胡适、李大钊等人都大声疾呼妇女解放。

战士或独立新女性型：解放了的中国女性
——战士型女性的消费观和消费方式的最大特征是兼顾家庭与自己

1949 年新中国成立后，毛泽东“妇女能顶半边天”的思想起了绝对的主导作用，使中国女性在很短（不到 10 年）的时间内由家庭人成为社会人、职业女性。这种思想导致社会上出现大量的女性专业人才、白领女性、女强人和女能人。

1963 年中国妇联主持“女人活着为什么”的全国大讨论，讨论的结果是赞扬并主张把革命工作放在第一位，职业女性应舍小家顾大家。

毛泽东的“中华儿女多奇志，不爱红装爱武装”曾是这一代女性追求的形象。红色娘子军这种女性形象备受推崇，女性在衣着、谈吐、气质上都追求男性化，越是男性化的女性，越是优秀。女模范常被称为铁姑娘、假小子等。

自我型：开放社会中兴起的中国女性新角色
——自我型女性的消费观和消费方式的最大特征是首先和主要为自己

1979 年以来，改革开放对中国女性社会角色的变化产生了十分重要的影响。外部信息和市场经济成为最重要的影响因素和改变的推动力量。

把革命工作放在第一位的思想意识不再是社会所推崇的，被抑制的女性家庭角色得到恢复，“妇女回到家庭中去”的思潮在社会上再起。性别差异扩大的趋势再次出现。

最重要的是，中国女性的自我意识复苏，女性作为具有独立人格的个体，敢于超越性别，重新界定自身的角色，发现自己的价值，自主选择价值观和生活方式，甚至开风气先河，特立独行，标新立异。对婚姻、事业等领域有了全新的认知。

中国 80 后女性开始展现出新的角色，自我在其价值观和生活方式中占据核心地位。美国《时代周刊》注意到中国社会这一重大变化，一位“敢于与众不同”的中国女孩成为一期的封面人物。2000 年《自我》(*Self*) 杂志将 3 月 7 日定为自我日，鼓励女性至少要花一个小时的时间为自己做一件事。现在的 90 后、00 后女性则更加走向自我。优亿调研显示，在定义成功时，61% 的女性选择自我实现，高于健康、婚姻和家庭。她们在消费上更加独立，女性的细分市场，如游戏、文娱、美容、玩乐甚至房地产等方面，女

*《礼记 · 郊特牲》主张：“妇人，从人者也；幼从父兄，嫁从夫，夫死从子。”《礼记 · 昏义》主张：“是以古者妇人先嫁三月……教以妇德、妇言、妇容、妇功。”

性都涌现出巨大的消费能量。

资料来源：1. 谭深．对近年妇女研究现象的社会学考察．社会学研究，1990（6）：50–59.
2. 智威汤逊．消费者洞察·策略·创意．国际广告，2005（2）：2.
3. 吕美颐．评中国近代关于贤妻良母主义的论争．天津社会科学，1995（5）：73–79.
4. 郑必俊．关于中国古代妇女立世精神的几点思考．中国典籍与文化，1994（3）：5–16.
5. 熊玉梅，刘小聪，曲雯．中国妇女理论研究十年．北京：中国妇女出版社，1992.
6. 华颖．社会转型与中国城市女性角色形象研究．中共浙江省委党校学报，2004，20（4）：119–124.
7. 潘贵玉．中华生育文化导论．北京：中国人口出版社，2001：800.

3.2　生活方式及其细分

群体成员的自我界定来源于群体所归属的共同的象征体系。这些自我界定可用很多术语描述，包括生活方式（lifestyle）、公众品位（public taste）、消费者群体（consumer group）、象征性团体（symbolic community）和身份文化（status culture）。[21] 所以，生活方式又可理解为群体的自我。本节先介绍生活方式的概念，再重点讨论如何应用生活方式对消费者进行细分。

3.2.1　生活方式

生活方式（lifestyle）又称生活形态，它起源于社会学，从经济学角度看，生活方式代表所选择的收入分配方式，包括在不同产品和服务中的分配，以及在这些品类里所进行的特定选择。[22] 或者理解为，消费者在生活过程中与社会各种因素互相作用而表现出的活动、兴趣和态度的综合模式。应用在营销管理和消费者行为学中，主要指某种消费模式的选择，包括消费观念、如何使用时间和金钱等。

生活方式的形成受到很多因素的影响，包括文化、社会价值观、亚文化、群体、个性和人口统计特征。归纳起来，就是人、产品和情境结合起来表明一种特定的消费方式和生活态度，如图 3 – 3 所示。

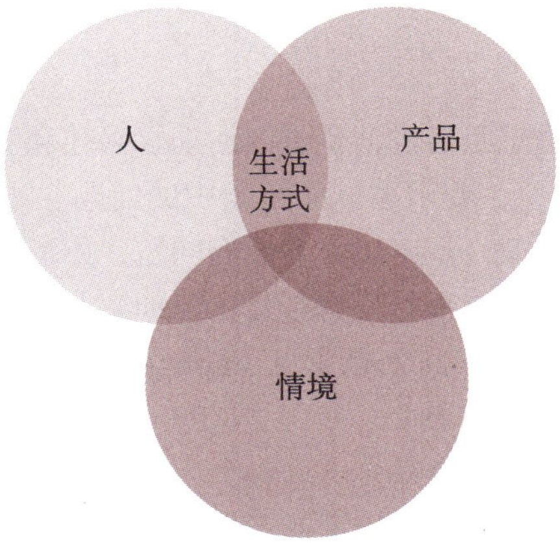

图 3 – 3　产品、情境与生活方式的联系

资料来源：迈克尔·所罗门，卢泰宏，杨晓燕．消费者行为学：第 10 版：中国版．北京：中国人民大学出版社，2014：174.

生活在一定的文化和社会背景下，具有个性特征和人口特征的消费者总是会追求自己的生活方式。对生活方式的追求影响他们的需求、欲望，进而影响他们的购买决策和消费行为。同时，这些购买决策和消费行为又反过来强化或改变消费者的生活方式（见图 3－4）。

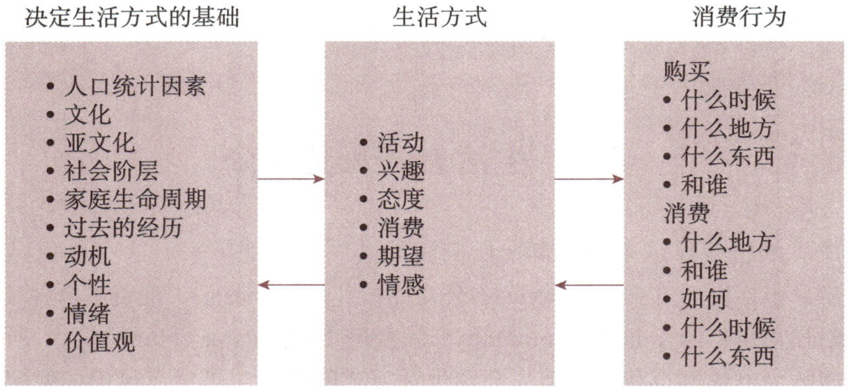

图 3－4　生活方式和消费过程的交互影响

资料来源：德尔·I. 霍金斯，戴维·L. 马瑟斯博. 消费者行为学：第 12 版. 北京：机械工业出版社，2014：260.

3.2.2　基于生活方式的细分方法

近半个世纪以来有关生活方式的研究不断发展。最早对生活方式的研究方法是在 20 世纪六七十年代发展起来的心理地图方法（psychographics），其中最重要的是对消费者行为、兴趣、看法的测量，也称为 AIO **细分方法**。在 AIO 细分方法的基础上发展出了一种更成熟的消费者细分方式，即 1978 年由加利福尼亚的 SRI 公司（Standard Research Institute）开发的消费者生活形态研究（value and lifestyle survey，VALS），1989 年 SRI 对研究进行了修改完善，命名为 VALS2，2002 年再次对其进行了修订，现称为 VALS™。

1. AIO 细分方法

AIO 细分方法的基本思想是通过消费者的活动、兴趣和意见来描述其生活方式。研究人员设计了一份 AIO 问卷，要求被试回答表中的问题。AIO 问卷主要由三部分构成（见表 3－5）。第一部分是活动（activity）方面的问题，如消费者从事哪些活动、购买哪些产品、如何支配时间等。第二部分是兴趣（interest）方面的问题，如消费者有什么偏好、对哪些事物特别关心。第三部分是意见（opinion）方面的问题，如对事件、人生、道德、经济发展等方面的看法和感受。可见，AIO 的测量主要反映社会价值观的内容，较少涉及消费者的基本心理特性。

AIO 细分方法的第一步是为一个特定的产品确定其在哪一种生活方式的细分市场上拥有数量众多的消费者。根据 80/20 法则，可以把这个产品或品牌的频繁使用者、中度使用者和轻度使用者区分开来。

表 3－5 AIO 问卷的主要构成

活动	兴趣	意见	活动	兴趣	意见
工作	家庭	自身	购物	休闲	教育
爱好	工作	社会问题	社区活动	食物	产品
社会活动	家务	政治	体育活动	媒体	未来
度假	社区事务	商业	俱乐部会员	成就	文化
娱乐	流行	经济			

资料来源：Wells W D，Tigert D J，Activities，Interests and Opinions. Journal of Advertising Research，1971：27–35.

第二步是寻找产品或品牌与这些频繁使用者之间的关系。根据频繁使用者使用产品的原因，对他们进行进一步的细分，发现这些人群与品牌的联系，包括他们使用产品的理由和追求的消费利益。比如，同样是购买 MP3，有的人是为了享受音乐，有的人是为了炫耀，有的人是跟风，有的人是为了学习外语等。

AIO 细分方法在调查时，被访者需要对问卷的数百个问题进行回答。其中部分问题与被访者的社会价值观有关，而社会价值观容易受社会、文化、经济环境变动的影响，因此细分结果的适用性容易受时间的影响。下面介绍的 VALS 市场细分方法就是对 AIO 方法的改进。

2. VALS 市场细分

VALS 是 SRI 公司于 20 世纪 70 年代开发的一种关于生活方式的细分方法，是西方细分理论方法中最具代表性的成果。

在理论基础上，VALS 从两个视角来细分生活方式群体：一是基于社会心理学家马斯洛的需要层次理论。二是基于美国社会学家戴维・瑞斯曼提出的驱动说。驱动说将人分为两类：内在驱动者，即根据个性品位和个性表达来判断价值的人；外在驱动者，即受他人行为和反应影响而动摇决策的人。VALS 的研究就是依据消费者在马斯洛的需要层次中所处的位置以及他们达到目标的驱动力是外在的还是内在的来细分消费者的。[23]

VALS 考虑了更广泛的心理学基础，该方法基本的理论原则是消费者通过消费表达其个性特征。动机可作为消费者的人格特征变量，它是行为的原因。消费行为是被影响的效果，是内部动机驱动的外在可观察的行为表现。VALS 强调人格个性（personality traits）是持久的消费者行为驱动变量，而社会价值观会随时间而变化，因此没有被纳入研究，这是 VALS 与 AIO 测量的重要区别之一。VALS 量表包括 39 个变量项目，其中包括 35 个心理学变量和 4 个人口统计学变量。VALS 根据对消费者生活方式的测量，构建消费者生活方式细分模型。[24]

VALS 的细分模型包括纵轴维度和横轴维度，共 8 个消费者细分群体。纵轴维度称为资源维度（resources dimension），横轴维度在 VALS2 中称为自我取向维度（self-orientation dimension），并划分了三种自我取向，即原则取向（principle oriented）、地位取向（status oriented）和行动取向（action oriented）。在 2002 年修订的最新模型中，横轴维度称为基本动机（primary motivation），将消费者的基本动机划分为理想（ideal）动机、成就（achievement）动机和自我表现（self-expression）动机。

VALS 的资源维度测量的内容不但包括年龄、教育、收入，而且考虑自信、理智偏向、新奇感、创新性、领导力、冲动性、空虚感等个人特性发挥的作用。消费者的心理特性与关键的人口统计特征相结合决定了个人的资源水平。资源水平的高低提升或限制了消费者表达其基本动机的能力。

VALS 的基本动机维度测量消费者受哪些基本动机所驱动，一般包括三种最主要的动机：

- 理想动机：消费行为受到追求知识和原则的动机的驱动。
- 成就动机：消费行为受到消费者通过产品和服务向同类群体展示成功的动机的驱动。
- 自我表现动机：消费行为受到寻求社会性、自然性活动，喜欢多样性和冒险的自我表现动机的驱动。

模型将美国成年消费者划分为八大类型。各群体的细分框架见图 3－5。

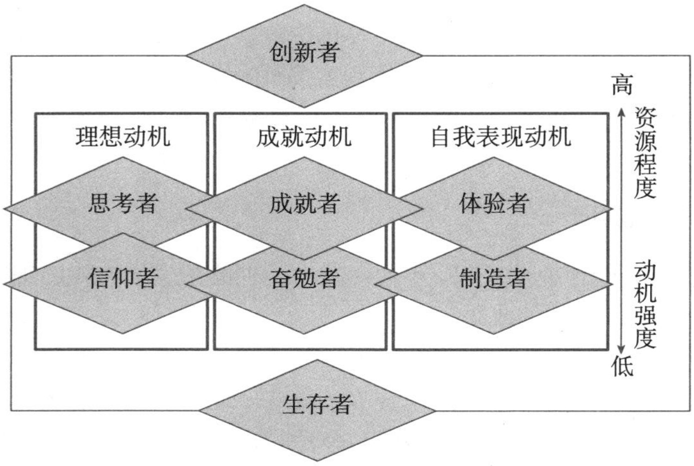

图 3－5　美国 VALS™ 生活方式细分框架

资料来源：SRI 公司网页（2005）.

这八个生活方式群体的细分特征如下。

（1）创新者（innovators）：具有在不同程度上表达三种基本动机的能力。创新者是成功、活跃、老练、富有自尊心的领导式人物，并寻求挑战。他们拥有丰富的资源，是变革的领导者，善于接受新观念和新技术。创新者是政界、商界现在或潜在的领导式人物。他们非常关注形象，通过形象不但展现他们的地位、权力，而且展示他们的品位、独立性和个性。其消费行为具有追求高档、特定产品和服务的特征。

（2）思考者（thinkers）和信仰者（believers）：受理想动机驱动。

思考者是成熟、满足、喜欢沉思的消费者，尊重秩序、知识，具有责任感，受过良好的教育，对国内外态势了如指掌，渴求新知识。思考者对权威和社会礼仪保持适度的尊敬，对新观念保持开放的心态。他们在购买决策过程中重视了解信息。尽管有足够的收入允许他们多样化消费选择，但他们是保守的、实际的消费者。他们重视产品的耐用性、功能表现和价值。

信仰者是保守、传统的消费者。他们在家庭、宗教、社区和国家等方面遵循已有的和传统的规范，在行为上循规蹈矩。作为消费者，他们选择熟悉的产品和已有的品牌，特别喜欢并持续使用本国产品。他们的消费行为往往是可预测的。

（3）成就者（achievers）和奋勉者（strivers）：受成就动机驱动。

成就者表现出目标取向的生活方式，过着传统的生活，政治上保守，尊重权威和地位。他们看重一致性、可预见性和稳定性超过冒险、亲密和自我发现。作为消费者，他们表现活跃，非常关注形象，喜欢名牌产品和服务，以向同类群体展示成功。由于非常忙碌，他们对于具有省时功能的产品非常感兴趣。

奋勉者是追赶潮流和追求生活情趣的消费者。他们关心别人对自己意见和观点的看法，喜欢流行的产品，并模仿比自己更富裕的消费者的购买行为。为了生计，他们难以顾及职业上的发展，缺少技能和专注，难以向前发展。作为消费者，他们将购物作为一项社交活动及向同类群体展现购买能力的机会。在消费能力许可时，他们容易作出冲动性的购买。

（4）体验者（experiencers）和制造者（makers）：受自我表现动机驱动。

体验者是年轻、热情和冲动的消费者。一个新的事物能很快激起他们的兴趣，但这种兴趣消退也很快。他们追求多样化、刺激，喜欢新颖、另类和冒险。运动、户外休闲和社交活动是他们发泄精力的主要方式。作为消费者，他们将主要收入花在流行事物、娱乐和社交活动上。他们的购买行为体现在对产品外在形式和酷的追求上。

制造者喜欢做家务，例如建房、养育小孩、修理汽车等，表达自我和寻求生活体验，并充满精力，技巧娴熟。他们生活务实，具有建筑技能，崇尚自我满足。他们过着实实在在的生活：生活在传统家庭，从事讲究经验的工作，投入物质性的休闲活动。他们对新观念持怀疑态度。作为消费者，他们购买基本的消费品。

（5）生存者（survivors）：生存者的资源匮乏，同时感觉世界变化太快。他们对自身熟悉的事物感到舒适，关心基本的安全和保障，追求满足基本需要而不是自身的欲求。他们缺乏强烈的动机。作为消费者，他们是谨慎的，对偏好的品牌保持忠诚，特别在打折时进行购买。对多数产品和服务而言，他们所构成的市场是非常有限的。

参考美国的生活方式 VALS 量表和模型，中国学者根据中国消费者的特点改良了 VALS 量表，提出了中国消费者生活方式模型 China-VALS，将中国消费者分为三大生活方式类型和 14 个细分群体。中国人的三大生活方式类型是：积极型、求进务实型和平稳现实型。[25]

3. 生活方式细分应用于营销实践

生活方式营销的目的是，让个体消费者能够以他们追求的方式享受人生并表明自己的社会身份，因此这一策略的关键就是关注消费者在其期望的社会情境下如何使用产品。

这意味着必须从行为模式（patterns of behavior）的角度了解消费者。因此，生活方式营销的一个重要内容就是，识别一系列看上去在消费者观念中与特定生活方式相关的产品和服务。通过观察消费者如何选择不同产品类别，可以更好地理解如何用产品来定义生活方式。

生活方式在营销中的具体应用包括以下几个方面。

（1）描述目标市场。这种方法可以使营销者超越简单的人口统计数据和产品使用描述的限制，把消费者的价值观、人口统计特征和生活的其他方面结合起来，使目标市场更贴切、更生动、更丰满。

（2）创造出关于市场的新看法。由于生活方式细分是对消费者生活逼真的描述，所以可以创造出典型而鲜活的消费者形象。

（3）对产品进行定位。产品的定位对象一般是那些对某种生活方式表现出特殊偏好的人，因此企业应该根据其目标消费者的生活方式来进行定位。

（4）更好地传播产品特征。生活方式细分可以为广告创意人员提供大量深入的消费者信息，使他们能够更深入、更贴切地了解广告对象的需求，从而更好地传播产品特征，更有效地实现传播目标。如碧桂园发现其楼盘的购买者大多是从零起步的成功者，他们的成功充满了艰辛，同时他们也非常渴望得到社会的认可，所以广告诉求为“给你一个五星级的家”；而丽江花园的客户大多是追求生活品位和人本关怀的城市白领，所以广告诉求为“一方水土一方人，美善相随丽江人”。

（5）优化传播策略。生活方式细分对消费者生活的各方面都进行了系统的描述，所以可以针对目标市场制定整合的、与消费者的生活方式一致的场景营销传播策略。

3.2.3 数字化生活方式

进入数字化时代后，生活方式的概念也有了更新。

1995 年，《数字化生存》（*Being Digital*）一书提出了凸显数字化的革命性思想。[26] 2005 年开始，S. Charmonman，N. Chorpothong 等人先后发表了关于数字生活方式（digital life style）的论文[27]，并且开发出数字化生活方式的测量量表等。

被称为数字原住民的是 Z 世代及之后出生的人，所以，理解数字化生活方式最直接的途径是观察和理解 Z 世代的生活方式（请参见第 9 章中 Z 世代的内容）。

3.3 态度理论

消费者是否买一个产品，在很大程度上与消费者对其的态度有关，尽管态度并不是决定行为的唯一因素（参见第 1 章）。因此，营销管理努力确认消费者对品牌、产品、广告和促销等的态度，并寻求用适当的营销策略去影响和改变消费者的态度。

态度（attitude）可以定义为“以一种一贯的喜爱或不喜爱的方式对一个事物产生反应的习惯倾向”。态度是一种倾向而非行为，是一种持久状态而不是瞬时的状态。所以，态度既不同于行动，也不同于情绪。态度比较持久，而情绪相对短暂。态度包含情感的成分，所以不是中性客观的。态度是后天习得的，而不是本能的。

3.3.1 态度 ABC 要素模型

态度包括三个要素或成分：认知要素、情感要素和意动要素。其中，意动是指行动的意向或倾向，并不等同于行动。为方便表达，也将情感（affect）、意动（behavior）和认知（cognition）这三种要素成分的态度结构简称为态度的 ABC 模型，如表 3－6 所示。

表 3－6　态度的三要素

要素	定义	说明	例子
认知	态度的感知信念	这是个人的意识、知识、信念和对态度对象的印象。它是态度的有意识思考的部分。	一个人对汽车的态度可能由比较性的信息组成。例如，福特护卫舰具有比沃克斯豪尔骑士更坚固的方向盘，或者沃克斯豪尔具有更好的加速器。这些都是形成态度（或信念）的因素。
情感	态度的主观偏好	这是情绪，以及喜欢 / 不喜欢的感觉，它们并不总是有客观事实作为基础。	司机通常与他们的第一辆汽车有感情上的联系，他们给汽车命名，时常和它讲话。
意动	行为的意图	意动是人们想要对态度对象做的事：是否去接近它、拒绝它、购买它等。它不是真正的行为，只是一种意图。	对一辆汽车形成一种态度（“我喜欢这辆车，它确实看起来很好，它只消耗 40 加仑的汽油”）。消费者形成一种意图（我将贷款买一辆车），这种意图就是意动。

资料来源：J. 布莱思. 消费者行为学精要. 北京：中信出版社，2003：73.

消费者态度在实际形成过程中，上述三种要素的贡献或作用并不相同。有研究提出可按消费者所处的三个层级加以区分，即：

- 学习层：以认知为主导形成态度，过程是认知-情感-意动。
- 经验层：以情感为主导形成态度，过程是情感-意动-信念。
- 低卷入层：以信念为主导形成态度，过程是信念-意动-情感。

从逻辑上来说，态度似乎在行为之前。许多广告的投放就是期望消费者先形成对某品牌的偏好态度，再靠态度引发购买行为。但实际上，许多证据表明有时情况正好相反，即消费者可能是行动在先，随后才形成相应的态度，例如使用体验在先，态度在后。所以，态度和行为两者是互动关系，而不一定是因果关系（见图 3－6）。

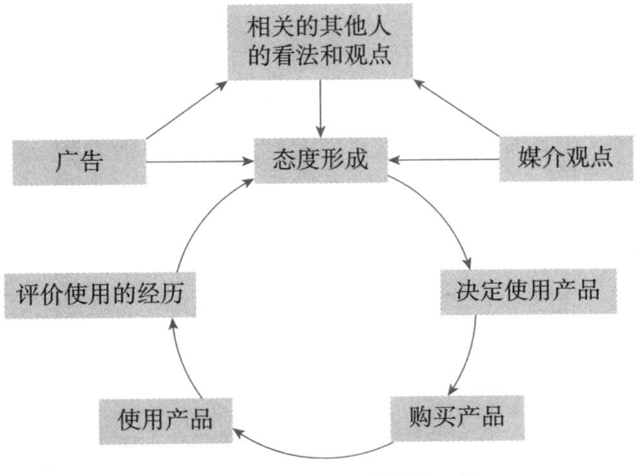

图 3－6　态度与行为的循环圈

资料来源：J. 布莱思. 消费者行为学精要. 北京：中信出版社，2003：82.

而且，没有形成体验的态度可能是易变的，所以，在形成消费者态度偏好和推动购买的营销策略中，常常鼓励消费者先试用或先购买，再形成品牌态度，例如，采用品尝、试用、赠品、赠券等，这些做法甚至比广告更有效。百事可乐曾经用街头免费试饮挑战可口可乐，就是典型的案例。

3.3.2 多属性态度模型

对消费者而言，产品（服务）或品牌一般都具有多种属性，例如价格、功能、可靠、方便、温馨等。为了解释消费者的总体态度是如何形成的，提出了经典的多属性态度模型。多属性态度模型亦称为费希宾（Fishbein）模型，该模型的三个因子是：

- 属性（attributes）；
- 认可（beliefs），指消费者对某一具体属性的评价；
- 属性的权重（importance weights），区分不同属性的重要性。

其中，认可反映消费者对某个属性的认知和认可程度，是一个重要的因子，也被译为信念。该模型指出，消费者对某一品牌的总体态度 A，是由其对各属性的评价（B）和各属性的重要性（权重 E）两者的加权决定的，即：

$$A_0 = \sum_{i=1}^{n} B_i E_i$$

式中，

A_0：消费者对品牌的总体态度；

B_i：消费者对品牌第 i 个属性的认可强度或评分；

E_i：消费者对第 i 个属性的重要性判断；

n：品牌的具体属性的数量。

多属性态度模型既是态度要素因子的定量表达，也是进行消费者态度实际测量的框架。该模型应用的难点在于，如何选择确定“哪些属性是重要的”和“各属性的权重是否适当”(参见第 11 章)。

作为例子，表 3－7 展示了消费者对饭店总体态度的具体测量。

表 3－7 测量消费者对饭店的态度

属性	认可度（最大为 10）	重要性水平（最大为 10）
方便停车	5	7
好吃的食品	6	8
友好的侍者	?	4
令人愉快的装饰	7	5
干净的餐具	3	7
合理的价格	?	3
每周三开放	?	5

资料来源：J. 布莱思．消费者行为学精要．北京：中信出版社，2003：76.

表中的问号代表消费者没有知识或考虑不足。换句话说，只有重要的信念才被考虑。各属性整合起来形成对饭店的总体态度。其态度还可以某种方式进行量化的分解——这个饭店可能被认为是吃午餐的好地方，但不适合晚餐；或者当消费者不想做饭时它是一个吃快餐的好去处，但不是特殊场合下吃饭的好地方。

态度的测量往往风险很大。由于种种原因，消费者有时不会或不愿说出真实的态度。人们常常持有在公共场合不愿承认的态度，有时私下的态度和公开的态度会不一致。按弗洛伊德的理论分析，态度可能来自超我，行动却可能来自本我或自我，超我、本我和自我并不会保持一致。对于“爱面子”和“中庸”的中国消费者，这种不一致使态度测量的难度更大。

第3章小结

1. 本章介绍了理解消费者行为学三个非常重要的理论概念——自我概念、生活方式和态度。
2. 自我是深层次解释消费者心理和行为的重要而有效的概念工具，其中，多重自我、自我与品牌的一致性对市场营销特别有意义。
3. 尽管消费者细分的方法很多，但运用生活方式进行消费者细分却是一种更有深度和有效的方法。
4. 态度 ABC 模型和经典的多属性态度模型提供了对消费者态度形成原因进行具体分析和测量的途径。

第3章思考题

1. 试分析自我概念的各种定义，并且结合自身举例说明什么是自我，以及自我与行为的关系。
2. 举例说明什么是生活方式。试描述你们这代人的生活方式。
3. 试用态度模型作出具体的案例。
4. 试讨论 VALS 生活方式细分方法在中国的应用。

第4章

消费者信息行为理论

> 营销胜利的基础越来越取决于信息，而非销售力量。
>
> ——菲利普·科特勒
>
> 整合了消费者社群的价值网代表了21世纪营销最戏剧性的变化。如果营销朝此方向转变，那么营销理论、研究和实践都将会发生巨大的革命。
>
> ——卢泰宏

章前引例

网上游戏解决科学难题

21世纪人类知识生产，在2010年出现了一个全新方式的惊人个案。2010年7月，全球顶级期刊《自然》发布的一项研究成果，论文作者竟然是“>57 000玩家”，作者单位是“世界范围”。在科学论文发表史上，这是史无前例的。

这源于华盛顿大学研究蛋白结构的科学家贝克（David Baker）为了破解某些蛋白质的精准结构，提出的一个异想天开的新构想：动员全球的智慧来完成这项科研任务。他避开了需要投入极多人力、极长时间的传统实验室方法，设计出一款网上游戏Foldit，将这一难题让全世界的游戏玩家去“玩”，期待全球高手可以完成这个非常复杂的任务。

Fold是折叠的意思，顾名思义，这款游戏就是让玩家不断迭代试探完善组装蛋白的过程。玩家要做的就是在给定一个目标蛋白的情况下，用各种氨基酸进行组装，最终拼凑出这个蛋白的完全体。2008年5月，Foldit这款具有高度挑战性的游戏正式对全球开放免费下载，鼓励全球游戏玩家在线联网展开全球范围的比拼。该游戏一发布就吸引了全世界有闲且有兴趣的青年，注册玩家数量迅速达到 24 万人。很快，一个个蛋白就在全世界玩家的围攻之下沦陷，被迫将自己的精准结构展现在人类眼前。

贝克这个新科学方法创举成功了。2010 年先后在全球两大顶级期刊《自然》和《科学》上发布了这款游戏的研究成果。这一突破所依赖的背景是，全球数字化信息环境开创了人类交流的新纪元。

在数智化生态中，信息环境和消费者行为发生了根本的变化，引发了营销和商业领域甚至社会结构的革命。消费者信息行为在消费者行为整体中所占的比重和重要性越来越高，这从人人都离不开手机的普遍现实中可见一斑。

本章首先讨论信息环境与消费者行为的关系，随之阐述数智化信息环境的巨大变化、线上口碑效应，最后介绍消费者信息处理模型、卷入度以及双路径理论。

4.1 信息环境与消费者行为

信息环境（information environment）是指与信息获取、交流、分享、利用等有关的各种要素的集合，它们构成信息生态系统。

消费者行为与消费者所处的信息环境密切相关。从信息的灰色环境（信息不充分、不对称）到信息的透明环境（信息完全充分、对称又随手可得），消费者的认知、偏好、选择、购买决策行为等都会随之发生变化，甚至迥然不同、天壤之别。数智化带来了充分的信息分享环境（information sharing environment，ISE），直接导致在社会生活中出现了上网、搜索、链接、互动、分享、博客、微信、短视频、直播等新行为，人类信息环境的演变及消费者行为的变化是不可忽视的。

4.1.1 信息环境与媒体演变

人类信息环境的重大改变，与媒体的演变高度相关。从古至今，媒体的演变经历了三个主要的时期：从人类社会早期受限的口碑、符号传播时期，跨入现代大众传播时期（四大媒体：报纸、杂志、广播、电视），再跃进到数字化媒体时期。21 世纪信息环境的突变在很大程度上源自数字化媒体的蓬勃兴起和广泛渗透。

美国传播学家哈特将人类有史以来的传播媒体按照先后顺序分为以下三类[1]：

（1）直显媒体。即人类面对面传递信息的媒体，主要指人类的口语，也包括表情、动作、眼神等非语言符号，它们是由人体的感官或器官执行功能的媒体系统。

（2）再现媒体。包括绘画、文字、活字印刷和摄影等。在这一类系统中，对信息的生产者和传播者来说，需要使用物质工具或机器，但对信息接收者来说则不需要。

（3）机器媒体。包括电报、电话、唱机、电影、广播、电视、多媒体、互联网等。不单传播方需要使用机器，接收方也必须使用机器。

21世纪初曾以新媒体（new media）泛称媒体的新进展。[2] 此前的媒体被视为传统媒体。本质上新媒体就是数字化媒体，如1998年联合国教科文组织对新媒体的定义是："以数字技术为基础，以网络为载体进行信息传播的媒体。"有人认为，新媒体是指数字技术在信息传播媒体中的应用所产生的新传播模式或形态。

在数字化媒体取代传统媒体的大趋势和转变格局中，消费者花费或分配在不同媒体上的时间有了根本变化，数字化媒体上的消费时间有了极大的增长，请参见延伸阅读4-1。

延伸阅读4-1

数字化媒体消费时间的比较

每天花在不同媒体上的时间比例是反映消费者信息行为变化的重要数据。中国早已进入了移动互联网时代，数字化媒体的使用时间远超传统媒体，且仍在逐年快速增长。2020年，中国人均总媒体使用时间约为7小时，数字媒体使用时间约占总花费时间的六成，传统媒体使用时间约四成。

值得注意的是，在传统媒体中，电视用户仍然是规模最大的群体，约有12.4亿。在疫情影响下，2020年电视的接触时间和用户人数呈现短时增长。2020年上半年，电视观众人均每日收看时间为近十年来最长，传统媒体的公信力和权威性使电视的内容价值回归。

同样的现象也出现在美国。2020年美国消费者传统电视的使用时长增加19分钟，达到平均每天3小时49分钟。在传统电视式微的当下，这一变化显得尤为突出。不过，根据预测趋势，疫情导致的短时增长不会持续下去。传统电视观看时长的下行趋势难以逆转。预计到2022年，传统电视观看时长将回落并跌至2019年的水平以下。

对比来看，中国用户的总媒体接触时间少于美国，但数字媒体接触时间的占比高于美国。传统媒体在美国用户的使用时长中仍然占相当高的比重。美国用户的传统媒体使用时长占媒体使用总时长的比例高达44.7%，而中国这个比例只有39.5%。

从数字媒体使用的具体表现来看，在总数字媒体使用时间与美国相差近2小时的情况下，中国用户智能手机的使用时间已接近4小时，与美国相差无几。这说明智能手机在中国网民中的普及率很高，中国互联网用户主要通过智能手机浏览互联网内容。

具体来看中国人的数字媒体消费，社交媒体拥有大量的用户。根据CTR发布的《2020中国媒体市场趋势》，国内用户规模大、黏性较高的媒体类型有电视、社交媒体、网络视频、网络新闻和短视频。微信、微博等社交媒体用户量大、触达频率高，用户形成了稳定的使用习惯。

在中国网民时间分配方面，短视频占据了最长的用户时间。短视频、即时通信、在线视频、手机游戏、综合新闻是日均使用时长排名前五的应用类型。在2020年第二季度，短视频超过即时通信成为日均使用时长占比最高的媒体类型，且与第二名的差距继续增大。短视频以受众的兴趣点出发，算法分发机制使得每个用户都能看到自己感兴趣的内容，具有吸引力强、用户黏性高的特点。尽管目前用户规模不如微信和微博，但用户使用时长极高。2021 年 3 月，短视频用户人均日使用时长达 88.9 分钟。

资料来源：1. CSM 发布疫情期间用户媒介消费及使用预期调查报告.（2020-02-25）. https://baijiahao.baidu.com/s?id=1659456376912381781&wfr=spider&for=pc.

2. CTR：2020 中国媒体市场趋势.（2020-09-11）. https://www.sohu.com/a/418095425_665157.

3. 极光：2021 年 Q1 移动互联网行业数据研究报告. https://www.jiguang.cn/reports/532.

4.1.2 消费者信息搜索行为及其变化

20 世纪末以来，全球迅速普及的互联网从根本上改变了人类的信息环境，上网或在线开始成为消费者新的日常关键词。上网搜索各种需要的或感兴趣的信息，成为人们基本的生活方式和重要的生活内容。信息搜索由此成为消费者的基本行为，对于消费者认知、品牌选择、购买决策等都是必不可少的。

哪些因素会影响消费者信息搜索行为呢？

从理性的角度来看，影响消费者信息搜索行为的主要因素有：消费者特征；产品或品牌熟悉程度；市场特征与情境。这些因素又会因购买决策阶段、产品属性和消费者卷入度的不同而有所区别。

首先，消费者信息搜索行为在决策过程的不同阶段会有所不同，如表 4－1 所示。

表 4－1 消费者信息搜索框架

购买前搜索	进行中搜索
决定因素	决定因素
卷入购买中	卷入产品中
市场环境	市场环境
情境因素	情境因素
动机	动机
制定更好的购买决策	体验搜寻的乐趣
效果	效果
增加产品和市场知识	产品和市场知识的增加导致：
更好的购买决策	• 提高未来购买效率
增加购买满意度	• 提升个人影响
	增加冲动性购买和满意度

资料来源：Bloch P H，Sherrell D L，Ridgway N M . Consumer Search：An Extended Framework.Journal of Consumer Research，1986，13（1）：120. Reprinted with permission by The University of Chicago Press.

此外，消费者对信息的搜索行为与其对品牌（产品）的熟悉度有关，图 4－1 表明，消费者对品牌（产品）不熟悉时会搜索信息，具备一定认知后则会减少对信息的搜索。

互联网为消费者获取或搜索有关信息提供了全新的平台和工具，并成为最方便、最快捷、最有效、成本最低的信息源。大多数消费者都会利用上网搜索来获取信息，一旦有了购买的需求或者在网上购物时，也会使用网购平台和品牌官方网站等。所以，搜索引擎的优化十分重要，购物网站的用户界面和搜索性能对吸引消费者至关重要。

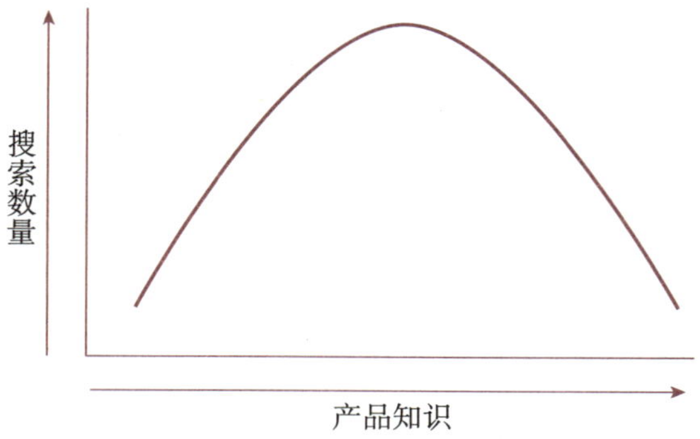

图 4－1 信息搜索量和产品知识之间的关系

资料来源：迈克尔·所罗门，卢泰宏，杨晓燕．消费者行为学：第10版：中国版．北京：中国人民大学出版社，2014：198.

网上信息搜索会越来越智能化。随着5G的普及，搜索已经从文字转向文字＋视频化，从单向走向交互互动。与此同时，网上搜索逐渐让消费者产生对网络的依赖，越来越“傻瓜”；也逐步在改变人的记忆和保存信息的传统行为模式，即从人脑和手工记忆方式转向外脑（网络和云）记忆方式。这是人类信息处理中记忆行为的重大变化，外存的信息很多涉及个人的隐私，人们的连接越多，存放在外存中的信息越多，也就意味着被他人监视以及隐私泄露的风险越大，尽管有些平台说可以设置半年可见、三天可见甚至阅后即焚等功能，但相应也有截屏、录屏等保存应对手段，使得个人隐私的保护效果有限。这真可谓是忧喜参半。请参见延伸阅读4－2。

延伸阅读 4－2

谷歌效应：网络搜索改变人类的记忆方式

现代社会中搜索引擎的普遍应用使得信息、资讯的获取易如反掌，人们也就不知不觉地把网络当做记忆的一部分（外部记忆），这种效应称为谷歌效应。

谷歌这一类技术上的革新所带来的便利正在改变我们大脑的记忆方式。我们不再记忆信息的具体内容，而是更多记忆信息所在的位置。

哥伦比亚大学的斯帕罗（Betsy Sparrow）教授及其同事在《科学》上发表了题为“谷歌效应对记忆的影响：查找资讯的便利对认知的影响”的文章，论述了谷歌效应对我们造成的影响，并通过几个实验验证了IT技术的使用给我们大脑记忆模式带来的改变。

第一个实验中，被试需要做一组判断题，有一些比较难。在回答之后，被试需要做一个颜色反应游戏，结果显示，看到“电脑”“谷歌”“雅虎”这些词时，他们对颜色的反应就会变慢。这表明之前的答题让他们提取了脑中关于搜索引擎和电脑的一些概念，当答题者不知道答案时，首先想到的是去电脑上搜索。

第二个实验中，被试在阅读实验者给出的信息时，被告知这些信息的一部分将存在电脑上，另一部分将永久删除。当被要求回忆这些信息时，被试对那些被告知将永久删除信息的记忆要明显好于那些被告知有存档的信息。

另一个实验中，被试被告知他所阅读的信息一部分将存储在电脑的某个特定文件夹中，一部分将被删除。结果发现，在区分某条信息是被存储还是被删除的时候，被试更记得住哪些信息被存储，并且对信息的存储位置（文件夹名）记忆犹新。

上述实验看似简单，却有力地验证了搜索引擎给人类生活带来的巨大影响。换句话说，如果有些信息能在网上或其他设备上找到，大脑就会告诉我们到外部存储记忆中去找。比如，我们不再牢记开会的时间和地点，而是临近开会时才看一下存在手机里的微信消息。

虽然谷歌改变了我们的记忆模式，但我们的记忆力并未退化。文章的作者认为："我并不认为互联网和搜索引擎让我们变愚钝了，它们只是改变了我们需要记忆的东西。"

资料来源：Sparrow B，Liu J，Wegner D M. Google Effects On Memory：Cognitive Consequences of Having Information at Our Fingertips. Science，2011，333（6043）：776–778.

4.2　数智化信息环境

信息环境的演进不仅体现在消费者获取信息的难易程度和充分程度上，更表现在信息环境改变了社会的基础结构。数智化信息环境，不仅从根本上解决了信息搜索的问题，更重要的是，建构了人类社会全新的信息基础结构：社交媒体、虚拟社群和数字社会网络。卡斯特在《网络社会的崛起》一书中提出网络社会，他将网络社会界定为一种具有更广泛意义的社会结构。[3]

本节讨论数智化信息环境中两个关键主题及若干重要概念：消费者作为网络节点，传统的口碑传播在数智化时代的复兴——数字化口碑。

4.2.1　消费者作为网络节点

互联网实现了跨越空间的大连接，但起初还无法高效互动。Web 2.0 带来社会网络，才实现了高效率的多种方式的互动（如脸谱、微信）。有了社会网络、社交媒体，加上每个人手中的手机，链接和连接、互动和交互成为社会中无所不在的、必不可少的新行为，塑造出了消费者全新的生存状态。正如著名学者克里斯塔基斯（N. A. Christakis）和富勒（J.H. Fowler）在《大连接》（*Connected*）这本书中所言，我们本来以为自己是命运的主人，可是在社会网络中，我们不过是一个更大生物体神经系统中的一个个细胞而已。[4]

在新的结构中，消费者成为社会网络的细胞或节点。而社会网络的巨大生命力对个体节点的赋能是难以估量、超出想象的，例如社会网络中的任何人既是观众和听众，也可以是演员和导演。相对此前漫长的时间内，消费者只是信息传播中的受众，即被动的信息接收者，信息内容是由被称为守门人的社会精英控制的。

消费者在传统社会中相对是孤立的，工业社会中的消费者增加了外部联系，但基本是有限的、点对点的。数智化生态中的消费者成为网络的节点，可以全方位无所不在地与外界连接，所以出现了大连接的概念。

网络节点的消费者因而具有了三种角色和功能。[5]

1. 作为传播的节点

任何人在网上都可以发布信息，这意味着个人门户传播模式的兴起和自媒体时代的到来。个人门户构成了传播网络中的个体化节点，成为新的传播结构中的基础单元。信息源的数量在过去是相当有限的，现在的信息源可以说是层出不穷、无穷之多。

2. 作为虚拟社交的节点

在网络社会中，每个节点既是现实的，又是虚拟的。分享互动性是其最本质的特征。网络社会解除了现实空间的物理约束，打破了人们传统的关系网络的约束。网络社会中的消费者可以与多个对象进行“在场”交流。网络社群、网络圈层、新的社会分层等，成为消费者生存的虚拟空间。在虚拟社交中，消费者具有数据化生存、媒介化生存甚至表演化生存的特点（参见第 3 章“数字化自我”）。

3. 作为经济活动的节点

个体在网络经济中发挥出重要的生产 / 消费作用，包括四种形式：一是共享经济中的协同生产者；二是成为社群经济的生产力，如品牌社群、粉丝经济、众包、人设等的驱动力量；三是数字服务的需求引导者，如网上购物、基于地理位置的信息推送、导航地图、打车和共享的应用、O2O 的服务等；四是大数据的来源和贡献者。

在新的社会网络基础结构中，消费者全方位接触所有的媒体，传播的格局完全改变了。2016 年沃顿商学院的研究报告，提出了全接触点价值创造模型。[6] 这个新模型是数智化生态中传播的新的理论基础，请参见延伸阅读 4－3。

延伸阅读 4－3

全接触点价值创造模型

沃顿商学院 2016 年发布了研究报告《广告的未来》。这是由温德（J. Wind）和海斯（C. F. Hays）教授主持的应对数字化转型的一项研究结果。现代营销之父科特勒认为，“这本书将成为营销传播史上的一座里程碑”。

该书旨在解决（广告）数字化转型问题，帮助首席执行官和整个组织迎接正在发生的重大变革。其基本思想是：着眼于所有的顾客接触点，共创价值，才能超越传统广告走向未来。其关键词是：全接触点和共创共享。其内涵远远超出了整合营销传播（IMC）的单向传播要素的整合。

书中提出了全接触点价值创造模型（见图 4－2）和两套具体的实施原则，即内容最大化 MADES 和主旨最大化 RAVES。

对企业及其网络内的人员、企业希望能覆盖和服务的人员，以及企业运营所处的社会和文化等之间的所有接触点的价值创造，进行不断的协调、组织和优化，让所有的接触点协同发挥作用。

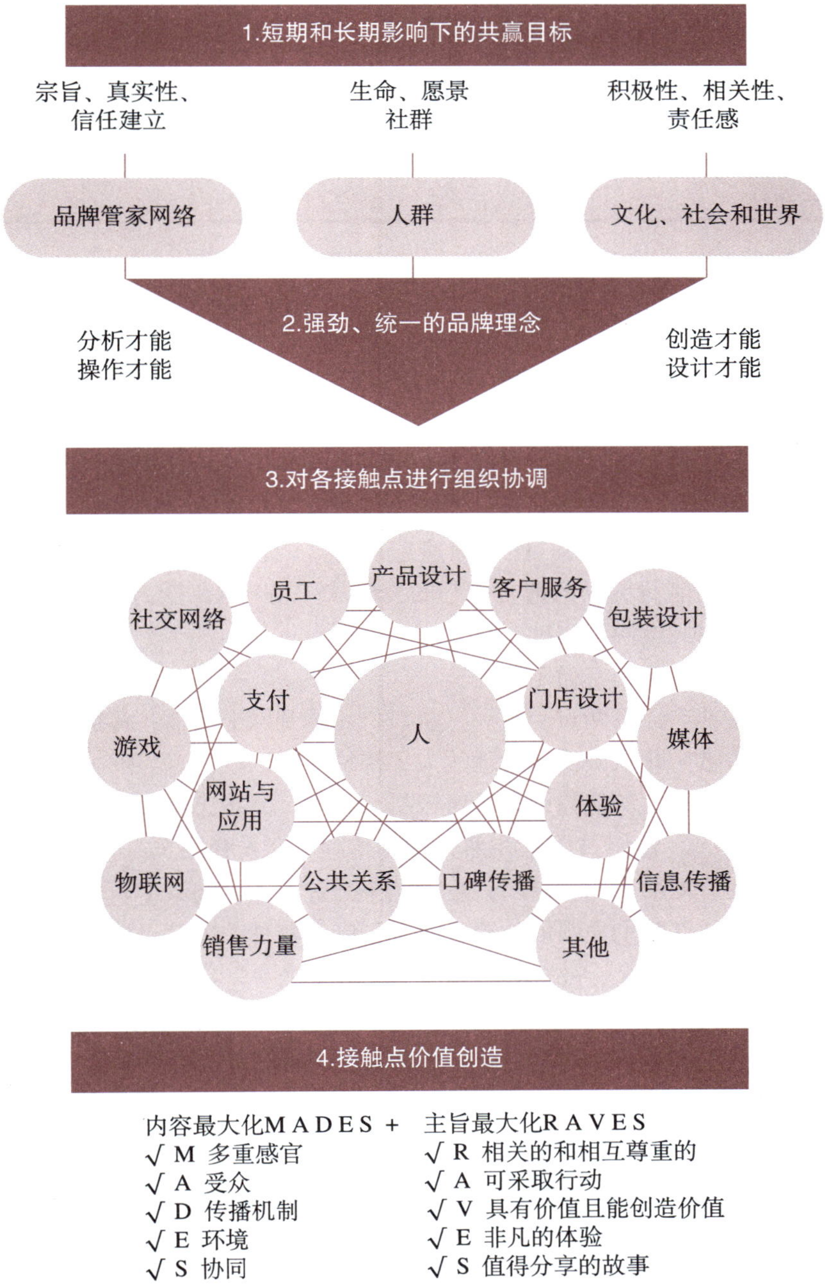

图 4－2 全接触点价值创造模式

实施的具体步骤包括：

- 统筹安排和分配所有接触点的资源；

● 重新定义成功的标准，欲创共赢，协作共享；

● 主旨最大化 RAVES：覆盖每个接触点，品牌和人们的每一次交集都可以也应该是：相关的和相互尊重的（R）、可采取行动（A）、具有价值且能创造价值（V），能提供非凡的体验（E）和值得分享的故事（S）。

● 内容最大化 MADES：多重感官（M）、受众（A）、传播机制（D）、环境（E）和协同（S）。实现场景最大化。

资料来源：约瑞姆・杰瑞・温德，凯瑟琳・芬迪森・海斯．广告的未来：全接触点价值创造．北京：中国人民大学出版社，2020.

4.2.2 数字化口碑理论

口碑（WOM）是指个体之间的口头传播，是人类最早的传播行为之一，后来出现了媒体传播，但是口碑传播依然有重要价值，例如口口密传、熟人推荐。在现代媒体时代的传播理论中，承担主要传播功能的大众媒体被称为正式传播渠道，而将传播效果很有限的传统口碑称为非正式传播渠道，即认为口碑是不起主要作用的。

21 世纪数字化媒体的出现，使得被遗忘在角落的口碑重新大放异彩、先声夺人，走到营销管理和消费者行为学的前台。它的称谓从“WOM”变为“eWOM”，中译为数字化口碑、电子口碑或网络口碑。

数字化口碑与传统口碑有何不同呢？

两者的不同主要有以下两点。其一，从口口相传到网上传播，传播的速度和规模发生了飞跃的提升，数字化口碑魔力般地放大了传统口碑的效应。显然，数字化口碑非常可能在短期内就形成巨大的能量，并且对流量、粉丝、品牌忠诚度等影响甚大，其商业价值不可低估。其二，传统口碑是在熟人中的传播（家人和朋友），数字化口碑则主要发生在陌生人之间，即前者比较封闭，后者完全开放。线上购买中，商家之所以将网上消费者评价和反馈放在特别显眼的位置，甚至不惜用各种手段获得消费者的好评，就是因为数字化口碑的作用巨大，往往是输赢成败的关键之一。

埃森哲 2014 年的调查发现，口碑传播是中国消费者获取产品信息最主要的传播模式，60% 的消费者选择家人 / 同事 / 朋友作为了解产品信息的主要渠道，比例远超其他渠道。同时，网络、社交媒体的影响力已超过了广告等传统媒体。在全球范围内，互联网和社交媒体在弱化品牌效应方面起到了重要的作用。如今的消费者能够快速方便地获取各类产品信息和客户评价，这远比品牌标识和产品广告来得有效。这意味着，数字化口碑效果或已超过广告。

2013 年，中国广告主 1/4 的预算都花费在了数字渠道上，比一年前增加了 38%。继续加大对社交媒体的关注，通过社交媒体与消费者进行深入互动和沟通，充分发挥数字化口碑的影响力已经成为趋势。

案例4-1　拼多多的千层套路

在第 1 章中重点提到的消费者虚拟社群，在第 6 章中还将深入阐述。数字化口碑加上虚拟社群，产生的影响力和爆发力几乎是空前的。原因之一是在消费者虚拟社群中很容易通过数字化口碑产生粉丝效应和羊群效应。在消费者虚拟社群和数字化口碑的交互作用下，病毒营销（viral marketing）、社交媒体营销（social media marketing）和粉丝营销（buzz marketing）激发出了巨大的传播和市场效应。[7]这正是数智化营销中最强大的创新来源之一。在中国和全球市场上孕育出新星涌现、群星璀璨的崭新局面。请参见本书中的相关案例 B 站、小红书、完美日记、拼多多等。

值得强调，在中国情境中，数字口碑的影响力比西方更加宏大深远。一方面，因为中国人口和市场规模超级巨大，口碑一旦爆发或如排山倒海；另一方面，重视口碑是中国传统，相信口碑、崇尚权威是中国人的特点。中国消费者购买决策的信息来源中，亲友推介是一个广受重视且有效的来源，这与西方人有所不同。

在中国情境中，口碑加上数智化的杠杆作用，营销创新往往更容易成功。请参见案例 4－2。

案例 4－2

《哪吒》：口碑传播如何引爆票房

动画电影《哪吒之魔童降世》（以下简称《哪吒》）是霍尔果斯彩条屋影业有限公司出品的，于 2019 年 7 月在中国内地上映，首日票房 1.38 亿元。上映期间，该片获得密钥延期*两次。最终以超过 50 亿元的票房成绩在中国电影总票房排行榜上位列第二，成为中国票房最高的动画电影。

《哪吒》投资甚巨，制作精良，内容精彩，但动画电影在中国电影市场缺乏关注度，票房占比也非常低。在 2019 年 1 月《哪吒》发布第一支预告片时，网络播放量仅有 3 万。当官方宣布电影从 8 月提档至 7 月上映时，市场的反映也是悄无声息。

那么，《哪吒》是如何从无人问津到登顶国产动画电影票房的？

大规模点映孕育口碑发酵

点映是指选择在个别的地方影院，提前放映还未正式上映的电影，是目前电影市场进行影片推广、获得口碑的重要手段之一。2019 年 7 月 13—14 日两天，《哪吒》主要在一二线城市进行了限量点映，日点映规模均在 400 场左右。八爪鱼数据显示，点映当日，《哪吒》全网有效评论数就从两

* 密钥延期是指影片可以晚于同档期影片下线，通常一些大热电影会采用密钥延期，上映时间越长，也意味着票房上升的概率越大。密钥其实是一个版权保护的概念，院线在影片公映前获得加密的数字拷贝文件，只要在公映时获得密钥，即可实现正常放映，避免了片源提前泄露而被盗版的可能性。密钥中还包含档期信息，自带时间属性，可控制影片在影院的上映时间，当前多数影片的密钥时间为一个月。如果电影火爆，电影版权方就会重新制作密钥，实现延期。

位数直接冲到 1 000 多条，且正面评论占比超过 95%。在第一轮限量点映的口碑之下，《哪吒》的第二轮点映于 7 月 17—21 日从部分城市点映扩大到全国点映。点映场次在 21 日达到了 2.3 万，三线城市的排片数量最高达到单日 4 000 场。在第二轮点映推进的过程中，《哪吒》的上座率、场均观影人次等核心数据均不断上涨，21 日影片全网有效正面评论破万。

点映期间片方陆续邀请大量电影关键意见领袖和普通观众提前观看。电影口碑迅速发酵，微博、微信、豆瓣等社交平台 KOL 给予好评，点映观众自愿成为“自来水”主动安利电影，好评口口相传。点映期间以豆瓣评分 8.8 超过《大圣归来》《大护法》《白蛇：缘起》等近年来的中国优秀动画电影，一时间口碑爆棚，市场热议。这使得《哪吒》的累计预售票房和电影票房总和过亿，成为首部上映前就完成票房过亿的国产动画电影。

根据中国票房网数据显示，在点映期间形成的良好口碑，为《哪吒》在首映日就赢得了 33.12% 的排片率。正式上映 3 天每天票房均过亿，进一步推升了排片率，至 7 月 31 日排片量达到 53.37% 的顶峰。

衍生内容创意与口碑破圈

前期制片方的努力、电影的点映培育口碑开了一个好头，优质的内容也让电影口碑持续发酵。但真正引爆《哪吒》的是网络中的年轻网民，即用户之间的裂变传播才是导致《哪吒》超高票房的主因。

从《哪吒》点映开始，以电影内容为核心的民间网上衍生创作就大量出现。作为哪吒唯一好友的敖丙，迅速被组成“藕饼”“饼渣”CP，围绕二人产生各类 PUGC（专业用户生产内容）衍生创作，电影中哪吒的武器混天绫、火尖枪、风火轮，敖丙的武器双锤、万鳞甲等，人物形象上的特征、标志性的行为动作等都成为创作素材。在微博，“藕饼”超话在电影上映后迅速冲进了新浪微博 CP 榜前三。

在二次元活跃的 B 站上也是盛况空前，国创相关排行榜上，《哪吒》相关作品霸屏前 8 项，最高有 71 万次的点击，话题涵盖非常广泛，从电影音乐、彩蛋、配乐配音到导演饺子往年作品都有包括。在 B 站音乐排行榜上，戏腔版《我命不由天》的歌曲 MV 排行第一，有 100 多万的点击，此外也有其他相关作品位居前十。

抖音的热度基本与微博同步，更增加了与 IP 本身的互动。美妆界掀起了哪吒仿妆、哪吒头等抖音全民参与大赛，视频的点击量最高达到百万以上。在抖音上电影的话题达到 46.8 亿的播放。“哪吒头”迅速出圈，吸引一众明星也开启哪吒头仿妆。

网上创意作品的大热，信息破圈传播到其他圈层，让越来越多人知晓了该电影，极大地拓展了影片的受众范围，更不断吸引和调动了受众的观影意愿。围绕该电影的口碑形成多圈层的不断裂变扩散，观影人群不断扩大，最终引爆了电影《哪吒》的高潮和高票房。

资料来源：1. 马尔科姆 · 格拉德威尔．引爆点．北京：中信出版社，2009.

2. 如何让好电影卖得更好？口碑传播的三大法则 | 2017 年电影市场总结．（2018-03-09）．https://mp.weixin.qq.com/s/2AjN_fV45LMZ6z_8Kc0bDw.

3. 何竞平．基于 5T 理论的国产电影口碑营销策略分析——以《哪吒之魔童降世》为例．中国电影市场，2019（10）：21-25.

4. 42 亿票房背后，《哪吒》是如何做点映的？.（2019-08-22）. http://3g.163.com/dy/article/EN6A83PT0518FQSA.html.

5. 豆瓣评分 8.7 分、单日点映破 2.1 万场，《哪吒之魔童降世》初露暑期档“冠军”相？.（2019-07-22）. https://mp.weixin.qq.com/s/VzAzNTATz7PB5byPjvq4_g.

讨论题

1. 哪吒的口碑传播涉及多个平台，每个平台的特点是什么，在传播中扮演了什么角色？

2. 列举近期一个有较好口碑传播的内容产品或实物产品，分析其能够获得口碑的原因以及传播的路径、特征。

在学术领域，数智化生态中的数字口碑研究已经成为一个升温很快的理论热点[8]，包括数字口碑的形成、口碑与粉丝、口碑的效果测量等。例如在中国“2015 营销领袖峰会”上，沃顿商学院教授乔纳·伯杰开场演讲的主题内容就是新口碑营销。请参见延伸阅读 4－4。

延伸阅读4－4　口碑传播的STEPPS方法

4.3　消费者信息处理模型与卷入度

本节将要回答两个重要问题：消费者是如何处理信息的？消费者信息行为的关键变量是什么？为此介绍两个与消费者相关的信息处理模型：CIP 模型和 ELM 模型，并引入消费者信息行为中最重要的一个变量：卷入度。

4.3.1　CIP 模型

20 世纪七八十年代，消费者行为研究的主要假设是“消费者是理性决策人”，因此相应地将重心放在过程分析和流程模型上，如消费者信息处理（consumer information processing，CIP）模型、伯特曼的消费者选择信息处理模型（Bettman’s information processing model of consumer choice）等。[9] CIP 模型中较简单的是影响层次模型（hierarchy of effects model）[10]，它把消费者信息决策过程分为七个阶段，即不知晓（unawareness）—知晓（awareness）—掌握知识（knowledge）—喜欢（liking）—偏好（preference）—确信（conviction）—购买（purchase），如图 4－3 所示。

这几个阶段又可大致分成三个层级。第一个层级是学习（认知），包括前三个阶段；第二个层级是感受（情绪上的），包括喜欢和偏好；第三个层级是行动（意志上的），包括确信和购买。这一模型的焦点是消费者学习（consumer learning），它有助于指导广告怎样影响消费者的购买决策。

人类至今没有完全弄清楚人的大脑是如何处理信息的，心理学和脑神经科学都在不断探索这个重大问题。心理学家在这一重大问题的探索中取得了不少成果，脑神经科学

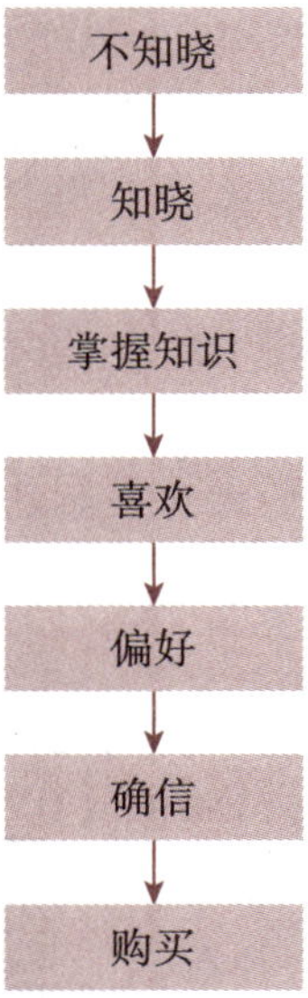

图 4－3　影响层次模型

正在努力寻找最后的答案。研究的进展对于更好理解消费者的行为当然是十分重要的。

当消费者面对超出自己处理能力的复杂信息时，有限理性就会出现。当信息过多时，消费者往往寻找一种无须考虑所有信息便能做出决策的方法，例如，经常用满意决策来替代最优决策，即寻求一种可以接受却不一定是最好的选择。

简化信息决策过程的方法称为捷径方法或启发式（heuristics）方法，也称为切片（thin slicing）判断方法。比如，有时我们只凭借少量的信息，而不是完全的信息就做出决策。[11]

4.3.2　卷入度

在消费者处理信息和决策过程中，自身的专注程度是最重要的因素。所谓专注，是对某一对象重要性的感知及其与个人关系的重视。对象特点、环境特点和消费者特点三者决定了专注的程度。[12]

消费者专注的程度导致其参与或卷入的程度不同。阿塞尔曾经指出低度参与和高度参与的区别。[13] 由此，不但可以根据信息关注程度来划分消费者的类型（见表 4－2），更导致提出了一个衡量消费者状态的关键变量——**卷入度**（involvement）。这一术语此前也被译为介入度或涉入度等。

表 4－2　根据关注程度区分消费者类型

消费者类型	关注程度
品牌忠诚者	与喜欢的品牌有强烈的感情联系，通常倾向于将产品类型和对个人相关结果的预测联系起来。他们寻找满足需要的最优品牌，认为产品类型本身就是他们生活的一个重要组成部分。

续表

消费者类型	关注程度
日常品牌购买者	个人专注程度较低，但有最喜欢的品牌。这些消费者对与经常购买的品牌相联系的结果更感兴趣（每周购买同一品牌很容易，至少很可靠）。他们不一定要寻找最好的品牌，令人满意的品牌就足够了。
信息搜寻者	对于产品品类比较喜欢，但该品类没有特别好的品牌。他们利用大量的信息搜索和对比来寻找合适的品牌。
更换品牌者	产品忠诚和个人专注程度较低。这些人并不明白所使用的品牌有什么重要结果，即使他们对产品类型有兴趣。通常他们与品牌没有很密切的关系。这意味着，他们很容易受到像促销这样的环境因素的影响。

资料来源：J. 布莱思. 消费者行为学精要. 北京：中信出版社，2003：140.

1. 什么是卷入度

卷入是指“一个人基于内在需要、价值观和兴趣而感知到的与客体的关联性”。[14] 其中客体（object）是指消费者可能卷入的品牌、产品、广告、促销或购物情境等。通常从策略上可分为品牌（产品）卷入、信息卷入和购买情境卷入。量化其中的关联性时，被测量的卷入程度称为卷入度。

卷入度抓住了消费者信息行为的主要特征。例如高度卷入时，往往聚精会神，甚至痴迷成瘾，低度卷入时，会漠不关心或拒之门外。对应的消费行为特征也迥然不同，例如低卷入度时表现多是惯性或习惯性行为（inertia），高卷入度时常常是热情奔放或激情满怀。

2. 卷入度的测量

卷入度对分析消费者行为有重要的作用，如消费者决策分析（参见第 5 章），对如何影响消费者具有广泛的价值，如制定提升消费者卷入度的营销策略（参见第 13 章），所以，卷入度的测量十分重要。表 4 - 3 是一个广泛使用的卷入度测量量表。

表 4 - 3　测量卷入度的量表

对我来说“要衡量的目标”是	
1. 重要的 …………	不重要的 *
2. 厌烦的 …………	有趣的
3. 有关的 …………	无关的 *
4. 令人兴奋的 …………	不令人兴奋的 *
5. 不意味着什么 …………	意义很大
6. 有吸引力 …………	没有吸引力 *
7. 迷人的 …………	平凡的 *
8. 无价值的 …………	有价值的
9. 令人卷入的 …………	不令人卷入的 *
10. 不需要的 …………	需要的

说明：以上 10 个项目以 1 ～ 7 分计分，在中间列分项计分后计总分。

* 反向计分。比如，第 1 项（重要 / 不重要）的 7 分实际上为 1 分。

资料来源：Zaichkowsky J L. The Personal Inventory：Reduction，Revision，and Application to Advertising. Journal of Advertising，1994，23（4）：59–70.

4.3.3 ELM 模型：中心路径和边缘路径

基于消费者卷入度的不同，心理学家佩蒂（R. E. Petty）等人在 1983 年提出了**精细加工可能性模型**（elaboration likelihood model，ELM）[15]，亦称为双路径理论。这是消费者信息处理中最有影响的理论解释模型之一。根据这个模型，消费者对信息的卷入度决定了他们处理信息时的不同偏好，或偏好理性信息，或偏好感性信息。从而主张传播和劝说要在两个基本途径中选择进行：一是劝说的中心路径；二是劝说的边缘路径。不同的路径决定了信息传播内容及特征的相对重要性。选择哪一种途径取决于消费者的状态。

该模型强调了消费者的卷入度对广告效果的影响。因卷入度的不同选择不同的路径才有效果：当消费者卷入度高时，应选择包含重要信息的中心路径；当消费者卷入度低时，应当选择某种边缘路径（见图 4－4）。

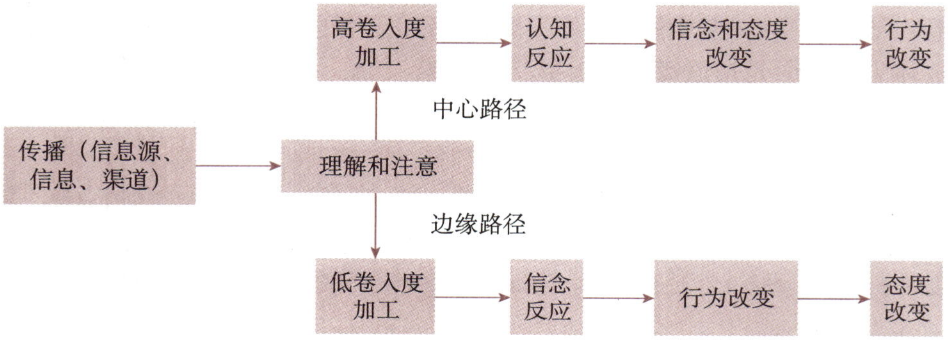

图 4－4　精细加工可能性模型

资料来源：迈克尔·所罗门，卢泰宏，杨晓燕．消费者行为学：第 10 版：中国版．北京：中国人民大学出版社，2014：181.

在营销传播层面，根据 ELM 模型，需要预测特定情境下消费者加工信息的可能途径：如果是中心路径，意味着消费者加工信息的动机和能力都很高，会对广告信息做精细加工，消费者的态度形成或改变是其有意识、理性考虑和整合广告信息的结果。因此，中心路径必须重视广告信息是否可信，是否提出了消费者关注的品牌卖点等。与之相反，如果是边缘路径，意味着消费者缺乏加工信息的动机或能力，不对信息做精细的加工，对信息的内容不做思考和评价，而是更加受边缘线索（如模特的吸引力、音乐等）的影响。因此，应该强化边缘线索。

在购买层面，ELM 模型的策略指向也非常清楚：对高卷入度的购买，应使用中心路径与消费者沟通，重在强化信息的内容；对低卷入度的购买，则应该使用边缘路径，将重点放在信息传播的形式而不是信息的内容上，如用名人作为代言人，多采用视觉或符号化的感性表现形式。

第 5 章将介绍消费者决策模型。在多数情况下，消费者信息处理与消费者决策两者是交叉的、不可分割的。不过，消费者决策需要面对更多的问题，例如中国消费者大量的购房决策过程中，不但需要全面的透明的相关信息，而且需要面对购房流程中各种复杂的情境甚至陷阱，因此消费者需要高质量的购房专业服务。请参见案例 4－3。

案例 4－3

链家和贝壳找房

中国自 1998 年房改后，取消了福利分房，开始商品房市场化。近几十年来住房成为中国消费者最大宗的购买和最广泛的社会刚需。然而，消费者的购房决策面临重重困难和巨大风险。首先是难以获得全面透明的房产交易信息，遍地开花的房产中介多如牛毛，但信息严重分割并且不对称，不少中介更利用信息不对称为立足和赚钱的机会，靠欺骗客户赚钱的黑中介也屡见不鲜。优质的客户服务更是只能望洋兴叹。房产中介一度成为消费者不得不需要却又最不信任和不屑的行业之一。

中国购租房的灰色市场能不能根本改变？能不能为消费者购租房提供真正的优质服务？能不能重塑中国的房产中介行业？

面对这一难度极大的挑战，链家和贝壳找房（简称贝壳）的创始人左晖在 20 年前发愿，要构建创新的购租房服务平台，让客户完全放心，并提升经纪人的价值。

2001 年，左晖创立链家，入局房产中介业务。19 年后，贝壳已成为国内最大的线上线下房产交易服务平台，业务涵盖房地产交易全产业链，覆盖 103 所城市，连接 265 家地产经纪品牌、4.2 万家门店、45.6 万经纪人，2019 年平台交易总额超 2.12 万亿元，成交量超 220 万笔，手机 App 月活用户达 3 900 万，成为中国居住服务平台第一股。

2001 年北京链家房地产经纪有限公司诞生。之后几乎每隔三年，链家都对行业带来颠覆性的改革。2004 年链家提出让买卖双方见面，不吃差价；2007 年建立 SE 系统；2011 年决定做真房源；2014 年发起全国并购。链家的每个举措都试图降低行业中的信息不对称，在短暂的业绩下滑后，链家的发展有了飞跃。截至 2017 年底，链家进入全国 36 个城市，旗下 8 000 家门店，近 20 万经纪人，连续两年总交易量过万亿元，以其规模、经营水准、信息化管理水平和线上能力成为行业之首。

链家最重大的创新是提出 ACN（Agent Cooperation Network），即经纪人合作网络模式，为该行业从恶性竞争走向协同合作奠定了重要基石。

早期的中介行业遵循丛林法则，中介公司之间不愿共享信息资源，行业恶性竞争普遍，经纪人之间互相抢单，行业靠着信息不对称获利。购房者在决策过程中要与多家中介公司打交道，信任感低、体验差、效率低下。在多次考察研究美国房地产经纪行业的 MLS（Multiple Listing Service）体系后，左晖在 2014 年提出了 ACN 模式。按照 ACN，为每一笔房产交易，不同公司的经纪人可以分工合作、共享佣金，如房源的发布、上传、钥匙保管、成交都可能是不同公司经纪人共同完成的，他们可以按照贡献比例分享佣金。由于多种角色共同切分收益，使得原本各自独立的中介公司和经纪人能够合作和共享信息，购房者的体验也得到了明显改善。

然而，行业龙头的链家在高度分散的中介行业中，其市场占有率也仅约 10%。如何更上一层楼？

左晖进一步改变整个行业规则，必须凭借数智技术的力量。2018 年创立的贝壳找房（BEKE），是链家跨出的一大步。贝壳是一家数字化平台型公司，作为领先的线上线下一体化的房屋交易和服务平台，贝壳致力于重塑房产交易和服务的交易链，以帮助客户和经纪人更好地完成住房交易。

贝壳从外而内都是一家数字化公司，2018 年“贝壳找房”App 上线，用 online 倒逼 offline 的服务者成长，也会用 offline 的服务者倒逼 online 的工程师深入产业。从线下做到线上并融通二者，贝壳致力于推动数据、交易流程、服务品质的数字化与标准化，搭建起数据与技术驱动的线上运营网络，帮助消费者做出更精准的决策，促进了平台服务者互惠协作，提升行业效率。例如。它提供了基本的楼盘字典，覆盖了全国 8 000 万套房子（未来可覆盖 2 亿套）。这 8 000 万套房子大约有 60 万种户型，60 万种户型都被画了出来，并有线上静态和动态的数据。贝壳主推的功能是收录全国各中介交易的房屋信息，如户型、价格、配套信息，形成一个楼盘字典。业务包括新房、二手房、租房和家装。

贝壳作为独立的第三方交易平台，房产交易的数据中心和交易分发平台，“以共享真实房源信息与链家管理模式”吸引经纪人与经纪公司入驻。类似于电商大平台，向所有地产中介公司开放数据和资源，链家只是入驻平台的商户之一。贝壳成立后，链家以及链家旗下独立出去的德祐品牌都入驻贝壳。借助链家在中介行业打下的基础、链家管理团队和资金的强力支持，贝壳贯彻 ACN 模式迅速跑马圈地。但吸引同业，无论是说服入伙、还是融合转变，都需要更高时间成本，于是拥有 5～30 家门店的中小型中介公司成了贝壳发力的重点。为减少其他中介接入贝壳平台的顾虑，贝壳成立了评审团等内部组织，公平协商、相互制约。更重要的是，贝壳能对房源进行标准化管理，带来更多流量，同时还有真房源背书，加入贝壳平台后的中介成交额高于平均水平。对于规模较小、对技术和场景有个性需求的中介，贝壳能够强势介入主导其运营，大到门店的规章制度，小至门店经纪人的招聘、经纪人踩盘等。结果是，贝壳平台吸引了各地中小微中介，越来越多的中介公司接入贝壳，甚至包括曾经参加反贝壳联盟的公司。

贝壳重塑行业的目标逐步实现。截至 2021 年 3 月 31 日，贝壳平台每个月的月活用户平均为 4 850 万（同比增长 78.2%）。贝壳联合的中介数量达 48 717 家（同比增长 25.4%），经纪人数量为 528 424 人（同比增长 41.8%），其中七成以上是非链家体系的。2018 年、2019 年亏损了 26 亿元的贝壳，在 2020 年扭亏为盈，实现了 27.78 亿元的盈利。2020 年，贝壳找房在美纽交所敲钟，成为中国居住服务平台第一股。

资料来源：1. 贝壳赴美 IPO 招股书. 2020.

2. 左传：落日余晖.（2021-5-21）. https://baijiahao.baidu.com/s?id=1700328589335770317&wfr=spider&for=pc.

3. 刚盈利就遭重创！后左晖时代的贝壳：地产界阿里能稳住吗？.（2021-05-21）. https://baijiahao.baidu.com/s?id=1700380214846303096&wfr=spider&for=pc.

4. 牛牧江曲. 贝壳越洋上市. 财新周刊，2020（32）.

5. 侯雯. 链家做平台　2 万亿野心与挑战. 财新周刊，2018（21）.

讨论题

1. 贝壳找房的商业模式和普通的中介有何区别？为何这种模式可以规避原有的行业弊端？

2. 结合现在线上平台的房地产中介的表现和传播，分析当中介数智化之后，消费者获取信息的方式和内容有了哪些变化？

第 4 章小结

1. 信息环境对消费者行为具有决定性的影响，消费者的信息处理与决策都受到其制约。
2. 在数智化生态中，信息从不完全到充分过剩状态，消费者信息行为的变化非常大，包括网上信息搜索、消费者社群的信息分享互动和数字化口碑。
3. “数字化口碑＋虚拟社群”是数智化时代营销理论和实践创新的重大关键之一。
4. 卷入度是信息行为的关键变量，由此可对消费者信息处理和决策做出实用的分类和深入的分析。
5. ELM 模型提供了营销传播的实战工具。

第 4 章思考题

1. 试归纳信息环境与消费者行为的关系。
2. 消费者总是理性搜索信息吗？为什么需要“消费者‘傻瓜’假设”？
3. 试在某一情境中测量消费者的卷入度。
4. 试比较传统口碑和网上口碑的异同。
5. 试比较在强连接和弱连接两种情况下，消费者虚拟社群对消费者行为的影响。
6. 试讨论病毒营销、社交媒体营销和粉丝营销的异同。
7. 试列举几个广告实例，比较说明其运用的广告策略，解释什么是中心路径或边缘路径。

第 5 章

购买决策理论

作出决定的模式总是复杂的，并且包括很多阶段。

——吉姆·布莱思

最重要的事情是预测顾客的行踪，并且能走在他们的前面。

——菲利普·科特勒

章前引例

河南文化出圈

中国传统文化瑰宝如何在市场上让年轻人接受？京剧几度梦想、几番努力，白先勇为延续昆剧将《牡丹亭》改创青春版在大学校园获得过喝彩。而最令人兴奋的是，近几年河南挖掘传统中国文化元素所作的市场创新产品，爆红了网络、震撼了年轻一代。

《唐宫夜宴》基于隋朝乐舞俑这一历史文物，运用科技手段，想象“唐俑”复活，展现出古代宫廷生活和宫廷文化，加入现代叙事的视角、以年轻化的诙谐幽默展演形式，对古老的文物进行了“复活”，让观众与历史互动，对文物产生出新的体验与解读。

舞蹈《祈》惊艳演绎水下飞天，以曹植《洛神赋》中的洛河神女为蓝本，借鉴敦煌飞天壁画，充分运用现代影像技术，在现实世界展现出“宛若游龙，翩若惊鸿”的梦幻神话，给人带来心灵震撼的享受，激发出对相关历史文化的自觉寻探。许多观众因此衍生出对《洛神赋》和敦煌飞天等的浓厚兴趣。

河南充分挖掘和激活中原历史文化珍宝，仅在 2021 年，年初的考古盲盒，春节的《唐宫夜宴》，清明节的《纸扇书生》，芒种时节的《只有河南·戏剧幻城》，端午晚会的《祈》和《医圣传人》，七夕节的“龙门金刚”与“飞天仙女”共舞，可谓好戏连台、惊艳不断。河南卫视成为观众心中的传统文化担当，“只有河南”成了河南人的骄傲。

河南的“文化出圈”风骚独领，证明了中华文化的魅力，利用数字技术创新文化产品就能“今时月照古时人”，就能充分激活市场和贴近新世代。

消费者行为学很早就关注消费者如何作出购买决策这一问题，决策观点的消费者行为学发展得最早。行为决策理论（behavioral decision theory，BDT）是近几十年市场营销学最活跃的学术领域之一。[1] 相应地，出现了各种消费者决策过程模型。本章先介绍消费者决策行为的基本或总体模型，然后阐述不同的特定情境或类别中的消费者决策模型，最后讨论消费者终端购买决策。本章以传统的购买决策理论为主，数智化生态中的购买决策理论将在第 6 章另行展开。

5.1 消费者决策模型

传统意义上，消费者决策是指消费者谨慎地评价某一产品、品牌或服务的属性，并进行理性的选择，即用最小的购买成本满足某一特定需要的产品的过程。它具有理性化、功能化的双重内涵。本节归纳的消费者决策模型，从假定消费者是理性的（重视思考和逻辑性）开始，再择要介绍非理性的消费者决策模型。

5.1.1 消费者决策过程模型

为了解释消费者决策这一复杂的行为，文献中往往出现两种表述——消费者决策模型（CDP）和消费者信息处理模型（CIP），其实两者在多数情况下是交叉的，即决策与信息处理是不可分割的（参见第 4 章）。

解剖消费者决策的第一步，是从理性逻辑入手首先把消费者决策划分为若干个阶段。决策过程模型对各种类型的购买行为提供了有益的洞察。[2] 以下阐述代表性的 5 阶段和 7 阶段两个决策过程模型。

1. 5 阶段模型和 5A 模型

把消费者看成是理性的问题解决者，由此将消费者购买决策的一般过程解读为认知的过程，分为五个阶段，构成消费者购买决策过程的基本模型，即问题认知—搜寻信息—评价备选方案—购买决策—购后评价（见图 5－1）。

2016 年，科特勒等在《营销 4.0》一书中提出了消费者决策 5A 模型。该模型以 5 个首字母都是 A 的关键词建构了消费者购买决策的流程框架，即认知（aware）、吸引（appeal）、询问（ask）、行动（act）和推荐（advocate）。[3] 5A 模型是凯洛格商学院的罗克尔（Derek Rucker）提出的 4A 模型的发展，4A 模型描述的是传统环境中消费者购买决策的过程：了解、态度、行为、再购买。

5A 购买决策模型的两个明显优点是，5A 更加便于记忆和传播；同时更加容易配套发展出相应的营销策略和应用。因而科特勒的这个 5A 模型更加实用和流行（见图 5－2）。

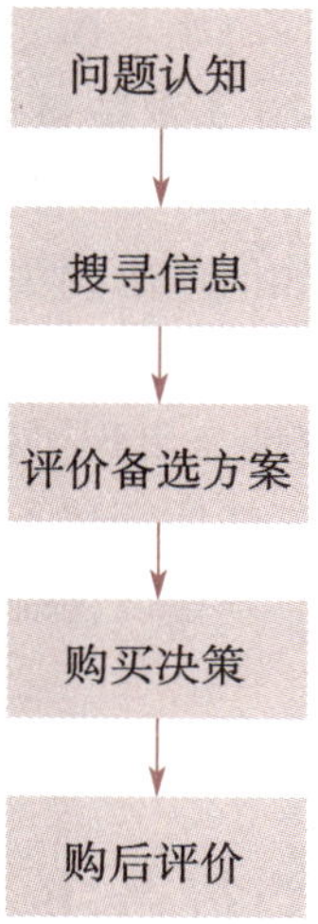

图 5-1　消费者决策过程的 5 阶段模型

资料来源：Mowen J C，Minor M S. 消费者行为学：第 4 版. 北京：清华大学出版社，2003：148.

营销核心：5A顾客购买路径和营销路径的匹配

	A1 Aware（认知）	A2 Appeal（吸引力）	A3 Ask（询问）	A4 Act（行动）	A5 Advocate（推荐）
顾客行为	顾客从过去经验、营销资讯与他人推荐，以被动的方式接触到品牌	顾客对所接触到的讯息进行整理，从中产生短期记忆或是加强长期记忆，从而使他们只对个别品牌产生兴趣	顾客以好奇心为动力，主动从朋友、家人、传媒与品牌自身获取相关信息	以更多信息为基础，顾客决定通过购买产品、使用产品来进一步与品牌进行互动	日后，顾客有机会以维持、重复购买与对他人推荐的方式对品牌反映出忠诚
内容需求	· 从他人获取品牌相关信息 · 企业品牌和产品信息 · 回忆过去经验	· 深度企业介绍和企业故事 · 产品使用场景和独特性信息 · 品牌故事和传奇	· 详细产品介绍 · 产品竞争力信息 · 销售信息 · 价格和价值比较 · 试用垂询 · 顾客证明	· 产品购买信息 · 使用产品的指导信息 · 对产品问题进行沟通 · 售后服务信息	· 产品增效信息 · 老顾客优惠信息 · 转介绍信息 · 会员信息
营销任务	获取线索	激发兴趣	购买标准	销售转化	复购介绍

图 5-2　5A 购买决策模型

资料来源：菲利普·科特勒，何麻温·卡塔加雅，伊万·塞蒂亚万. 营销革命 4.0：从传统到数字. 北京：机械工业出版社，2018.

2.7 阶段模型

布莱克韦尔把这一模型扩展为 7 个阶段，增加了使用和处置两个阶段（见图 5-3）。

5.1.2　消费者决策一般模型

霍华德提出的消费者决策一般模型[4]是一个简化的消费者行为模型，它指出消费者决策有关的主要影响因素，以及这些因素之间是如何相关的。

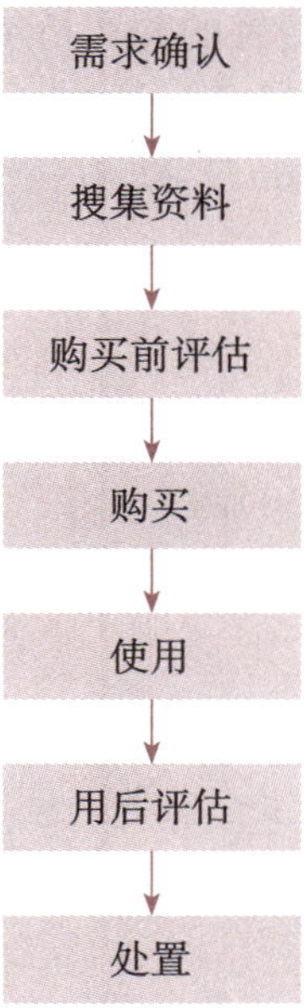

图 5-3 消费者决策过程的 7 阶段模型

资料来源：罗格 · D. 布莱克韦尔，保罗 · W. 米尼德，詹姆斯 · F. 恩格尔. 消费者行为学：第 9 版. 北京：机械工业出版社，2003：52.

这个模型有以下六个相互关联的变量：信息（F）、品牌识别（B）、态度（A）、自信（C）、动机（I）和购买（P）。按该模型的解释，信息引起购买者去识别品牌；依据消费者的需要评价品牌而产生态度；依据品牌态度和消费者自信水平做出购买决策。以上六个要素中，三个中心变量是品牌识别（B）、态度（A）和自信（C），故又称为消费者行为 ABC 理论（见图 5-4）。

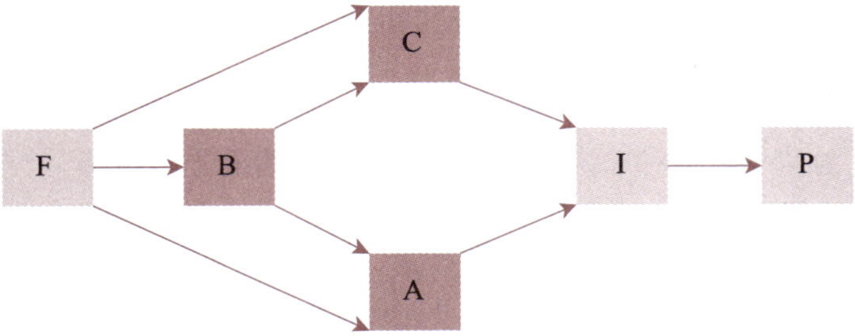

图 5-4 消费者决策一般模型

资料来源：Howard J A. Consumer Behavior in Marketing Strategy. Prentice Hall，1989.

5.1.3 购买行为的相关因素模型

有的消费者在决策时并不注重产品属性，而是更多地关注购买或使用时的感受、情绪和环境等。由此，布莱思认为，消费者个人特征、情境特征、产品特征共同影响着消费者的购买决策过程。[5] 从理论上分析，影响购买决策的三大因素是购物体验、售点刺激和销售互动，它们组合成了消费者的购买情境。消费者购买行为的相关因素模型中，包括了广义影响购买行为的五个方面：购物者的需求及价值、购买限制（时间及金钱压力）、购物情境、购物者情绪（mood）和购后评价，如图 5-5 所示。

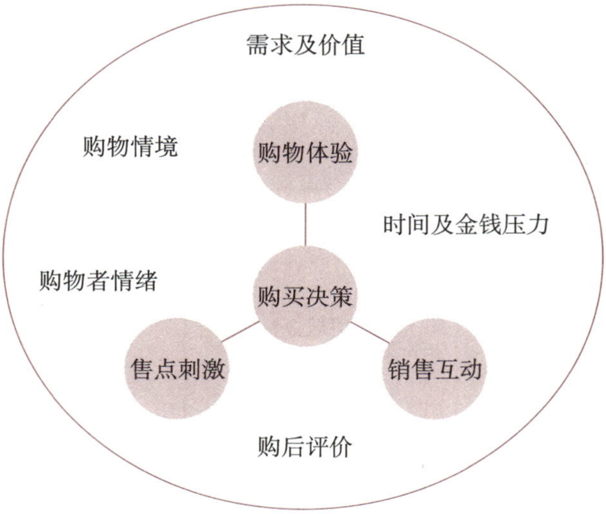

图 5-5　购买行为的相关因素模型

上述五个方面的影响，既是传统的解释，也是广义的视角。在此简要解释其中的两种，其他三种（需求及价值、购物情境和购后评价）请参见本书的相关章节。

1. 购买限制：时间及金钱压力

金钱或时间是消费者最有限的资源之一，它们是经济变量，是必须在许多行为中加以分配的资源。金钱因素使消费者重视价格，对促销有兴趣；时间紧迫感使得消费者对于方便购买比较敏感，购买时是否有充裕的时间也会直接影响到消费者的选择。

2. 购物者情绪

情绪可定义为“一种相对来说难以控制且影响行为的强烈情感”。[6] 消费者的情绪对购买决策会产生很大的影响，一种积极或消极的情绪状态会使得消费者对产品和服务作出不同的判断和决策。情绪取决于两个因素——快乐因素和激励因素。一种明确的情绪是快乐和激励这两种因素的某种组合，不同的快乐和激励水平的组合会导致不同的情绪状态。

5.1.4　购买筛选模型

购买筛选模型关注的是消费者选择的具体过程，如图 5-6 所示。在购买前，消费者的潜意识中一般会有已认知的品牌构成的备选清单，并可分为三个区域：激活区（evoked set）、惰性区（inert set）和排除区（inept set）。只有处在激活区的品牌才有可能被最后选中。所以，应努力使品牌从惰性区进入激活区，或避开排除区。

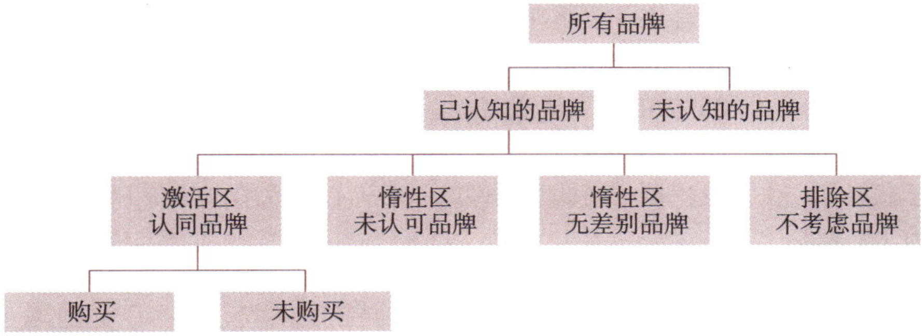

图 5-6　购买筛选模型

资料来源：德尔·I. 霍金斯，罗格. J. 贝斯特，肯尼思·A. 科尼. 消费者行为学：第 8 版. 北京：机械工业出版社，2003：499.

5.1.5　不确定情境下的购买决策理论

广义而言，购买可以区分为三种不同的对象或类别：购买有形产品；购买服务；购买预期。前两种类别的购买都是清楚明白的。购买预期是指投资未来，如资本市场交易的不是（现在的）价值或使用价值，而是预期。投资性购房、购买股票和债券都是购买预期，不确定性是其基本特征。值得注意的是，这三种不同类别的购买，其行为决策往往是各不相同、大相径庭的。例如，为何消费品买低、商品房买高？即购买实物时消费者一般会倾向以低价格购买，而购房时相反，房价越上涨购买者越多，房价越下跌消费者越不买。

传统的消费者行为学理论中，人们关注的只是购买有形产品和服务，购买预期的消费者决策几乎没有涉及。而购买预期的比重越来越趋于上升，在消费者行为和购买决策中是不可忽视的，甚至是更加重要的。那么，购买预期的决策模型是怎样的呢？

行为经济学和行为金融学对于购买预期、虚拟资本市场、股市行为等已经有了一些理论研究，包括：买方处于信息不对称的劣势中的行为；互动放大效应——信心决定市场走势；风险理论；等等。下面简单介绍行为经济学一项最有影响的理论：不确定情境下的购买决策理论——预期理论。

预期理论（prospect theory）（也译为前景理论或展望理论）认为，消费者会根据价值函数，从获益和损失的角度构建不同的决策方案。通常，由于消费者有不希望或规避受损的倾向，他们往往会高估极不可能发生的事件的概率，又往往低估极可能发生的事件的概率。许多人在股市中就是如此。显然，行为经济学的预期理论揭示了消费者不完全理性的经济行为。

预期理论指出，人们在不确定条件下的决策行为取决于结果与预期（展望、设想）的差距而非结果本身。简言之，人们在面临获利时，不愿冒风险；而在面临损失时，会趋于冒险。损失和获利是相对于参照点而言的，改变评价事物时的参照点，就会改变对风险的行为。人们在决策时会在心里预设一个参考标准，然后衡量每个决定的结果与这个参考标准的差别有多大。该理论的基本假设是，每个人基于参照点的位置不同，对风险会采取不同的行为。简言之，预期理论揭示了人们厌恶风险、厌恶亏损的行为趋向。

该理论是卡尼曼（D. Kahneman）和特韦斯基（A. Tversky）在 1979 年提出，1992 年完善的[7]，是行为经济学的重大成果之一，对分析不确定情况下的行为决策做出了突出贡献。在此之前，主流经济学假设每个人的行为决策都是理性的。预期理论加入了人们对于获取和失去、发生概率高低等条件的不对称心理效用，解释了许多看起来非理性的行为（见表 5－1）。

表 5－1　预期理论对行为的预测

	可能发生的事情	不大可能发生的事情
收益	行为厌恶风险（二鸟在林，不如一鸟在手）。如投资债券而不是股票。	行为追求风险（不入虎穴，焉得虎子）。如买彩票。
损失	行为追求风险（孤注一掷）。如赌徒拼命想翻本。	行为厌恶风险（以防万一）。如购买保险，系安全带。

资料来源：威廉·庞德斯通．无价：洞悉大众心理玩转价格游戏．北京：华文出版社，2011：71.

预期理论有四个基本结论：

（1）确定效应（certainty effect）。处于收益状态时，多数人是风险厌恶者。“二鸟在林，不如一鸟在手”，在确定的收益和赌一把之间，多数人会选择确定的好处，这称为确定效应。确定效应表现在投资上就是投资者有强烈的获利倾向，喜欢将正在赚钱的股票卖出。

（2）反射效应（reflection effect）。处于损失状态时，多数人是风险喜好者。如果在确定的损失和赌一把之间做一个抉择，多数人会选择赌一把，表现在股市上就是喜欢继续持有赔钱的股票。投资者长期持有的股票多数是不愿意割肉而留下的套牢股票。

（3）损失规避（loss aversion）。多数人对损失比对收益敏感。白捡的 100 元所带来的快乐难以抵消丢失 100 元所带来的痛苦。由于人们对损失要比对相同数量的收益敏感得多，因此即使股票有涨有跌，人们也会更加频繁地为每日的损失而感到痛苦，最终将股票抛掉。

（4）参照依赖（reference dependence）。多数人对得失的判断往往由参照点决定。举例来说，在“其他人一年挣 6 万元你年收入为 7 万元”和“其他人年收入为 9 万元你年收入为 8 万元”的选择题中，大部分人会选择前者。这称为参照依赖，它让我们看到金钱的效用是相对的。

案例 5－1

OPPO 手机如何逆袭取胜

2009 年 iPhone 在中国出尽风头。2012—2013 年，小米手机以互联网营销思维取得市场突破，风行全国。在中国手机市场上，除了小米的打法，是否还另有取胜之道？OPPO 和 vivo 给出了肯定的答案。

2006 年起步的 OPPO 手机，2012 年的国内市场占有率不足 2%，2016 年占国内市场 16.8% 的份额，出货量达到 7 840 万部，成为 2016 年的最大赢家（国际数据公司

IDC的统计）。逆互联网思维的OPPO也获得了巨大的成功。

OPPO在深入了解中国不同消费者需求的基础上走出自己独特的道路，主要依靠传统手段走出一条逆袭之路：OPPO选择许多手机品牌没有挖掘的三四线城市市场，深耕互联网思维放弃的传统线下渠道和传统媒体广告。OPPO深入洞察中国低端市场的需求，从产品设计、渠道建设和品牌传播三方面来打动目标消费者。

OPPO最早和最重要的目标消费群体是位于三四线城市的年轻女性。智能手机普及的早期，三四线城市的互联网使用率低，大量消费者不懂智能手机，又对智能手机有需求。特别是追求时尚的女性，她们不关心手机的具体参数和跑分，但关注手机的外观和品牌代言人；她们不擅长刷机等技术操作，只希望手机使用有问题时有人可以随时帮她们解决问题；她们不关心手机采用了哪些黑科技，而关心自身需求的满足，比如自拍。

OPPO最擅长的就是将技术研发瞄准用户需求的关键点，优化消费者体验，而不单纯追求技术的先进性。OPPO在产品技术上并不激进，未定位于科技产品发烧友，也不强调手机的参数。OPPO产品的卖点是普通消费者最关心的，如产品的均衡和实用性、外观设计、前置摄像头的像素、快速充电等。例如OPPO洞察到女性消费者对时尚、美颜自拍的需求，从OPPO Ulike U701开始，重点提高手机的像素，逐步改善手机的美颜算法和技术，开启了美颜自拍的浪潮。当iPhone5的前置摄像头只有120万像素时，U701已经拥有200万像素，而当其他手机品牌的前置摄像头为500万像素时，OPPO就已推出1 500万像素的前置摄像头。为了满足女性的自拍美颜需求，OPPO的美颜是分器官的，眉毛、眼睛、嘴唇等可以分别识别优化。此外，OPPO发现用户拍照时关注的并不是画质，而往往是对焦，因此其优化的方向就是快速对焦。2016年，R9推出的快充技术也击中了消费者的痛点，“充电五分钟，通话两小时”的广告语人尽皆知，R9上市88天卖出700万部，平均1.1秒卖出1部手机，其他厂商纷纷跟进。这并不是高难度的科技，但OPPO首先认识到这些技术对于消费者的重要性，将其作为重点率先推入市场。

渠道也是OPPO制胜的重点。OPPO以传统的线下销售为主，从一线城市，到重点布局的三四五线城市，乃至乡镇，遍布OPPO的销售点，其中很多地方甚至是快递都到不了的盲区。据有关统计，OPPO线下有形象店约4 500家，而体验店加专卖店在全国达到20万家左右。线下渠道是OPPO销售量的主要来源，OPPO在国内线下市场份额中稳居第一（市场研究公司赛诺的报告，2016年10月至2017年3月）。特别是，线下渠道可以贴近每一个消费者，使服务体验更佳，让消费者更有安全感。OPPO店面的人员直接帮助用户解决购买中和购买后的各种问题，比如，可以登门解决顾客的种种问题，如WiFi、安装软件、设置手写输入法、下载歌曲……并且可以充当免费电子产品顾问，网络、电脑、电视机出问题都可以帮忙解决；还可以提供快递代收、照顾孩子等便民服务。当手机出现问题时，后续的服务优良且迅速。服务人员尊重顾客，耐心细致，不会首先质疑是顾客的问题，而是尽可能让顾客满意而归。相对来说，其他品牌的线下售后服务远没有达到这个水平。这当然和OPPO对渠道商体系良好的管理与激励分不开。

在品牌传播上，OPPO将品牌形象定位于年轻、时尚。让大量有粉丝号召力的明星进行代言，深度植入各种热门综艺节目，强化娱乐营销。OPPO的目标消费群体是位于三四五线城市、喜欢时尚娱乐的青年人。抓住偶像对青年人的影响力巨大这一特征，OPPO 请的代言人都红遍大江南北。2017 年 OPPO 为发布新品 R11 打造的晚会，邀请到华语乐坛的重量级歌手和活跃在影视一线的演员。据统计，OPPO 代言人的微博粉丝总数超过 1.5 亿。强大的粉丝经济提升了 OPPO 在社交媒体中的热度，带动了 OPPO 的销量。

OPPO 的广告语朗朗上口，充分体现了产品的特色，广告片保持一贯的清新简约、时尚唯美的风格。OPPO 提炼的卖点非常明确，从 U701 的“自拍神器”到 N1 的“一转倾心”，到 R9 的“充电五分钟，通话两小时”，再到 R11 的“前后 2 000 万，拍照更清晰”，都得到了快速广泛的传播，让人过目不忘。代言阵容虽然人多、名气大，但都统一在 OPPO 的品牌诉求之下，不让代言人的光彩盖住品牌。

OPPO 的广告投放也很传统，在各大卫视的黄金时段，各大热播的综艺节目中都能够看到 OPPO 的广告及其冠名。OPPO 冠名的综艺节目几乎全部来自收视率排名前两位的湖南卫视和浙江卫视。同时，OPPO 将广告植入节目的不同环节，利用手机进行互动，让消费者进一步了解和认可 OPPO 的品牌特点。据统计，OPPO 在广告宣传上的成本超过 10 亿元。

资料来源：1. OPPO 品牌营销案例分析.（2016-11-07）. http://www.sohu.com/a/118327506_467981.

2. OPPO 的成功哲学，你真的看懂了吗？.（2017-06-24）. http://www.managershare.com/post/374333.

3. IDC：去年 OPPO 国内出货 7 840 万　份额第一.（2017-02-07）. http://mobile.zol.com.cn/626/6262709.html.

4. 赛诺研究报告：OPPO R9s 线下市场热销，稳居第一.（2017-04-17）. http://www.sohu.com/a/134523197_102142.

5. 解密行业质疑：OPPO 投入大量营销费用效果如何？.（2017-06-13）. http://www.sohu.com/a/148529702_801294.

6. 线上状态渐起 OPPO 双 11 线上销售前十.（2016-11-14）. http://news.imobile.com.cn/articles/2016/1114/173133.shtml.

7. 看到新机，才明白 OPPO 为啥能撑起综艺节目的半边天.（2016-11-10）. http://www.sohu.com/a/118651023_421249.

讨论题

试解释小米和 OPPO 在中国手机市场都能取得成功的原因。

5.2　类别购买决策理论

上一节从一般意义上，归纳介绍了霍华德建立的消费者决策一般模型等解释模型，本节不同类别的购买决策分析，是为了更接近实际的消费者购买决策，或者让解释框架更加落地。现实中消费者面对的购买决策往往更复杂更具体，所以需要分类深入讨论。

在消费者行为学的研究中，最初倾向于将消费者视为理性人，之后发现非理性的购买决策不可忽视（参见第 1 章），进而提出了“理性-感性”的分类解释框架，如日本研究者基于“理性消费与感性消费”对消费者决策加以细分和描述。然而，面对复杂多样的消费者购买情境和状态，“理性-感性”的框架并不能涵盖各种情形，例如，消费者购买住房与购买牙膏是两个截然不同的决策过程。消费者受广告影响的情境也很复杂，如果以商品类别来区分，范围大、数量多又不得要领。直到人们发现消费者对信息的关注程度是一个关键点，从信息关心度入手，并引入描述的新变量——卷入度（参见第 4

章），才有了突破。由此，消费者决策的解释和应用框架由一维升为二维，即“理性 / 感性”加上“卷入度的高 / 低”，将消费者决策的解释分为四类。本节以卷入度作为首先要考量的指标，进一步将消费者购买分为几种不同的情景类型，分别解释其信息处理和购买决策过程。

5.2.1　购买决策类别

美国学者阿塞尔根据顾客购买时卷入度的高低和品牌的差异，把消费者购买决策分为四大类别：复杂决策、有限决策、习惯性决策和品牌忠诚度决策，如图 5－7 所示。

	高度卷入	低度卷入
决策（搜寻信息，考虑品牌的选择）	复杂决策 （汽车、电器等）	有限决策 （成人麦片、快餐食品等）
习惯（很少或没有搜寻信息，只考虑一种品牌）	品牌忠诚度决策 （运动鞋、成人麦片等）	习惯性决策 （罐装蔬菜、纸巾等）

图 5－7　消费者卷入度与购买决策分类

资料来源：亨利・阿塞尔．消费者行为和营销策略：第 6 版．北京：机械工业出版社，2000：48.

阿塞尔认为，消费者的复杂决策通常会有一个事先的计划并遵循消费者信息处理模型；而非计划购买决策通常是在惯性下或有限决策中作出的，包括纯粹冲动性购买（pure impulse）、建议影响性购买（suggestion effect）、计划内冲动购买（planned impulse）、提醒购买（reminder effect）以及类别计划购买（planned product category）五种类型。

布莱克韦尔等人将消费者购买决策区分为扩展型问题解决（extended problem solving，EPS）、有限型问题解决（limited problem solving，LPS）及习惯型（重复）购买决策（routinized response behavior，RRB）。有时还在扩展型问题解决和有限型问题解决之间加入一个类型——中等问题解决（middle problem solving，MPS）。[8] 布莱思则把消费者决策分为程序化解决（即惯性）和非程序化解决[9]，后者包括有限型问题解决、扩展型问题解决及冲动型购买决策。

购买者的购买决策类别并不会固定不变，而会出于商品生命周期的发展等原因（如对某种商品由陌生到熟悉）改变，这意味着相应的购买状态发生了转变，图 5－8 显示了这一过程中的变化方向和特征。

霍华德等人建立了消费者决策一般模型，并分别建立了 EPS，LPS 和 RRB 状态下的消费者决策模型。霍华德强调，理解消费者的三个基本概念是产品类别、产品生命周期和市场，进而从产品生命周期（PLC）角度关联 EPS，LPS 和 RRB，与产品生命周期的三个阶段（导入、增长和成熟）相对应，将消费者的三种购买类别等同于决策的三个阶段（见表 5－2）。

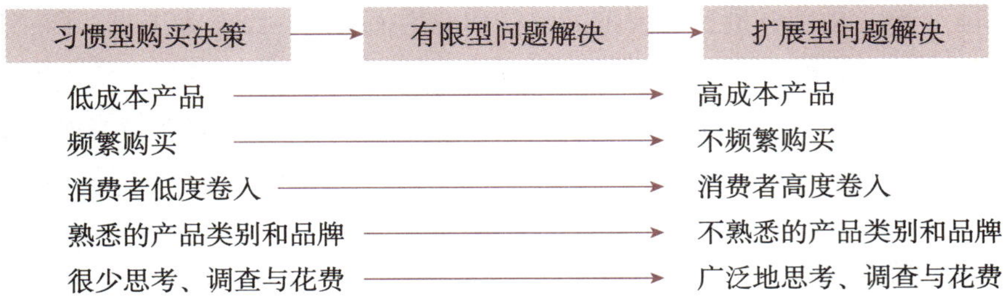

图 5－8　购买类型的过渡

资料来源：迈克尔·所罗门，卢泰宏，杨晓燕．消费者行为学：第 10 版：中国版．北京：中国人民大学出版社，2014：190.

表 5－2　消费者购买决策与产品生命周期

产品生命周期	决策阶段	使用信息数量	决策速度
导入阶段	EPS	大	慢
增长阶段	LPS	中等	中等
成熟阶段	RRB	小	快

资料来源：Howard J A. Consumer Behavior in Marketing Strategy. Prentice Hall，1989.

5.2.2　不同类别的消费者决策

消费者在不同情境中的卷入度不同，遵循的决策过程也不同（见图 5－9）。为区分不同的购买决策（EPS，LPS 和 RRB），学者建立了各自的消费者决策模型。[10]

5.2.3　FCB 方格

1980 年美国 FCB 公司提出了一个应用价值很高的 FCB 方格模型。这一模型利用了高卷入度和低卷入度理论以及左右脑的不同分工理论，根据卷入度（高-低）和思考方式（理性-感性）两个维度形成四个方格（见图 5－10）。这个模型着眼于应用，主要是帮助企业确定广告策略导向，决定广告应该对消费者“说”哪一类信息、如何与消费者有效沟通。每一个方格内的产品有不同的特征及相应的购买决策模式。

方格 1：消费者是一个思考者，寻求大量的信息和理性依据，这一区域内的典型产品如汽车、住房、家具等。购买遵循的模式为：学习（learn）—感觉（feel）—行动（do）。广告应重视足够理性的诉求，鼓励试用比较。

方格 2：消费者具有情感，是一个感觉者，在购买香水、时尚服饰等产品时表现如此。购买遵循的模式为：感觉（feel）—行动（do）—学习（learn）。广告应重视情感的共鸣。

方格 3：消费者是行动者，购买的是一些卷入程度低的产品，多为习惯性购买，如日用品的购买。购买遵循的模式为：行动（do）—学习（learn）—感觉（feel）。广告应重视购买后的认同。

方格 4：消费者是一个反应者，追求的是自我满足，购买的主要是满足个人特殊嗜好的产品，如雪茄、电影等。购买遵循的模式为：行动（do）—感觉（feel）—学习（learn）。广告应重视消费者的体验和感觉。

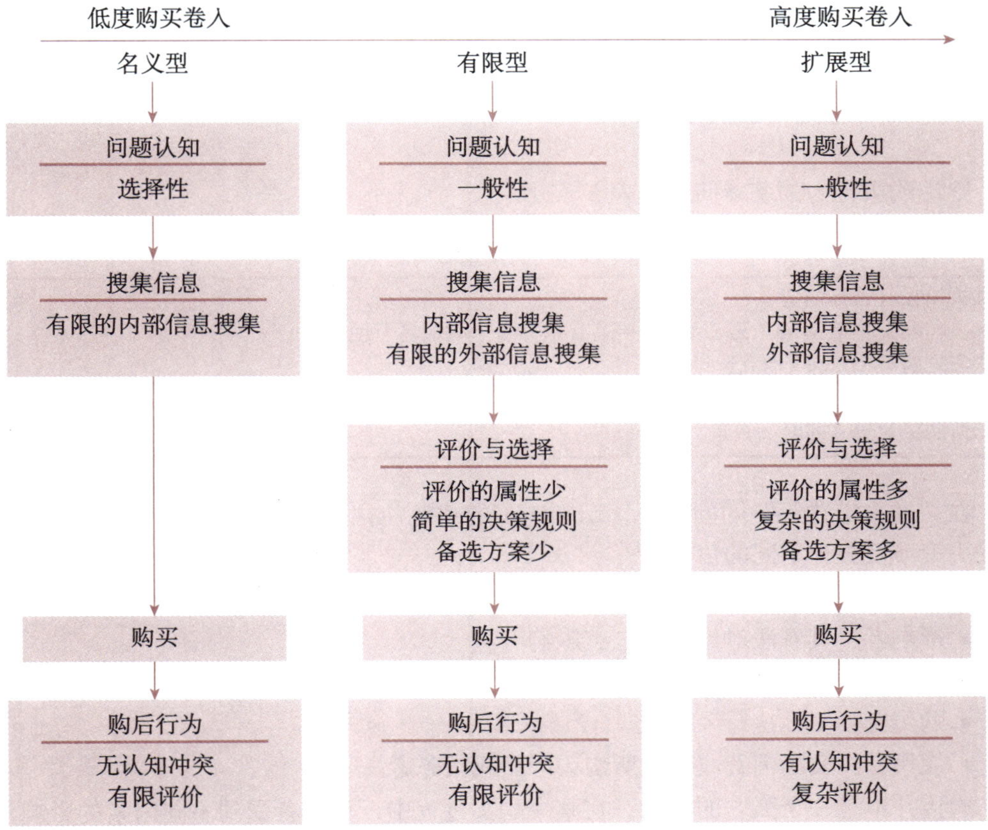

图 5－9　卷入度与不同购买类型的决策过程

资料来源：德尔 · I. 霍金斯，罗格 · J. 贝斯特，肯尼思 · A. 科尼．消费者行为学：第 8 版．北京：机械工业出版社，2003：476.

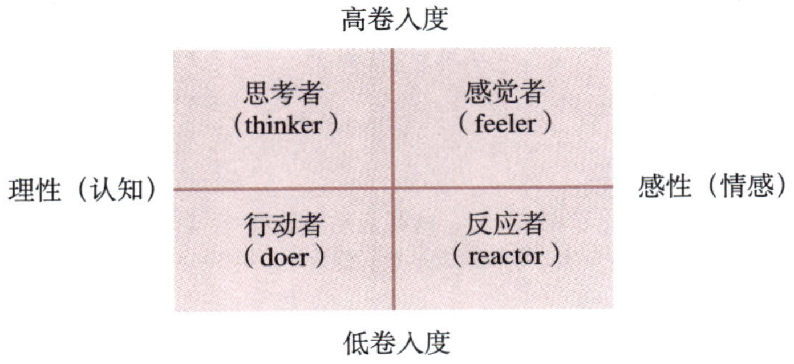

图 5－10　FCB 方格模型

资料来源：Foote，Cone & Belding Foote 公司 .

5.3 终端购买决策

终端购买决策在消费者行为和营销管理中都非常重要。本节首先介绍购买行为的基本问题和流程，然后讨论购买情境、冲动性购买行为及购后行为。

5.3.1 购买行为的基本问题和流程

终端购买行为的基本问题如表 5－3 所示。

表 5－3 购买行为的基本问题（4W1H）

- 谁买 Who（目标消费者）
- 谁参与购买决策 Who（发起者、影响者、决策者、购买者、使用者）
- 从何处购买 Where（地点选择）
- 为何购买 Why（满足何种需求与利益）
- 如何购买 How（何时、数量、频次）

在“谁决定购买”的问题中，识别购买的角色往往是必要的，因为在一般意义上，购买决策涉及五种不同的角色[11]：

- 发起者：首先提出购买意向者。
- 影响者：其看法对最终决策有影响者。
- 决策者：对购买行为作出最后决定者。
- 购买者：实际执行采购者。
- 使用者：实际消费或使用所购买产品或服务者。

购买并不是一个孤立的行为，在整个购买过程中，消费者受到不同因素的影响（见图 5－11）。

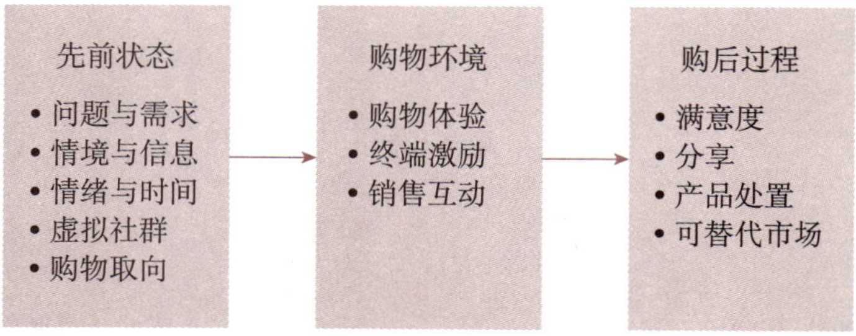

图 5－11 购买活动的流程

资料来源：迈克尔・所罗门，卢泰宏，杨晓燕．消费者行为学：第 10 版：中国版．北京：中国人民大学出版社，2014：216.

5.3.2 购买情境

争取消费者的关键一步在购买终端（point-of-purchase，POP），最终购买如“临门一脚”。消费者会不会买？从何处买？终端的哪些因素会影响消费者的购买决定？这些是终端关注的主要问题。

购买情境（situation）会对购买行为产生直接影响。消费者面临的终端选择越来越多，因而保持对终端的忠诚越来越不容易，终端购买情境变得越来越重要。

从广义上说，霍金斯认为，消费过程一般发生在以下四种广义的情境之中：传播情境、购买情境、使用情境和处置情境。[12] 阿塞尔则指出了三种情境：信息沟通情境、消费情境和购买情境。[13]

在购买情境中，消费者对实体或虚拟商店的感知主要看两个变量：形象和氛围。

商店形象（image）是指消费者对某一特定商店的直观整体印象，是基于对商场的感觉而形成的看法和态度。商场形象的评价涉及商品、服务、顾客、设施、促销和方便、物流配送、赊销服务，以及消费者的自我等。

商店氛围（atmospherics）是指商店的格调。消费者在购物时会受到商店氛围的影响。商场氛围影响模型见图 5－12。研究表明，图中所示的三种情绪状态——愉悦感、激奋感、自在感与消费者的意向行为都有一定的关系。情绪因素是靠拢、规避行为及支出行为强有力的决定因素，愉悦感和激奋感可影响消费者的下述行为：（1）喜欢在商店购物；（2）乐意花时间浏览和搜寻商店的商品；（3）愿意同销售人员沟通；（4）倾向于花比原计划更多的钱；（5）很可能再次光顾该商店。

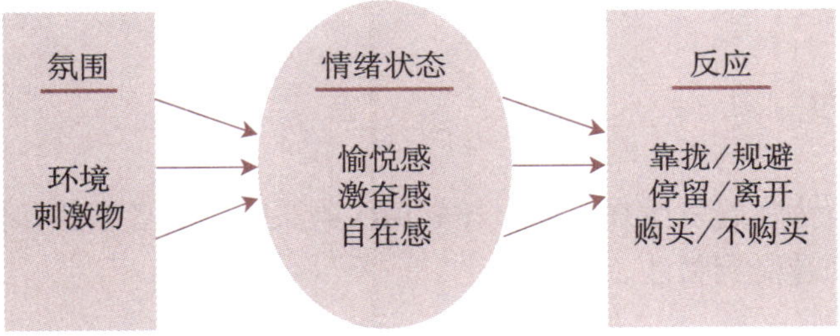

图 5－12　商场氛围影响模型

资料来源：Mowen J C，Minor M S．消费者行为学：第 4 版．北京：清华大学出版社，2003：194.

在购买情境中，有两个接触点是最为重要的：商店接触和品牌（产品）接触。卖场设计的目标就是使购物环境更加有趣、吸引人，以使顾客逗留的时间更长，与产品的接触更多。商店接触对于零售业的成功非常重要，为了吸引消费者，商店位置、商店氛围、促销、服务都是至关重要的因素。

所谓品牌（产品）接触，是指品牌是否可达消费者。在实体店注重商品陈列要吸引人，热销商品位置显眼，标识和指引明确，以激发顾客的购买欲望。在网上虚拟店中，如何在网上搜索和页面设计中提高品牌的关注度和吸引力，同样非常重要。

在数智化生态中，传统的购买情境已演化为数字化的场景，请参见 6.3 节。

5.3.3　冲动性购买行为

好的购买情境会引发冲动性购买行为（impulse buying）。所谓冲动性购买行为，是指消费者非事前计划的终端购买行为，亦称非计划性购买。这种购买行为涉及消费者的多种心理和情绪。有报告指出，绝大多数的消费者都会在购买终端发生冲动性购买。[14]而且消费者非计划性购买的趋势在不断上升[15]，随着大卖场（supermarkets，hyperstores）的普及，特别是网购和移动购买的兴起，消费者在购买终端临时作出冲动性购买更加普遍，趋势更加明显。

冲动性购买可分为以下五种类型：

1. 纯粹冲动性购买（pure impulse buying）。由于特价而去某一特定商场购物，但事先没有计划要买什么产品。

2. 建议性购买（suggestion impulse buying）。是指受商场售点刺激而额外购买的行为。

3. 时尚冲动性购买（fashion-oriented buying）。为了获取多样性或新鲜感的购买行为，代表一种对正常产品系列或常规品牌的偏离。

4. 提醒性购买（reminder impulse buying）。商场的广告、货架或柜台陈列让消费者想起某种需求，进而购买。

5. 计划冲动性购买（planned impulse buying）。消费者有意购买某一特定产品种类，但在现场最后决定是否购买。

冲动性购买行为大量发生，不仅要给予重视，更有必要研究其规律，并将其转化为在终端争取消费者购买的有效营销策略。

5.3.4 购后行为

消费者购后行为尽管发生在售后，却对再次购买、消费者满意和长远消费者关系至关重要，因而越来越受到关注。

1. 购后过程模型

莫文等人提出的消费者购后过程模型包括五个基本环节，即产品的获得、产品的使用/消费、消费者满意/不满意、消费者抱怨、产品处置和品牌忠诚度（见图5-13）。其中，满意度和抱怨最需要认真对待和处理。

2. 购后冲突

购后冲突是指消费者购买之后出现的怀疑、不安、后悔等不和谐的负面心理情绪，会引发不满的行为。购后冲突的程度与购买的预期、购买的代价和重要性、购买决策的难度、卷入度和付出的努力、替代可能性以及消费者个性都有关系。通常，高卷入度的购买（如购房、购车）引发的购后冲突更严重。

购后冲突意味着消费者产生了不满意。消费者可能通过内心调整减少购后冲突，也可能转化为不满意的行为反应；商家则可能置之不理，或采取改善互动的策略以挽回形象。

购后不满意的人群可以分为四种类型[16]：容纳者（不抱怨）、公开表达者（公开抱怨)、生气者（个人抱怨）和激烈者（积极抱怨）。其不满意的行为可归纳为三种状态：公开反应、私下反应和第三方反应。[17] 在数字化情境中，网上传播已经成为表达不满的主要方式，电子口碑的影响巨大，因此网购商十分重视售后评价，甚至不惜用现金激励好评。消费者不满时的反应如图 5 - 14 所示。

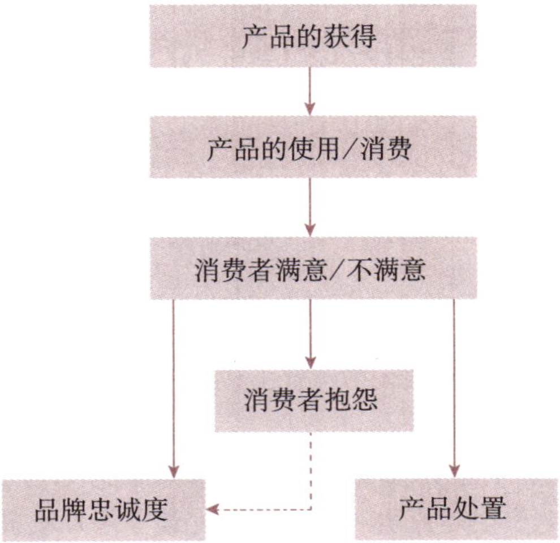

图 5 - 13　消费者购后过程模型

资料来源：Mowen J C，Minor M S. 消费者行为学：第 4 版. 北京：清华大学出版社，2003：168.

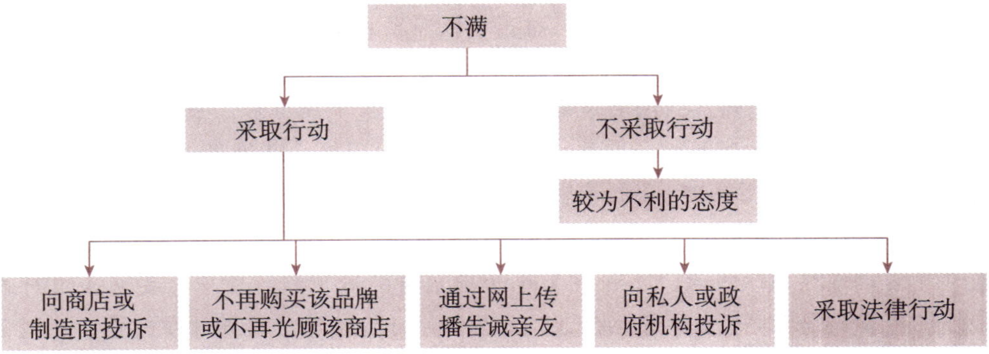

图 5 - 14　消费者不满时的反应

资料来源：德尔 · I. 霍金斯，戴维 · L. 马瑟斯博. 消费者行为学：第 12 版. 北京：机械工业出版社，2014：385.

案例 5 - 2

三一重卡的直播电商探索

一般而言，直播促销推广在快消品行业如鱼得水，如美妆、服装、小家电、零食等，因为购买决策的卷入度较低。对于购买决策卷入度高的重型卡车，直播会有效吗？

在疫情肆虐、销售低迷的 2020 年春，三一重卡首次涉足抖音直播电商，取得了单场直播销售额最高超 1 亿元、直播总播放量达 22 亿次的好成绩，为市场增添了一抹亮色。

三一重卡是如何通过直播成功打动顾客做出购买决策的？

1. 以情动人：内容吸引目标用户，做好种草

三一重工集团在直播销售之前，做了大量的前期工作，直播只是其整个营销链路的一环。

三一重卡市场部营销负责人郭熠将前期预热活动的全情准备与私域流量的精细运营称为种草。他说："如果是一个劲地冲到公域流量里面，去其他平台做直播，没有前期的准备预热酝酿，你一网撒出去，茫茫大海之中是很难捞到你想要捞的鱼的。"

如何吸引卡车司机这一目标群体？三一重工做了诸多尝试。他们通过对其生存现状的关注，发现卡车司机虽然承担了中国货运总量的73.9%，平均每天运送超过2.3亿件快递包裹*，但这一职业群体一直游离于公众的视野和社交范围边缘，工作与生活鲜有受到关注，他们为社会的付出与贡献也没有随着经济的繁荣而得到鼓励与肯定。节节攀升的油费、装卸费、修理费等成本，加之长途跋涉伴随的健康、安全保障缺失，越来越多的从业者考虑转行。三一重卡同时观察到抖音平台在卡车司机群体有很高的人气，他们自称卡友。因此，三一重卡开始尝试在抖音上通过卡车司机的生活短视频和抖音挑战赛活动吸引目标用户。

在2020年3月6日至4月15日期间，三一重卡面向全国3 000万重卡车友在抖音发起以#省出美好传递爱为主题的挑战赛，为卡友编了一款极具行业代表性的抖音手势舞，为卡车司机量身定制了原创歌曲《开向远方》，邀请卡友或普通用户模仿手势舞或唱出主题歌等方式给卡车司机加油，再标上话题#省出美好传递爱，并@三一重卡发布视频，即可参与挑战赛，赢取各类奖品。

三一重卡也与多位达人主播合作，推出了很多感人至深的短视频。抖音短视频达人"零号客房"拍摄的一则短视频讲述了作为民宿老板的主人公了解到一位卡友面临女儿患病、同时与客户发生经济纠纷的艰辛情况，主动帮他免除房费，卡友渡过难关后回报主人公的故事。由于内容贴近卡车司机的现实生活和困难，获得了该群体的情感共鸣，得到50万卡友点赞。该视频也通过剧中二人言语交谈透露出三一重卡省油特点以及送卡车玩具的行为，巧妙插入了三一重卡的品牌信息。这个视频成为一个引爆点，赢得了大量卡友的好感和踊跃参与。三一重工也从中领悟到短视频传播中需要切入用户的痛点，而非聚焦产品售卖。截至活动结束，#省出美好传递爱话题累计播放量已达到26.7亿，超过27.8万个视频参与，多次进入抖音热门排行榜前十，不仅极大提高了三一品牌的社会认知，也极大提升了对卡车司机的关注度，改变了卡车司机的公众形象（见图5-15）。

2. 私域流量运营：专业化及时响应服务与用户参与

在吸引了大量卡车用户后，三一重工尝试邀请所有参与活动的用户加入其官方微信，建立品牌粉丝群。在粉丝群中，三一重卡的造车工程师会在群内了解卡友们的需求、探讨重卡的功能、在线解答用户对重卡性能的疑问等。如很多卡车司机说睡吃住都在重卡上，希望卧铺要加宽，最好能配双人床，容纳夫妻两人；最好是能够有足够的空间可以容纳电视、冰箱、微波炉等生活电器。

---

* 国家统计局《中华人民共和国2020年国民经济和社会发展统计公报》.

图5-15 #省出美好传递爱挑战赛活动视频截图

三一重卡的私域流量运营让顾客真正参与到产品的设计中来，提升顾客参与感的同时也是对顾客需求的进一步摸底。最后，最终产品上线时，以对接顾客需求的工程师姓名命名其型号，形成信誉的背书，工程师作出承诺："这款车是以我的名字命名的，如果品质不好，你们可以来找我。"

三一重卡的短视频、挑战赛和私域流量的运营，不仅扩大了品牌在卡车司机群体内部的影响力，同时也为后期的直播引流降低了直播的流量成本。直播卖货前的预热，营销信息不仅可以通过抖音平台内容分发机制以及流量资源，精准渗透触达卡车司机群体，也通过微信群私域的定向传播带来了极高的转化率。

前期的流量获取和运营，不仅使三一重卡直播的获客成本比其他垂类卡车售卖平台更低，还传递了三一重卡对司机群体的人文关怀，提升了品牌美誉度。

3. 多场直播增加信任和购买意愿，完成拔草

对于重卡这种金额大的耐用品，用户决策卷入度高，方案评估谨慎。三一重卡在直播带货前做了两场直播，是为了争取信任和减少顾客疑虑，而不是直接销售。2020年2月28日的首场直播中，三一重卡展示了重卡的工厂生产流程，包括生产流水线实况、卡车零部件组装等生产场景，让用户近距离感受一台重卡的诞生；3月6日的直播活动配合抖音挑战赛开启，直播重卡上路，现场演示卡车的使用性能，并为观众解答重卡售后、质检、销售、客户服务等问题。

最终拉开3月20日万台车抢购节的直播，三一重卡启动了最后成交的促销优惠，包括：延长还贷期与提车期、1元预订、向在疫情中奔波运货的司机发放生活补贴等，同时重点解答弹幕疑问，解决卡车司机害怕还不上、担心不能保价等后顾之忧，全面点燃了购买的热情。开播两小时，直播间就达到了5 000万元的销量，最终销售额超过1亿元。

小结：三一重卡的抖音直播方法论

前期通过抖音账号日常运营、发起抖音挑战赛、直播预热等吸引流量，完成种草；而后挖掘精准购车线索，电销人员跟进，维系顾客；最后通过直播完成销量转化，引导

顾客在App实现一站式购买、看车、保险、挂靠、金融、上牌等全部功能，实现拔草。立足于顾客需求和产品卖点，短视频、抖音活动、微信群、直播相辅相成，打通顾客决策的整个链路。

资料来源：1. 中华人民共和国2020年国民经济和社会发展统计公报.（2021-02-08）. http://www.stats.gov.cn/tjsj/zxfb/202102/t20210227_1814154.html.

2. 在直播里，先迎来春天.（2020-04-01）. https://www.thepaper.cn/newsDetail_forward_6785230.

3. 三一重工微信公众号。

讨论题

三一重卡的直播给出的启示是什么？

第5章小结

1. 本章的基本问题是消费者如何做出购买决策，这也是解释消费者行为的理论的核心问题之一。对这一复杂问题的剖析为有效影响消费者提供了理论基础。
2. 消费者决策模型是在理性假设下对消费者决策过程的逻辑归纳。预期理论则解释了不确定情境下的非理性决策行为。
3. 根据消费者卷入度的差别和解决的实际问题的不同，将消费者购买决策划分成不同的类型，如EPS，LPS和RRB。FCB方格理论则提供了实战工具。
4. 终端购物行为的基本理论包括终端购物行为的基本问题和流程，购买情境与冲动性购买行为，以及购后行为。
5. 购买情境在终端非常有影响力，可能产生好的消费者体验和冲动性购买行为。
6. 购后行为的分析重点是购后冲突和不满意的反应类别。重视消费者的购后行为，对提高消费者满意度和争取重复购买有积极作用。

第5章思考题

1. 试分析基本的消费者决策模型和特定类别的消费者决策模型之间的区别。
2. 试讨论消费者决策是理性的还是非理性的。预期理论是如何分析消费者的？
3. 试以实例说明消费者购买决策的EPS，LPS和RRB类型。
4. 试运用FCB方格说明购买不同类别的产品时，消费者的购买决策过程有何不同。
5. 终端购买行为的基本问题（4W1H）是什么？
6. 冲动性购买的大量存在是否说明消费者行为是不可解释的？

第6章

数智化消费者决策与购买

> 有了移动终端，消费者不再需要“去购物”，他们随时随地都“在购物”。
>
> ——查克·马丁

章前引例

盒马：零售新场景

2016年上海市民惊喜发现，在金桥冒出了一个名为盒马的零售新物种。似乎集菜场、海鲜店、超市、餐饮为一体，提供生鲜、蔬菜水果、熟食、食品等，兼有线上平台和线下门店及物流配送。门店3公里范围内，手机下单后半小时内可送达。不仅十分方便，而且价格便宜。如盒马鲜生App上的价格（2020）显示，上海本地菜中常见的青菜、鸡毛菜、生菜、韭菜仅需1.5元/包（每包480克），价格比传统菜场低10%。

阿里旗下的盒马鲜生2016年开始在上海起步，布局全国的门店发展迅速，已超过200家（2020年6月）。2018年门店销售总额达140亿元，进入中国快消品连锁百強前20。在2019福布斯中国最具创新力企业榜榜单上位列第一。

盒马代表了零售的新场景：靠数智技术驱动、带来全新的消费体验。

盒马员工有一半是技术人员，其基础是全链路数字化。盒马的供应链、销售、物流履约，从商品到店、上架、拣货、打包、配送等，都是通过智能设备识别和作业，简易高效，出错率极低，

为创造最佳的消费者购物体验，盒马提出了新的消费者价值主张：极致新鲜、只卖一天。即从蔬菜、水果、肉禽（0～4℃），到乳制品、烘焙、海鲜、水产等所有品类的

商品，盒马均只做一天的售卖期，实现日日鲜全品类覆盖，确保卖给消费者的产品极致新鲜。

倡导“鲜·美·生活”的盒马，以数智技术支撑的零售场景创新获得了消费者的喜爱。盒马年活跃消费者已超过 2 600 万人（阿里巴巴 2021 年第二季度财报）。用户的黏性和线上转化率都远高于传统电商。

数智化生态中，消费者行为的影响因素发生了重大的变动，最根本的行为改变反映在购买行为和决策模式上。数智化消费者形成了迥然不同的购买风格和决策模式，与传统的行为决策模式相比，已经大相径庭、面目一新了。同时，这也对传统渠道、实体零售终端和商业形态构成了巨大的挑战，极大改变了传统的营销渠道和零售。移动支付则引发了广泛的金融科技创新。

本章首先阐述数智化消费者购买决策的新模型，然后深入探讨促成其转变的重大背景原因——虚拟社群和圈层，最后介绍迅速发展的网购、移动购买和移动支付。

6.1 数智化消费者决策模型

消费者决策是消费者行为的核心部分，在数智化时代发生的重要变化包括两个方面：消费者决策流程的改变；决策过程中的主导和控制权从供给方转向消费者。我们用数智化消费者决策的表述来概括其变化，主要介绍两个新的模型——CDJ 和 AISAS。

6.1.1 消费者决策模型的改变：从漏斗模型到双环模型

数字智能技术带来的不只是技术上的更新换代，它改变的是人们获取信息的方式、沟通方式和决策流程。从决策流程来看，在数字化时代出现了消费者决策进程模型，新的模型可简称为双环模型。消费者决策的漏斗模型已经被双环模型替代。

1. 漏斗模型

传统的购买是漏斗式的选购，一开始，消费者的脑海里有许多可能的品牌（漏斗口宽的上端），随着消费者对候选商品品牌的筛选，备选数目逐步减少，最后，消费者选定某一个品牌购买（见图 6－1）。售后阶段的体验是决定消费者品牌忠诚度及再次购买的关键。依照漏斗模型，企业对可能的消费者接触点进行系统管理，在漏斗过程的每个阶段都向消费者进行“推”销，试图影响他们的行为，增加挤入最后采购清单的可能性。

在数智化新生态中，消费者掌握的选择信息和渠道激增，获取信息的能力也有了质的提高，漏斗模型已无法准确概括消费者决策的过程，简单过滤的线性关系也无法概括所有关键购买因素和全部的接触点，必须有新的解释模型。

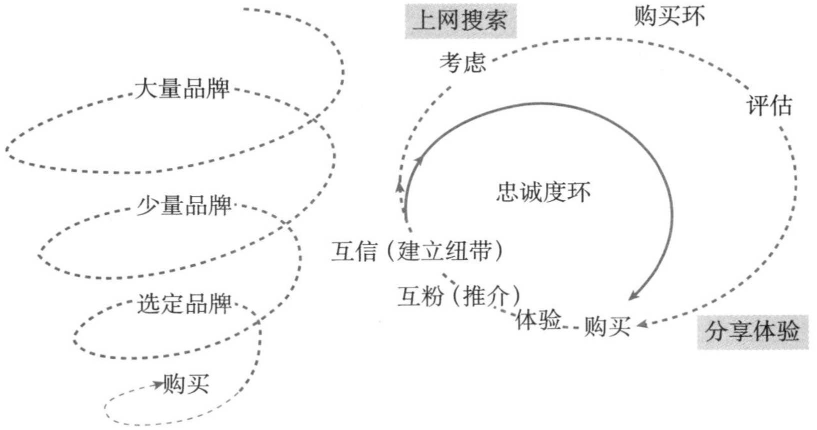

图 6-1 漏斗模型（左）和双环模型（右）

资料来源：Edelman D C. Branding in the Digital Age. Harvard Business Review，2010（Dec）.

2. 双环模型——消费者决策进程模型 CDJ

2009 年，考特（David Court）与另外三位作者在有影响力的《麦肯锡季刊》（*McKinsey Quarterly*）上提出**消费者决策进程模型**（consumer decision journey，CDJ）[1]，次年，埃德尔曼发表在《哈佛商业评论》上的文章引入并强化了这个模型[2]，对数字化时代的消费者与品牌的关联做出新的描述。他们的研究表明，数字化消费者的决策进程不再是逐步地缩小品牌选择范围，而是环状循环往复的，由购买环（purchase loop）和品牌忠诚度环（loyalty loop）两个小环内切组成，决策进程包括六个关键阶段：考虑（consider）、评估（evaluate）、购买（buy）、体验（experience）、推介（advocate）和互信（bond）等。

以下阐述数智化消费者决策进程的六个阶段。

（1）考虑阶段。购买决策之初，消费者脑海里会涌现一批最常提及的产品或品牌：有些来自广告或其他外界刺激留下印象的，有些来自朋友介绍或偶然碰到。根据漏斗模型，消费者在这一阶段想到的品牌最多，但是，如今的消费者信息随手可得，常常从一开始就要做减法，减少考虑的品牌数。此时，品牌知名度至关重要，进入初选品牌名单的商品最终被购买的可能性是未进入初选品牌名单商品的 3 倍。

（2）评估阶段。那些在第一阶段未被纳入初步考虑范围的品牌并非全无机会。消费者会从网上广泛（朋友圈、评论、零售商以及相关品牌和竞争品牌等）了解信息，他们最初考虑的品牌范围常常因此不断扩大。随着信息的增加以及选择标准的变化，他们一般会考虑一些新的品牌，同时剔除原先考虑的一些品牌。在后续阶段加入的品牌数量因行业而异。研究表明，个人电脑的购买评估平均会在 1.7 个初选品牌的名单中添加 1 个品牌；汽车购买者会在 3.8 个初选品牌的方案中添加 2.2 个品牌（见表 6-1）。

（3）购买阶段。购买点（point of purchase）是一个更为重要的接触点，因为它集中了商品陈列、包装、货源、价格、销售互动等诸多可以影响消费者的因素。例如，在护肤领域，有些几乎不可能进入消费者初选范围的品牌，却以富有吸引力的卖点在终端胜出。零售终端接触点可能为未纳入初选范围的品牌提供巨大的机会。

表 6－1　不同行业的消费者在积极评估阶段新增加的品牌数量

行业	购买的比例（%）			品牌平均数量	
	初选	积极评估	忠诚度环	初选入围	积极评估阶段新加入
汽车	63	30	7	3.8	2.2
个人电脑	49	24	27	1.7	1.0
皮肤护理	38	37	25	1.5	1.8
电信运营商	38	20	42	1.5	0.9
汽车保险	13	9	78	3.2	1.4

资料来源：Court D，Elzinga D，Mulder S，et al. The Consumer Decision Journey. Mckinsey Quarterly，2009（3）：1–11.

（4）体验阶段。购买后的体验决定了消费者对产品的真正看法，因此，当消费者做出购买决定时，营销才刚刚开始。这是一个持续不断的循环过程。购买后的消费者会与产品以及新的在线接触点形成互动，他们对品牌的感觉和关联会加深。如面部护肤品，超过 60% 的消费者在购买后会在网上分享交流产品使用信息，而这个接触点在漏斗模型中是没有的。

（5）推介或互粉阶段。当消费者对购买的品牌感到满意时，会通过口口相传相互推介，激发该品牌的潜在影响力，并为评估其他品牌提供参考。当然，如果消费者对购买的品牌感到失望，他可能会弃用这个品牌，或者做出负面的宣传。如果消费者与品牌之间建立起足够强大的纽带，他就会完全跳过考虑和评估这两个阶段，而进入购买-体验-互粉（推介）的循环。

（6）互信阶段。忠诚度会带来重复购买，但是，在越来越激烈的竞争中，存在两种类型的忠诚：一是积极主动的忠诚，消费者不仅会坚持购买某一品牌，还会向他人推荐；另一种则是消极被动的忠诚，消费者要么是因为懒惰，要么是因为令人眼花的选择而感到困惑，会继续购买某一品牌，但是未必会坚守。被动的消费者也愿意接受竞争对手为其提供的信息，甚至转换品牌。以汽车保险行业为例，多数公司都有一个看似忠诚、每年续签车险合同的巨大客户群。但研究发现，主要品牌的被动忠诚者与主动忠诚者的比例之差高达 6 倍。因此，各家保险公司都有机会打破对手的忠诚度环，通过简单易行的产品比较和转向流程，引诱其他公司的被动忠诚客户。它们为客户提供离开的理由，而不给客户坚守的借口。

3. 从 AIDMA 到 AISAS 模型

数智化也改变了指向消费者购买的经典传播模型 AIDMA。AIDMA 法则的雏形是美国广告学家刘易斯早在 1898 年提出的，后经学者不断发展成型的 AIDMA，代表了传统市场消费者购物的成熟流程，也是消费者行为学领域成熟的理论模型之一。[3]

AIDMA 模型展示的递进过程是：attention（引起注意）— interest（产生兴趣）— desire（激发欲望）— memory（强化记忆）— action（促使行动）（见图 6－2）。AIDMA 法则很好地反映了传统营销环境下的营销进程，即通过大众媒体控制主导权，不断影响消费者直至作出购买行动。

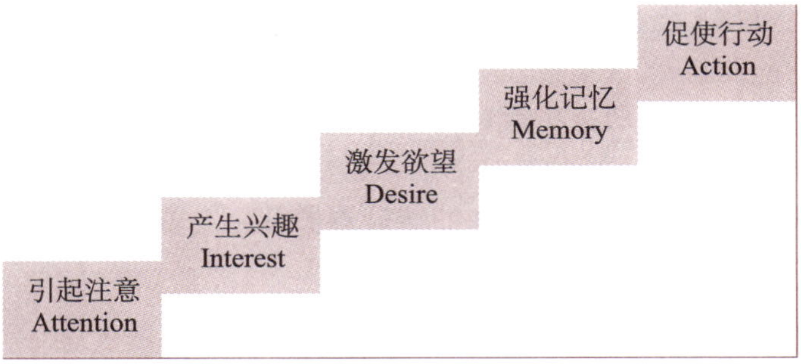

图 6－2　传统购买决策模型 AIDMA

在数智化时代，消费者的主动权越来越强，他们从被动接受商品信息、营销宣传，转变为主动获取信息和认知，AIDMA 理论渐渐失去了指导意义。2004 年，日本电通集团提出 AISAS（attention-interest-search-action-share）的全新模型。与 AIDMA 对比，改变发生在后半段，AISAS 模型中添加了两个来自互联网的典型行为模式——search（搜索）和 share（分享）。在与 AIDMA 模型前两个环节相同的情况下，如果消费者对某个产品感兴趣的话，一般会去网上搜索（search）相关信息，然后决定是否购买（action）。更加重要的是，消费者还会基于自己购物的体验和看法，随后将相关信息在网上分享（share）给很多人，引发互动和反馈（见图 6－3）。

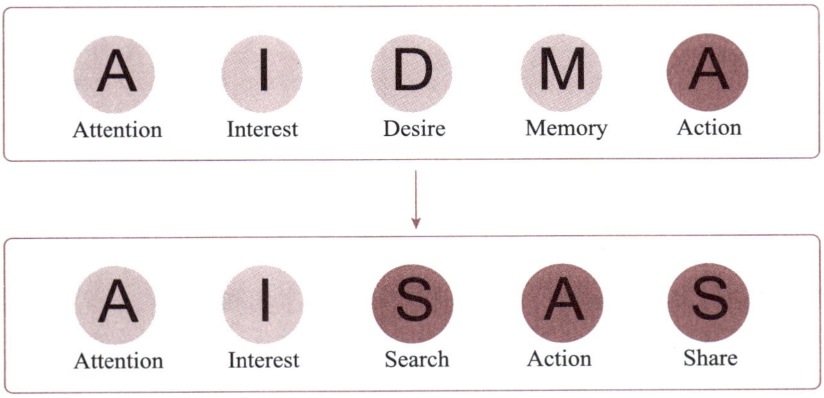

图 6－3　数字化购买决策模型 AISAS

6.1.2　消费者掌握了决策控制权

数智化时代的第二个深刻变化是，消费者具有了举足轻重的主动权和决策控制权。其根本原因，是消费者成为社会网络的节点（参见第 4 章）。

以往，营销是由企业来推动的，企业通过传统广告、直接营销、活动赞助和其他渠道向消费者进行“推”销，试图在漏斗模型的每一个接触点上影响消费者的决策。这种不精确的方法通常无法在恰当的时刻接触到恰当的消费者。消费者主导的决策方式的变化，要求营销超越纯粹“推销”式的沟通，学会运用网上口碑和创造出色体验等，在顾客全接触点去影响和黏住消费者。

CDJ 模型和 AISAS 模型都表明，与推式劝说相比，消费者主动的信息接触更能决定他们随后的选择。在新的决策进程中，消费者主导的营销越来越重要，消费者掌握了决策过程的控制权并积极吸收或扩散对其有用的信息。研究发现，在积极评估阶段，有 2/3 的接触点都涉及消费者主导的营销活动，如互联网评论、亲朋好友的口头推荐、店内的互动以及对过去经验的回顾；1/3 的接触点涉及由企业推动的营销（见图 6－4）。传统的营销仍然重要，但是已经不占主导地位。

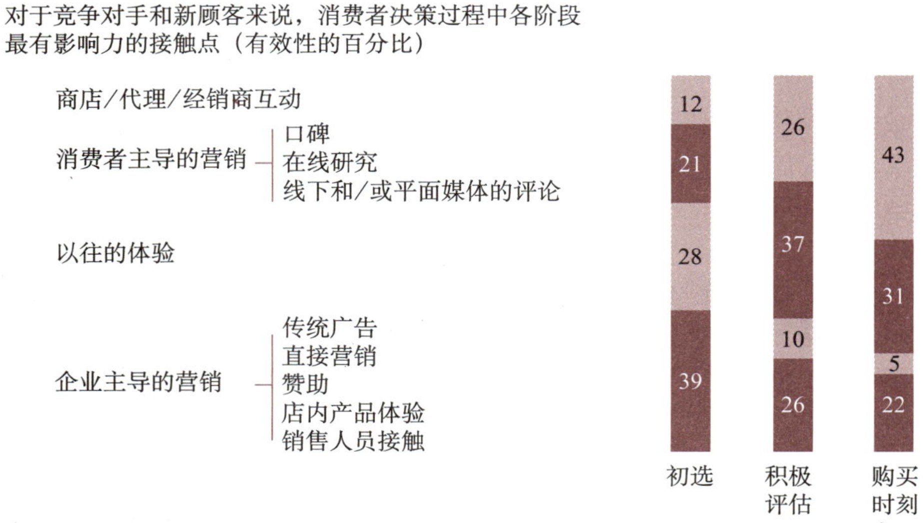

图 6－4　在积极评估阶段有 2/3 的接触点都涉及消费者主导的活动

资料来源：Court D，Elzinga D，Mulder S，et al. The Consumer Decision Journey. Mckinsey Quarterly，2009（3）：1–11.

例如，克莱斯勒和通用等公司一直致力于运用有力的销售激励和经销商计划，目的是在“积极评估”和“购买”阶段取得成功。但这并没有选对战场，因为它们真正的挑战是在“初步考虑”和“购买后”阶段。相比之下，丰田和本田汽车等亚洲品牌以其品牌实力和产品质量赢得了这两个阶段。亚洲品牌汽车带来的正面体验使得购买者忠诚于它们，从而形成正面的口碑，提高了品牌进入初选名单的可能性。甚至美国制造商持续不断的销售激励也无法打破这种良性循环。

6.1.3　消费者购买决策中的新概念新工具

在消费者决策过程的每一个阶段，数智化都带来了新的概念和新的工具，迅速改变了传统的购物方式。表 6－2 归纳了购买决策的各个阶段出现的新概念和新工具。[4]

表 6－2　购买决策不同阶段的新概念和新工具

决策阶段	新概念和新工具
识别问题	• 网站广告 • 网上问题搜索 • 社群朋友的主题分享 • 优惠信息推送

续表

决策阶段	新概念和新工具
搜寻信息	• 网上搜索 • 网上广告、商家推介、短视频 • 网上的评分与评论 • 社会网络内部的咨询 • 网上产品与价格信息 • 网上促销信息、优惠信息 • 愿望清单
评估备选方案	• 条码扫描 / 价格比较 • 消费者虚拟社群内的咨询讨论 • 网上商家引荐 • 地理位置促销
购买	• 网购 • 移动购买 • 终端场景化 • 网上支付、手机支付 • 直播 / 电子优惠券 / 礼品卡
购后行为	• 在社会网络中分享购后体验，包括文字、照片、视频等 • 在购物网站上进行评分与评论 • 在社交网站和虚拟社群中分享观点

资料来源：改编自特蕾西·塔腾，迈克尔·所罗门．社会化媒体营销．北京：中国人民大学出版社，2014：224。

在所有可能影响消费者购买行为的信息源中，网上的评分和评论是最常用的。一般来说，消费者更加信任网上其他消费者提供的信息，而不太信任电视、杂志、广播、网络广告、赞助商广告以及销售人员或付费代言人的推荐。

在网上研究商品时，大多数购物者都从搜索引擎开始（这就是搜索引擎优化十分重要的原因）。在网购中，购物者则往往从社交媒体平台或是独立的 App 开始，同时也会使用零售网站和品牌官方网站来获取信息。最重要的是，电子口碑的影响越来越大，包括网上评分、网上评论和网上推荐等。网上评论的造假和作弊则是值得防范的。

1. 网上评分

网上评分虽然没有所评价商品的细节性描述，只是一个简单的总体得分，但对消费者的影响力很大。评分的高低会显著影响产品销量，消费者会重复购买评分高的产品。有研究发现，评分的两极化程度而不是均值会影响销量，越是两极化的评价（说明消费者对电影质量的评价存在争议），对于电影来说可能意味着越高的票房。

此外，网上评分并不能完全代表产品的质量，人们往往在对商品很满意或者很不满意时才会有强烈的动机去评分，因此网络评分通常不呈现正态分布，不能代表消费者的普遍态度。

2. 网上评论

评论（reviews）是指对所评价的商品进行的细节性描述。评论可以对评分进行解释和验证，并为人们提供一些新的内容。用户发布的产品评论和观点是最具影响力的内容。《2010 年社会化购物调查研究》显示，72% 的受访者表示消费者评分和评论是零售网站最重要的功能。

评论会带来更大的网站黏性，即消费者阅读评论时在一个网站停留的时间要多于不阅读评论的时候。评论同时提高了线下促销策略的有效性。因为评论实在太有影响力了，但只有很少一部分顾客会自动给予评分和评论，所以零售商可能会以小利诱惑消费者发表评分和评论，出现虚假信息。

3. 网上推荐

推荐（recommendations）与引荐（referrals）是个人对产品的代言。借助于推荐人的社会资本，推荐与引荐比评分与评论更有社会影响力。

脸谱或微信上的点赞就是一种推荐形式。点赞功能存在于大量网站上，当你点“赞”时，便是公开推荐相关内容。其他人可以看到“赞”的总点击量，而你的朋友都能看到你的推荐。

6.2 虚拟社群和圈层

第 1 章中已经指出，消费者行为影响因素在数智化时代的最大变化，是虚拟社群登上舞台成为重要的影响力量。网络社会的崛起使人们的生活方式与交往方式发生了奇妙的变化，超越地理位置限制的消费者虚拟社群和数字化圈层的出现，在很大程度上影响和改变了消费者行为。当然也改变了营销管理，例如通过对品牌体验好的消费者，可以形成对其社群或圈层人群产生快速有效影响，即营销的 B-C 模式转化成为 B-C-C^n 模式。

6.2.1 消费者虚拟社群

消费者虚拟社群是数智化消费者行为学中最重要的新概念之一。在数智化生态中，仅仅分析消费者个人因素是不够的，虚拟社群已经成为消费者行为更重要的影响因素（参见第 1 章）。也就是说，社会网络、数字化媒体和虚拟社群从根本上改变了消费者信息环境。

消费者虚拟社群的背景是在线社群。21 世纪初，可以随时随地平等互动及分享的在线社群（online community）或数字化社群（digital community）或网络社群如雨后春笋般发展起来，如著名的脸谱、推特、领英和 QQ、微信等。于是，根本的变化发生了：20 世纪，人类社会是基于等级层次的金字塔结构，21 世纪则是基于相互关联的点对点的互动网络结构。

社会学家对在线社群的界定是：“人们在线与志趣相投的人交流，和他们保持互助的友好关系，并赋予其线上活动以一定的意义、归属感和认同感。”[5] 研究者认为，与传统的社群最大的不同在于，网络社群具有能量急剧放大的“聚变效应——在这种互动网络中，分散而微不足道的信息与个体可能激发出巨大能量，恰如原子一样发生不可思议的聚变效应”。[6] 正因为数智化网络的巨大魅力，新的学科如社会物理学、网络科学正在从技术和实证的角度探究网络如何影响人的行为。

社群成员互动有多种形式：可以和社群内外其他人互动，即人际互动，可以使其在情感和认知方面获得丰富的社群体验。社群成员也可以和产品、服务、品牌、企业等进行互动，这种互动是人与产品等供给方之间的互动，可以使其获得各种消费体验。

6.2.2 数字化圈层

圈层是以情感、利益、兴趣等维系的具有特定关系模式的人群聚合。[7] 正如“物以类聚，人以群分”，圈层是某一类具有相似的经济条件、生活形态、兴趣爱好、艺术品位的人，在相互联系中形成的圈子。

社会学视角中的“圈”和“层”有一定区分：“圈”是基于趣缘等因素形成的水平的连接，即各式各样的网络社交圈群，而“层”是圈群内部逐渐衍生出来的纵向的阶层区分。

数智化的技术手段使得相同属性的人可以轻而易举地进行彼此交流互动，加速了圈层的虚拟化形成，不同属性的虚拟圈层也越来越丰富，如“豆瓣 er”（豆瓣用户）、“抖人”（抖音用户）、“老铁”（快手用户）等。

数字世界每一个人都有可能成为某个线上圈层的成员，以潮玩用户圈为例，北方滴水成冰的漠河的一个用户，南方穿着短袖的深圳的一个用户，在网上买了同样一个手办，进入了同样一个潮玩贴吧，这两个人就属于同一圈层的消费者了；这位北方用户在作为潮玩圈层的消费者之外，也可能同时是钓鱼爱好者圈层的一员，或是摇滚圈层的一员。每个消费者可能处于多个圈层中，这既带来了多重圈层文化规范的碰撞，也带来不同圈层文化规范之间的渗透。

圈层中，不仅有着文化的边界，其成员也有明确的身份认同和归属感，在持续的互动中甚至走向“组织化”。圈层往往容易发展出自我规范——可能是被社会认可的规范，也可能是潜规则。圈内、圈外的交往规则是有区别的。[8]

研究表明，圈层的社会网络结构往往具有很高的群体中心性，圈内的权力地位不平等。关系强度高、关系持续久、社会网密度大的圈层，通常生命周期也更长。[9]

个体通过对自己的群体产生认同，产生群体内偏好和群体外偏见，对所属群体的认同程度越高，为群体牺牲的意愿越强。年轻人在网络亚文化圈层中的投入通常远高于传统的关系圈子。

对于普通个体，特别是没有太多社会资源，在学业、工作等方面难以快速获得满足感的年轻人来说，依托某个圈层，借助集体的力量来获得成就感，可能更容易让他们提升对自我价值的肯定和认同，成员共同奋斗获得的集体社会化资本，也在某种程度上会转化为个体的社会资本。

6.2.3 虚拟关系的深浅

在数智化生态中，网络中的关系行为出现了一些新的概念，包括区分关系的强弱和参与度。

1. 弱关系和强关系

关系或连接分为两大类：强关系和弱关系。[10] 由于在线不受空间的限制，因此可以和许多人“交朋友”，但其中绝大多数是弱关系或弱连接，只有很少的强关系或强连接。

有研究指出，强关系可以影响行为，弱关系只是信息沟通。在弱连接情境中，有六度分割（six degrees of separation）理论，即任何人和其他人之间的联系不超过六个节点，地球上任何两个人都可以经过六次连接找到联系。[11] 而在强连接情境中是三度转接说，即在“朋友的朋友的朋友”的范围内，可以达到行为层面的相互影响，即三度影响力理论。[12]

在 2010 年美国总统选举期间，脸谱做了鼓动 6 100 万人在大选期间参加投票的实验。2012 年，《自然》杂志上发表了邦德（R. M. Bond）的随机对照实验结果。结果表明，假设你的亲朋好友已经投票了，就会对你参与投票产生决定性的影响。后来，脸谱又做了一个研究情绪感染的实验，被测试的 70 万人，其中一半看到更多的正面消息，另一半看到更多的负面消息。结果表明，看到更多正面消息的人会变得更正面，看到更多负面消息的人会变得更加负面。

2. 参与度——市场营销的第 5 个 P

参与度（participation）是数字化生态中凸显的概念之一。参与度是指成员参与（社群）的程度。

德国心理学家库尔特·勒温在群体动力的研究中提出过参与改变理论（participant changing theory）。他认为，个体中有两类人，主动参与型和被动接受型。他用实验证明了：主动参与者更容易改变其态度和行为。所以，如果能让用户主动参与到营销活动中来，则更容易影响其对产品或品牌的态度和行为。

消费者虚拟社群的活跃和繁荣，取决于社群绝大部分成员的参与程度。如果参与程度低，社群将不能提供新鲜的内容，最终导致访问量减少。但保证高参与度并不是一件容易的事情。怎样才能把潜伏者变成活跃者呢？社群参与的方式越简单方便，越能解决成员的问题，就越有可能保证大部分访问者的活跃度。这意味着，消费者社群应该有多种不同的参与方式，并且难度有所不同，让社群中的每个人都能找到一种合适的方式参与。例如，作为网络社群的典范，脸谱和微信为参与者提供了多种不同的参与方式。成员可以更新状态、装饰主页、发表评论、上传照片或视频、分享笔记和链接、视频聊天、玩游戏、做小测试、用手机支付等。又如，宝洁中国公司在积极开拓中国消费者社群的过程中，建立了微博上的宝洁消费者社群，两年时间里微博的宝洁粉丝达到 100 万人，后来又发展微信上的宝洁消费者社群，仅用半年时间粉丝就达到 160 万人。[13] 微信的吸引力提高了消费者的参与度。

在数智化时代，营销的成败越来越取决于消费者的参与度，甚至从某种意义上说，营销就是为了实现消费者的参与而建构消费者品牌社群。“整合了消费者社群的价值网代表了 21 世纪营销最戏剧性的变化。如果营销朝此方向转变，那么营销理论、研究和实践都将会发生巨大的革命。”[14]

由此，在传统营销组合4P的基础上，出现了“参与度是营销的第5个P”的观点。[15]例如中国的小米公司就是将营销聚焦在参与度上而获得成功的。[16]

与参与度有关的另一个概念——卷入度，在消费者信息行为中早就出现了，请参见第4章。

案例6－1

完美日记：DTC美妆品牌

完美日记（Perfect Diary）是广州逸仙电子商务有限公司旗下品牌，创立于2017年。2020年11月19日，完美日记母公司逸仙电商正式登陆纽交所，成为在美上市的第一家国货美妆品牌，市值超过122亿美元。该品牌定位于年轻女性群体＋高性价比的平价彩妆，一上市就迅速获得消费者认可，2018—2019年，逸仙电商的净收入从6.4亿元增长至30.3亿元（增速377%）。2019年，完美日记成为“双11”首个登顶天猫彩妆榜的国货品牌。完美日记被认为是中国美妆行业的一匹黑马。

完美日记是如何在国际大品牌和国内众多老品牌中突围的？

完美日记从诞生之日起就是一个直达消费者（direct to customer，DTC）的品牌。与传统美妆品牌建立经销商渠道和借助第三方进行媒介投放的做法不同，它在数字化生态中，以独特的手法实现培育顾客、产品种草、销售转化、客户关系管理以及品牌提升等营销目标。

1. 借势小红书：寻找流量洼地

完美日记早期擅长寻找互联网的流量洼地，实现用较低成本获客。完美日记通常会借助平台流量的上涨顺势而为，通过品牌内容不断接触目标消费者。除了利用微博和微信，更成功借助了小红书平台，小红书是完美日记第一阶段飞速上升的重要流量基地。完美日记在小红书的官方账号拥有173万粉丝，在小红书上搜索“完美日记”可以看到11万篇以上的笔记分享（2021年）。

以90后、95后新生代女性为目标的小红书异军突起，成为国内美妆爱好者的聚集区，这些人正是完美日记的目标用户。完美日记在小红书兴起之初就进驻平台，建立自己的官方账号与大量关注美妆的用户直接互动。随着小红书用户量的不断上升，完美日记也获得了大量粉丝，小红书成为获取客户的第一引流阵地。

完美日记也没有错过B站和抖音这两个用户属性非常贴合的平台，抓住了其流量飞涨期，借助一波一波的流量红利，完美日记完成了品牌渗透和用户流量池的初步建立。

2. KOL投放：产品种草

完美日记基本不做传统媒体投放。大量的品牌信息和产品信息是以内容营销的方式通过KOL进行传播，完成产品种草的环节。出于对平台资源的认知能力和利用能力，完美日记形成了自己独特的KOL投放策略。

对网上粉丝量级进行账号分类：明星、知名KOL、头部达人、腰部达人、初级达人、素人和路人。外部测算的数据显示，完美日记重点选择是腰部以下的KOL群体。完美日记从上到下的KOL投放类别比例大约为1∶1∶3∶46∶100∶150（未包括路人）。首先选择当下影响力较大的明星和知名KOL合作，但数量少，目的是吸引消费者眼球，获得产品前期关注度。其次，由于大部分的头部达人都实时跟风明星以此来增加自己的网络曝光度，这时品牌方再跟他们谈合作，要求的条件就会更加宽松。同样的腰部达人和初级达人会跟风头部达人、明星，那么品牌方与这些 KOL 的合作就是互利互惠的过程，因此会比上一步更加容易。最后，网络平台上就会出现一阵产品热潮，此时便会出现路人跟风晒贴，消费者从众购买的营销结果。

3. 节点促销：销售转化

产品种草引发消费者对完美日记的兴趣，在平台提供的链接资源上（如抖音可以挂链接直通淘宝，小红书的种草贴有“购买同款”的链接，微信的小程序可以直接下单购买等），这些种草可以转化为产品的购买。此外，一些 KOL 的忠实粉丝也成为完美日记的购买者，更甚者通过新兴明星与粉丝的参与式互动，利用粉丝经济最大化品牌旗下小黑钻系列唇膏的销量。

完美日记还通过传播节奏的把控和产品运营的配合不断提高销售转化的效率。基于对中国市场和平台的了解，在每年的 3 ～ 4 月、8 ～ 9 月，在平台重要销售节点之前（“618”“双 11”），完美日记会进行密集且大幅度的内容传播。在大量的平台投放 KOL、KOC 内容后，根据前期投放的反馈推出一系列新产品，且在同一时期内选择 1 ～ 2 种作为主推，给予更多的资源。新品大量的预热造势与重大消费节日相碰撞产生火花，加上折扣、促销等活动（如“现在下单，第二件只要 1 元”），可以在这些节点完成更高效率的销量提升。

4. 微信私域：客户关系管理

完美日记利用微信社交平台，进一步将完成购买之后的顾客转换成私域流量，为之后数据监测以及顾客的留存复购打下基础。完美日记会以获取返现或者美妆蛋等福利，引导购买产品后的顾客添加“美妆顾问——小完子”微信（完美日记有上百个个人微信号）。“小完子”会热情地接待顾客，在朋友圈经常分享彩妆测评图片和专业教程，还有日常生活的分享，让客户感受到她是一个“鲜活的人”，而不是机器人。除了个人微信号的运营，“小完子”会将消费者拉进完美日记客户群，在群里分享干货，包括新品发布、直播预告、抽奖、折扣等活动，引发在微信商城下单，提高复购和积累顾客资产。

完美日记没有赶上微信的流量红利期，但抓住了微信打造社交和电商全链路闭环的机遇。2018 年 7 月，完美日记开通品牌微信账号，2019 年注册微信小程序。完美日记投入大量的人力和技术资源利用微信社交平台做客户留存，按照微信好友量 3 000 人 / 号的标准来计算，处于私域的粉丝量估计在百万级别。直接带来的复购销售额一年估计在 4 亿～ 5 亿元。

5. 挑战：品牌能否向上提升

完美日记以大牌平替、性价比等杀入市场，如何提升品牌形象进入中高端美妆品牌的行列？完美日记采用了跨界 IP 联名、艺人代言等。2020 年邀请中国成功女演员的标志性人物之一周迅作为品牌全球代言人。

在品牌联盟合作的选择上倾向于不同国家的自然文化与艺术类 IP，试图一步步提升品牌形象和品牌价值。例如，2018 年完美日记与大英博物馆合作，使用 Majolica 陶器的元素来作为图案灵感。2019 年完美日记与大都会艺术博物馆合作，灵感来自大都会艺术博物馆的系列画作。2019 年与探索频道（Discovery Channel）合作，推出 12 色眼影盘“猎我所见”系列，在全球 20 多个国家和地区发布主题大片。2019 年 10 月，完美日记与《中国国家地理》合作推出联名限定幻想家 16 色眼影，灵感来源于中国景观地貌配色方案，该系列在全网曝光超 4 亿，在巴黎时装周首发并邀请了国内知名美妆达人，向世界展示中国彩妆新力量。

资料来源：1. 晨卿. 完美日记：与消费者交心. 风流一代，2021（6）：20–21.
2. 王沫涵，薛雪. 新媒体推动国产美妆产品品牌营销与发展——以“完美日记（PERFECT DIARY）”品牌为个例. 营销界，2020（22）：1–2.
3. 叶阳，王月. 互联网环境下的美妆品牌营销策略——以完美日记为例. 质量与市场，2020（19）：70–72.
4. 李雪菲. 移动互联网时代美妆品牌跨界营销传播研究. 南京：南京师范大学，2020.
5. 唐妍. 内容营销模式研究. 合作经济与科技，2020（20）：85–87.
6. 12 000 字全面解读完美日记：从组织架构到增长策略.（2020–08–10）. http://www.huodonghezi.com/news-2793.html.

讨论题

完美日记能否成为高端品牌？

6.3 场景新终端

数智化时代带来的另外一个变化是，购买终端进入了所谓场景时代。购买终端演变成数字场景，主要包括两个方向：线上的网购和移动购买；传统的商业终端从情境走向场景。

6.3.1 什么是场景

场景（scene）一词源于影视用语，数字化时代延伸到商业世界中来，其含义也有所变化，例如英文表达从 scene 扩展到 context。场景原指特定时间、空间和行为及心理的交互形成的环境氛围。数字化场景是数智技术支撑而出现的深度互动共享的体验空间。其商业功能在于促进消费者与品牌、消费者与提供者、社群或层圈成员之间的连接、浸合、互动、分享及价值变现。

场景的核心要素是：数据、内容、互动、体验。数字化是前提，内容是基础（所以也以英文 context 表示场景），互动和体验（浸入感）是关键。

在数智化生态中，传统购买终端的情境（参见 5.3.2 节）被场景取代。这并非简单的用语翻新，其透露出的信息是：零售终端正在脱胎换骨，从营造表层的吸引力到争取顾客的全面浸合和共创新价值。

因为场景可以承载内容、社交、游戏、分享等多种要素，为场景中的人提供极致的临场体验，由此衍生的场景营销成为商业终端转型的重要方向。

场景一词作为重要概念延伸到商业和市场，与 2013 年前后的几本商业书籍大有关系：斯考伯和伊斯雷尔合著的《即将到来的场景时代》首次提出场景时代[17]，强调场景时代依托五大技术的支撑（移动设备、社交媒体、大数据、传感器和定位系统），即场景时代的前提是数智化技术。洛佩兹的《指尖上的场景革命：打造移动终端的极致体验》，着重阐述智能手机开创的场景所带来的极致体验。[18]

场景革命包括线上和线下。在阐述线上的新场景之前，先简略介绍线下的场景革命。

网购和移动购买颠覆了传统购物方式，既完全改变了消费者的购买决策行为，也极大地挑战了线下实体店，推动了传统商业终端和零售的转型。传统的零售业除了将线下与线上结合，更企望从场景革命中寻找新的生机，塑造出全新的脱胎换骨的终端场景。吴声的《场景革命：重构人与商业的连接》（2015）和《场景纪元：从数字到场景的新商业进化》（2020），致力在中国情境创立场景的商业模式，特别是线下商业终端的新场景。[19]

创造实体店的新场景，追求的是目标消费者的极致体验：有感觉、有温度、有个性、有惊奇、有共鸣，从而再度黏住消费者。例如，中国的线下商店近五年出现了新潮的实体店命名，如 KKV、泡泡玛特、Harmay 话梅、番茄口袋、LaLaport、熊猫不走、超级文和友等，这种命名正反映了对场景的新追求。

6.3.2 网购的场景和行为

2010 年以来，移动购物在全球迅速发展，网上购物在中国的发展更是风起云涌、势如破竹，请参见聚焦中国 6－1 和 6－2。

网购（online shopping）是指在互联网上完成购买决策全过程的购买场景和行为。网上终端创新了许多新的概念和新的工具，包括网上直播、定制促销等。网购开创的购物场景，具有以下特点。

（1）网上海选、应有尽有，货架无限、全球汇通。

（2）快递到户、方便到家。

（3）商家引荐和个性化推送。

商家通过数据可以了解客户足迹和成交信息，借助客户信息对客户进行分类，有针对性地推送商品的优惠信息。

（4）面对面的直播导购和短视频专业辅导。

中国大型的网上综合购物平台如淘宝、京东、拼多多等，以及大量的供应商，2020 年以来纷纷引入直播导购、短视频推送、专业达人、社交私域等数智化创新，引人注目。各种细分的导购平台也应运而生。如蘑菇街、美丽说、豆瓣东西都是专业的导购应用软件，以特殊的风格和内容帮助消费者更好地选择和决策。

聚焦中国6－1　疯狂的“双11”

聚焦中国 6－2

中国消费者的网购特点

2008—2020 年间，中国网络零售市场交易规模飞速增长，2013 年我国网购的用户规模达 3.12 亿人，相当于美国 2013 年的人口规模。2020 年，我国网购交易规模更是超过 2013 年的 4 倍。2020 年全年实物商品网上零售额 97 590 亿元，增长 14.8%，占社会消费品零售总额的比重为 24.9%（见图 6－5）。

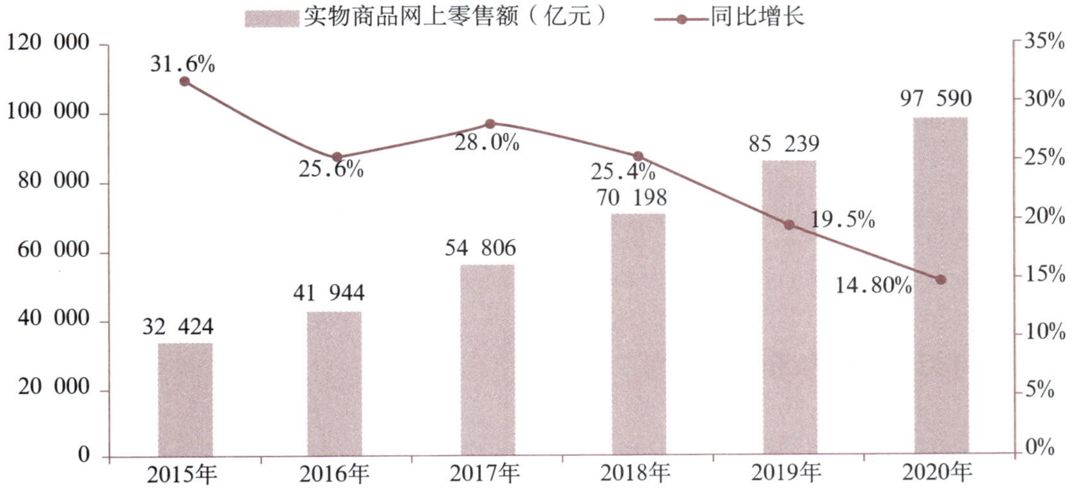

图 6－5　2015—2020 年全国实物商品网上零售额统计

资料来源：2020 年中国网购行业市场发展总结：网络零售连续八年全球第一 .（2021-02-04）. https://www.askci.com/news/chanye/20210204/1127011351507.shtml.

若将中国的网购狂欢节天猫“双 11”和美国著名的“网络星期一”（Cyber Monday）相比，2014 年天猫“双 11”的销售额达到 571 亿元，是“网络星期一”全美网络购物金额的 4.6 倍。相比之下，美国人更倾向于店内购物。益普索的调查显示，在接受网上调研的 18～64 岁的美国人中，有 59% 的受访者称更喜欢去商店购物，只有 31% 的受访者称喜欢网上购物。

中国消费者为何如此热衷网购？

（1）中国消费者看重价格。中国消费者喜欢网购的一个重要原因是价格低。中国消费者偏好用价格来判断网购的成本，更喜欢比价、促销活动，由商家承担运费。每当有大规模的促销活动时，网购网站的流量通常上升非常快。而西方更看重时间成本，消费者愿意额外支付一定的费用，以便更早拿到所购物品。

（2）方便是中国消费者喜欢网购的第二个原因。对于忙碌的上班族而言，网购可以让他们利用零碎的时间进行购物，节省时间。对于越来越多的老年人来说，由于出行不便，网购对他们来说更重要，可以快递送货上门，实现“家中购物”。

（3）网络上商品种类繁多，可以满足消费者的长尾需求。中国商业基础设施从大城市到农村差别大，消费者可以选购的商品种类通常受到限制。而网上的商品种类繁多，应有尽有，消费者可以在网上购买他们需要的各种产品和服务，满足长尾需求。消费者还可以享受定制服务，淘宝 2014 年的广告语就是“万能的淘宝”“没有你买不到的，只有你想不到的”。因为商业环境的地区差异明显，中国三四线城市消费者的网购热情更高，其网购增长速度甚至高于大中城市。

中国的网购已经从 C2C 发展到 B2C，网购商品质量更有保证，售后服务更加完备。网购时，有清晰、明显的标识提醒消费者注意阅读购物、售后须知。如果对商品不满意，消费者可以直接联系商家或电商客服进行投诉，照片、截图都能成为讨说法的证据。消费者在购物后可以对产品进行评价，这些评价会直接在商家网站上显示，对商家的信誉、后续销售产生影响。

资料来源：1. 2014 年（上）中国电子商务市场数据监测报告. http://www.100ec.cn/zt/2014bndbg/.

2. 2013 年度中国网络零售市场数据监测报告. http://www.100ec.cn/zt/2013ndwlls/.

3. 2012 年度中国网络零售市场数据监测报告. http://www.100ec.cn/zt/2012wlls/.

4. 2011 年度中国电子商务市场数据监测报告. http://www.100ec.cn/zt/upload_data/down/shjjk.pdf.

5. 2010 年度中国电子商务市场数据监测报告. http://www.100ec.cn/zt/upload_data/down/2010dsjc.doc.

6. 08 年度网购市场发展报告发布：网购金额过千亿.（2009-02-10）. http://it.sohu.com/20090210/n262159157.shtml.

7. 与网购相比　6 成的美国人倾向于店内购物.（2012-12-13）. http://www.ebrun.com/20121213/63319.shtml.

6.3.3　移动购买的场景和行为

移动购买（mobile shopping）是指消费者利用智能终端完成购买决策全过程的购买场景和行为。2010 年前后，随着移动终端的普及，出现了移动购物、移动购物行为和移动购物者（mobile shoppers）的新概念。2013 年，查克・马丁在《决胜移动终端：移动互联时代影响消费者决策的 6 大关键》中说[20]：

> 从来没有一种力量像现在的移动终端一样，如此强有力地改变着消费者的消费行为方式。有了移动终端，消费者不再需要“去购物”，他们随时随地都“在购物”。

马丁的前一句话强调了消费者行为的新趋势，后一句话指出了移动购物的新场景。所谓随时，是指购物就在手中，购物流程的所有步骤可以随时完成，可能只需花几分钟。所谓随地，一是指消费者可以在任何地方通过手机购物，二是指消费者可以采购不受空间距离限制的商品，原则上可以在全球范围内选购商品。

移动购物已变得越来越普遍、越来越容易实现。随着移动支付的发展，消费者或许不再需要现金、信用卡等。

移动购买的场景特点是：精准到人、精准到位、任何时间任何地点、强互动、高便利，可归纳为以下五个方面。

1. 轻松获取场景性信息并在消费者虚拟社群中获得偏好

与传统搜索不同，移动消费者会基于场景来搜索信息。即使移动消费者没有搜索，App 也可以基于他们的相关信息主动提供场景性信息，适时地让他们找到所需的产品或服务。

移动消费者选择商品时可参考网上评价。通过社会网络看购买过的商品、听过的音乐、看过的电影等使用体验，形成自己的偏好和选择。

2. 购物流程快速化：从心动到行动，只需一瞬

有数据显示，移动消费者从搜索到购买的时间更短。如酒店行业就发现 82% 利用移

动终端预订房间的用户是在 24 小时以内决定并完成预订的。正如 PhoneTell 的联合创始人史蒂夫·拉森所说："网络搜索是为了获取信息，移动搜索是为了马上行动。"[21]

在移动购买中，从心动到行动，消费者所经历的环节迅速减少，时间也几乎缩短到瞬间。冲动性购买行为更加显著。

3. 精准定位技术提供更好的机会

在移动购物场景中，移动终端的位置信息成为移动购物过程中的重要变量。这是因为，移动终端定位技术和基于精准定位的各种 App 为消费者提供了许多有吸引力的地理位置促销服务，例如显示某一地点周边的餐馆、商店、停车场，或者呼叫出租车等。商家可以根据消费者的位置发送短信，告知附近正在进行的某些优惠活动和促销。基于位置的信息使购物过程更具互动性。消费者经过商场或专卖店时可以收到精确的价格信息，立刻知道在线零售商和实体零售商正在进行的促销。

4. 一键下单移动支付

在数智化生态中，消费者支付方式发生了革命性的变化。消费者通过移动终端一键下单，手机支付、钱包技术、二维码扫描、产品信息和消费者回馈计划的融合，促使移动购买的支付过程简单流畅，具有很大的吸引力。移动支付也为金融科技的创新带来了巨大的商业机会（参见聚焦中国 6－3）。

5. 售后的体验分享和传播——消费者发布信息

购买完成之后，消费者通过手机和社会网络分享他们的收获和感受，包括购物体验、照片以及相关信息。这种数字化口碑传播效应，对品牌和其他消费者都产生了非常重要且广泛的影响。企业和品牌与消费者交互的方式将从根本上发生变化。

聚焦中国6－3　中国的移动支付

第 6 章小结

1. 本章的核心是阐述数智化生态中消费者购买决策的重大变化。其中包括数字化消费者决策进程模型 CDJ 和 AISAS，新的重大影响因素——虚拟社群和圈层。
2. 数智化涌现出许多鲜活概念和创新工具。如购前搜索和购后分享是两个关键的新环节；还有电子口碑、移动支付、场景，直播、短视频推广等。
3. 数字化场景是数智化带来的终端革命。网购、移动购买在中国的迅猛发展构成了中国消费者行为的新特征：场景化、实时性、个性化、精准性、线上与线下购买逐渐融合等，创新的规则还在发展之中。

第 6 章思考题

1. 以自身的经验说明数智化生态中，消费者是如何做出购买决策的，品牌信息如何进入消费者的考虑集，消费者如何评价和做出选择，购买后哪些行为是至关重要的。
2. 试以实例说明网购和移动购买的特点和差异。
3. 传统的购买情境与数字化场景有何不同？

第 2 篇

消费文化篇

消费者行为学 4H 框架

第7章

基于文化的消费者行为

> 文化是影响人的欲望和行为的基本因素。
>
> ——菲利普·科特勒

章前引例

SHEIN

当许多人第一次听说 SHEIN 时，这家神秘的中国服装巨头的估值已经超过了 3 000 亿元。2020 年业绩数据显示，SHEIN 全年营收近 100 亿美元，连续 8 年实现超 100% 增长。SHEIN 是目前全球增长最快的电子商务公司之一，在 56 个国家 / 地区的 iOS 应用商店购物类 App 中排名第一，在 174 个国家 / 地区当中的 124 个均位居前五。华尔街投资银行 Piper Sandler 一项调查显示，SHEIN 仅次于亚马逊，成为美国青少年第二喜爱的电商品牌。跟 TikTok 一样，SHEIN 在美国之所以取得这样的成就，是因为它比美国公司更好地满足了美国年轻人的需求。

SHEIN 快速崛起的背后，是中国经济两大特点的充分结合：强大的制造业（尤其是服装产业）基础和发达的数字营销生态。在 SHEIN 出现之前，消费者对快时尚的印象是平价便宜、款式多、上新快。SHEIN 不但将这些特点带到了一个前所未有的高度，还凭借超强的中国供应链整合能力，首创实时零售模式：将一款服装设计到制作完成的时间从业内平均的 3 周缩短到最少 3 天。2019 年 SHEIN 的上新 SKU（库存保有单位，以件、盒、托盘等为单位）为 26 万，从上衣、裤子、连衣裙到鞋帽配饰，产品平均售价只有十几美元，甚至还有不少低于 10 美元。与同为快时尚的 Zara 对比，Zara 服装价格大多在 30 ～ 40 美元，但其 SKU 仅不到 SHEIN 的 1/3。

在市场营销方面，SHEIN 将中国网红经济和数智营销的核心经验复制到广阔的全球市场。他们与各个地区的大网红建立了稳健的伙伴关系，与庞大的小网红群体保持密切接触，甚至尝试将直播带货模式复制到海外。这家摆脱了过往中国企业代工形象的公司，意味着从中国制造向中国创造的进化，正在实现全球化品牌的更大梦想。

本章阐述的是消费者行为与文化的关系，即文化视角下的消费者行为。文化的两个极端是全球化和本土化。正如战争与和平、文化冲突与文化融合是两个极端，在历史的长周期中，人类的思想和行为往往在两个极端中摆动。因此，消费者行为的文化框架必须顾及两个方面——全球化和本土化。本章首先建立基于文化的消费者行为分析框架，再精简论述消费文化形成的一般理论，最后简要阐述消费的全球化，为后两章转向重点论述消费的本土化作出铺垫。

7.1 基于文化的消费者行为分析框架

洞察消费者行为，既要掌握原理和共性，又要深入辨析消费者的差异和变化。消费者行为的特殊性表现在两个维度上：时间上的变化和空间上的差异。

在时间维度，消费者行为、消费者生活方式和消费者价值观都处在变化之中。因此，以动态观点跟踪这些变化十分重要，要考察消费趋势随时间的变化。例如，若干世纪以来人类消费行为的改变（如中国近半个世纪以来发生的消费革命），不同世代明显差异化的消费行为，都是时间维度上的变化。

在空间维度，主要表现在全球和本土、不同国家和地区、不同地理位置的消费差异上。全球化消费（global consumption）是指全球消费的趋同性，即国别和地理区域不明显的一致性消费行为，例如，全球消费者都接受麦当劳和可口可乐，都接受互联网和苹果手机等；本土化消费（local consumption）是指区域性的差异化消费，如东方与西方消费习惯的不同、不同国家消费传统的不同、各地区饮食习惯的不同等。

中国地域大、亚文化圈多、变化快，中国市场的差异程度超乎人们的想象。这种差异具体表现为市场的超级规模和多样性：一国多个市场，一国多层市场。因此，在中国市场营销战略的一个关键是不可忽视世代消费差异和区域消费差异。

7.1.1 文化与行为

文化与消费者行为的关系受到学者的多方关注。[1] 如第 1 章所述，文化是影响消费者行为的外部重要因素之一。首先，短期变量并不能完善解释全球化消费与本土化消费的根本不同。例如，经济收入水平的差异会造成消费行为的不同，但随着收入的提高，这种不同就会消失。只有文化才会使全球化消费和本土化消费这两类基本消费行为的差异长期存在。正如科特勒所指出的：“文化是影响人的欲望和行为的基本因素”，“文化因素对消费者行为的影响最为广泛和深刻”。[2] 消费者行为学的著名学者所罗门用中国道家的阴与阳来解释文化与行为的关系。[3] 中国道家认为，阴与阳两者是一表一里、相互依存、互为转化的，即文化是里、是阴，行为是表、是阳，行为反映文化，文化是行为的依据，如图 7－1 所示。

图 7－1　文化与行为的关系

文化是如何影响消费者行为的？这个问题的答案目前来自两个路径：消费者行为学和文化心理学。

消费者行为学的一般看法是，文化这一宏观因素会通过消费者价值体现出来，并且从消费者世代、消费者情境和消费者选择等多方面反映出来。霍金斯等人进一步作出了具体的解释：文化价值观导致了一定的社会规范以及不遵守这些规范时的惩罚，而规范与惩罚最终影响了人们的消费模式，如图 7－2 所示。[4]

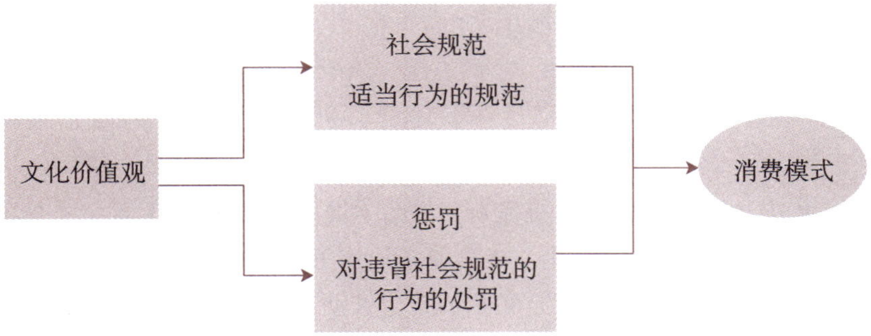

图 7－2　价值观、社会规范、惩罚和消费模式

资料来源：德尔・I. 霍金斯，戴维・L. 马瑟斯博. 消费者行为学：第 12 版. 北京：机械工业出版社，2014：41.

人类学家迈克拉肯（Grant McCracken）提出过一个框架，描述文化如何向消费者行为迁移。其过程是：文化意义从社会迁移到消费品，再从消费品迁移到个体消费者。[5] 图 7－3 说明了文化意义通过消费品向个体消费者的迁移过程。

20 世纪 60 年代诞生的文化心理学（cultural psychology）是心理学的最新分支之一，一般认为，它是研究心理和文化之间相互影响关系的学科。从早期研究文化对人格的影响，到后来提出文化心理结构（cultural psychology structure），文化如何影响心理都是它的研究重点之一。

简言之，文化心理学强调的路径是：文化影响心理，心理影响行为，即文化通过心理而影响行为。文化心理结构是经过长期文化积淀和熏陶而成的，具有鲜明的民族（本土）特色。按照这条路径，寻找中国消费者行为的特色，应该通过挖掘中国消费者受中国文化影响而形成的深层的文化心理结构，再推演出其行为的特征。

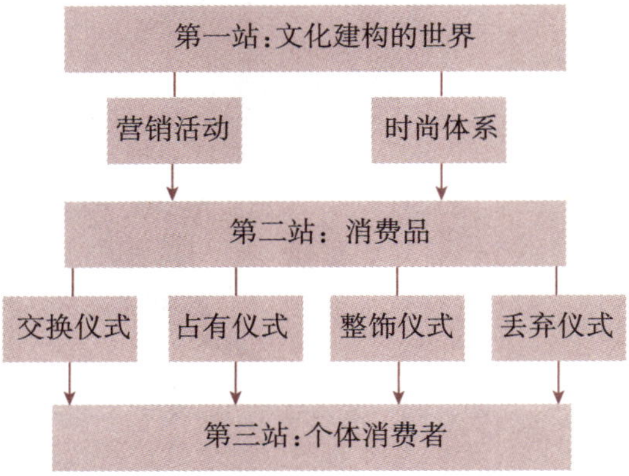

图 7－3　文化向消费者的迁移

资料来源：McCracken G. Culture and Consumption：A Theoretical Account of the Structure and Movement of the Cultural Meaning of Consumer Goods. Journal of Consumer Research，1986，13（1）：71–84.

为了比较不同的文化之差异，将文化从抽象和朦胧走向具体和可测量，著名文化研究学者霍夫斯泰德（Geert Hofstede）在 1980 年提出了有影响的文化维度（culture dimension）的概念及构成，并且不断补充完善了文化的具体维度。霍氏的文化维度与文化价值取向比较接近。请参见延伸阅读 7－1。

延伸阅读 7－1

文化维度

文化维度是荷兰国际文化合作研究所所长霍夫斯泰德及其同事在对文化因素进行定量研究时采用的概念。1980 年，霍夫斯泰德在调查 66 个国家的 117 000 位 IBM 员工的工作价值的基础上，发展出基于西方文化的四个文化维度，即个人主义与集体主义、权力距离、不确定性规避、刚柔性。随后他和彭迈克（Michael Harris Bond）确立了第五个文化维度，即长期导向。在 2010 年的研究中，他又加入了第六个维度：放纵与约束。

文化的六个维度表述如下。

● 个人主义与集体主义（individualism/collectivism），表示个人与群体间的关联程度。个人主义文化注重个体目标，相反，集体主义文化更强调集体目标。个人主义文化中，人们应当照顾自己和直系家庭，而在集体主义文化中，人们期望他们的内群体或集体来照顾他们，作为这种照顾的交换条件，他们对内群体拥有绝对的忠诚。个人主义没有圈内（in-group）和圈外（out-group）的明显差别，而集体主义有明显的圈内和圈外的差别。

● 权力距离（power distance），表示组织或机构内权力较少的成员对权力分配不平等这一事实的接受程度。权力距离大的文化成员视权力为社会的基本因素，强调强制力和指示性权力，权力差距小的文化成员则认为权力的运用应当合法，重视专家或合法性的权力。

- 不确定性规避（uncertainty avoidance），表示人们对未来不确定性的态度。对不确定性规避程度较强的文化往往有明确的社会规范和原则来指导几乎所有行为，不确定性规避程度较弱的文化的社会规范和原则则不那么明确和严格。
- 刚柔性（masculinity/femininity），表示人们对男性和女性社会角色如何分配的认识。阳刚型社会性别角色有明确的划分，阴柔型社会性别角色有所重叠。阳刚型社会的文化成员赞扬成就、雄心、物质、权力和决断性，阴柔型社会的文化成员则强调生活的质量、服务、关心他人和养育后代。
- 长期导向（long-term orientation），意味着培育和鼓励以追求未来回报为导向的品德——尤其是坚韧和节俭。与之相对的另一端短期导向，意味着培育和鼓励关于过去和当前的品德——尤其是尊重传统、维护面子以及履行社会义务。
- 放纵与约束（indulgence versus restraint），与人们是享受/控制关于享受生活的基本欲望相关。

7.1.2 两极：消费全球化和消费本土化

无论思想流派还是行动方向，一直存在全球化与本土化之争，两者各有其源、此消彼长。亨廷顿提出“文明的冲突”的经典理论。[6]弗里德曼则发表了有影响的“世界是平的”的重要观点。[7]

当可口可乐、麦当劳席卷全球市场时，意味着全球消费者有共性的一面：不同国家、不同区域消费者共同的消费选择。这也说明可口可乐、麦当劳等国际品牌运用成功的营销战略适应了不同文化的需要。

然而，不能忘记另一面：消费者的差异性是营销管理存在的基础。国际营销教材中有大量案例表明文化与消费者行为差异的存在，主张采用多种市场细分方法争取目标消费群。迪士尼的全球经历支持了平等视角的观点，该观点认为每个国家都有其国家特性（national character），即一系列鲜明的行为和个性。有效的策略是适应特定文化的需要。

从更高的思想范畴来理解，全球化与本土化之争涉及进化论与人类学这两种不同的思维范式。进化论主张优劣之分，演化的方向是由低级至高级，高级优于低级。在全球化消费的蓝图中，西方的消费形态被认为是高级的，发展中国家的消费形态被认为是低级的，由此，进化论的图像中，消费的西方化是全球化消费的方向和演化目标。在营销实践中隐藏的经济人的简单假设，即认为收入是决定行为的唯一原因；假设新兴市场的消费者一定会越来越像发达国家的消费者，这都是源于这种进化论的思想范式。

与进化论范式不同的是，文化的人类学范式是主观并且依靠经验的；它试着从文化圈内部人的角度来解释文化。人类学范式的重点在各种文化的差异上，认为每种文化都是独一无二的，有着自身的价值体系、习俗和规范，并无优劣之分。人类学范式主张平等视角（emic perspective）的观点，尊重差异、反对“进化”，即不主张用某种强势文化同化或取代弱势文化，认为多元文化共处的人类生态与自然界的多样化存在一样，是美好而长远的。

1. 消费行为全球趋同的研究

哈佛大学莱维特（T. Levitt）教授 1983 年提出有影响力的市场全球化观点[8]，一些学者在 20 世纪八九十年代研究不同国家消费行为全球趋同的证据，例如：

克莱蒙茨（K. W. Clements）等人用消费指数分析不同国家的消费行为模式，他们用范围较广泛的商品时间序列数据做比较，发现不同国家消费行为有数量上的相似性。[9]

霍斯查克（S. M. Huszagh）等人曾在不同国家进行调查，证明不同国家消费者对耐用个人消费品的接受程度趋同。[10]

多尔（N. Dawar）等人在 38 个国家和地区对消费者购买家用电器的决策行为进行分析，发现对相关属性的重要性排序相当一致，依次为品牌（名称）、价格、外观和零售商信誉。[11]

当然，相对全球消费差异化的证据，这方面的研究基本上是局部和点状的。但在某些类别、某些情境中，确实存在以麦当劳文化和可乐文化为代表的消费文化的全球趋势。

21 世纪数字化时代的到来，催生了数字化消费者行为（参见绪论）。在互联网和智能科技的强大驱动下，数字化消费行为是全球范围内一致性的消费者行为，是全球化消费新的体现。当全球各地都接受互联网和以苹果手机为代表的智能手机时，都热衷于社会网络和社交媒体时，以数字智能科技为特色的全球化消费已经登上人类历史的舞台。

2. 消费行为本土差异的研究

正如西方学者指出的，亚文化认同会产生独特的市场消费行为，如图 7－4 所示。[12]

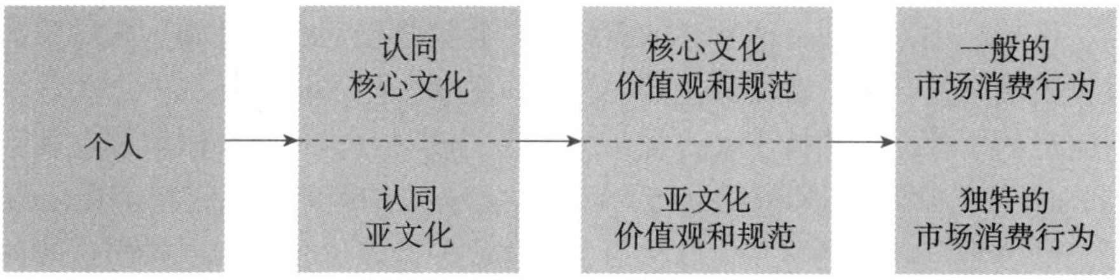

图 7－4　文化与市场消费行为

资料来源：德尔·I. 霍金斯，戴维·L. 马瑟斯博. 消费者行为学：第 12 版. 北京：机械工业出版社，2014：93.

舒特（H. Schutte）在《亚洲消费者行为》（*Consumer Behavior in Asia*）[13]一书中比较了西方与东方（亚洲）消费者行为的不同。美国学者卡勒（L. R. Kahle）从地理亚文化的角度提出了北美九国（nine nations of north america）之说[14]，认为在美国和加拿大存在九个（消费文化）独立的地区，每一个都具备自身的特征和习俗。卡勒等人还研究了美国的区域消费差异，发现即使是在美国这样经济文化区域差别相对较小的国家，各地理区域之间也存在消费差异。[15]

7.1.3 逻辑分析框架

全球文化和本土文化各有其根、相互影响、长期并存，所以，任何国家或区域的消费者行为分析都必须从这两个方面入手。例如，要分辨出全球背景下中国消费者行为的特征，就需要既考虑全球化消费部分，又重视中国文化影响下的差异性消费部分。中国文化经久不衰、源远流长，中国消费者行为的特殊性也相对更加突出。

由于文化的相互影响和渗透，出现了跨文化（cross-culture），即两极之间的状态。对应出现了跨文化消费。一般来说，现实中的消费者行为都是全球化消费与本土化消费的混合，都表现为跨文化消费，只是其全球化消费和本土化消费两者所占的比重各有不同。洞察多元跨文化中的消费者行为，正是营销管理的主要任务之一。

基于文化的消费者行为框架如图7-5所示。消费者行为研究中存在的两种看似对立的学术思想观点，即消费全球化论与消费区域差异论在这一文化解释框架中得以统一。

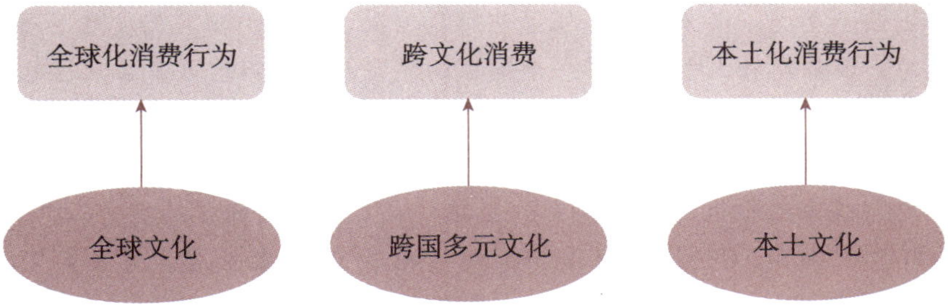

图7-5 基于文化的消费者行为框架

按照这个逻辑框架，全球化消费与本土化消费之间差异的解释应该主要归因于文化。全球化消费源于对全球文化的趋同，本土化消费源于本土文化根深蒂固的影响。或者说，全球化带来了全球化消费者行为，亚文化则造成了区域多元化的本土消费者行为。跨文化的影响和渗透，形成了混合的消费者行为的现实图像。

消费者行为和营销管理离不开人与文化，所以本土化问题不可回避。考虑到中国文化的独特性，加上体制环境和历史原因，中国消费者行为的差异性不可不察。[16] 请参见第10章聚焦中国10-1。

有必要再次强调指出，中国消费者行为中一些独特的表现，有些是文化的原因，有些是经济、市场环境或制度的原因。基于文化原因造成的消费者行为差异是长期的、根本的，而基于经济、市场环境或制度原因造成的消费者行为差异是短期的、阶段性的。

现有的消费者行为学著作绝大多数以西方市场和西方社会消费者为对象。西方的代表著作较多关注两个基本问题：行为过程研究；影响因素研究。其最大的问题是，缺乏对中国本土化消费者行为的研究、洞察和解读，甚至完全用西方消费者行为代替中国本土化消费者行为。由于国外许多消费者行为著作在对象和实战方面的先天缺陷，需要加强基于中国文化的中国消费者行为研究，即以中国人为对象，在研究中主张复杂性假设。鉴于中国市场规模在全球的分量，21世纪初，中国消费者行为研究引起外国学者的极大兴趣和关注，对中国学者而言，透视中国消费者行为的研究是紧迫且责无旁贷的使命。

延伸阅读 7－2

国土面积和消费行为

Chi-Yue Chiu 等人（2014）结合世界价值观调查（World Value Survey，WVS）的调查结果，对欧睿全球市场信息数据库（GMID）2002—2011 年关于 210 个国家或地区的数据进行多层次的综合分析，发现国家的自然生态、经济发展水平和文化价值观对消费行为有着显著的影响。

作者首先提出两个问题：

- 做一门跨国生意时，哪些国家应该作为目标市场？
- 确定了目标市场后，你应该在营销传播中包含哪些信息以吸引该国的消费者？

要回答这两个问题，必须对各个国家的消费情况、文化价值观的变迁有基本的了解。我们通常认为，经济发展水平决定了一个国家的消费能力，但这只是影响因素之一。

国土面积是一个重要且较少被关注的影响变量。学者们发现，十年间，全球人均休闲旅行的次数是 0.35 次，即近十年内，一个中等国家典型的居民每三年会进行一次休闲旅行。然而，国家或地区之间有很大的差异。以下国家或地区的旅游行为较多：卢森堡（人均每年 2.91 次），直布罗陀（人均每年 2.90 次），新加坡（人均每年 2.11 次）。这些热爱旅行的国家或地区有一个共同点，那就是它们都小而富有。确实，除了瑞士之外，10 个最喜欢旅行的国家或地区的总陆地面积不超过 6 000 平方公里。这个结果一点都不让人吃惊。小而富裕国家的人没有太多的旅游资源，当然会出去旅行。

但国土面积并不只是影响旅行频次。有数据显示，国土面积还会影响国民的文化价值观以及消费行为。通常来说，来自富裕国家的人们更支持个人主义的价值观，更少支持社会性的价值观。然而，这一结论更适合国土面积大的国家。小而富裕的国家不太流行个人主义的精神，反而更看重不屈不挠和勤俭节约的价值观。经济的发达通常会导致这些国家对有限的自然资源和人力资源的进一步开发进行更加谨慎的管理。如新加坡采用牺牲市场自由的方式实现经济高速成长，其社会对坚忍、勤俭更为看重，因为这些精神对于持续的经济发展来说非常重要。

不仅如此，数据还显示，在大国，高的人均 GDP 伴随着对自我展示更高的认可程度；而在小国，高的人均 GDP 则伴随着对自我展示更低的认可程度。同时，小国的经济成功会降低居民容纳异族进入自己社交网络的意愿，从而导致在小而富裕的国家信任的水平较低。在大国，对外国人的信任程度则会随着人均 GDP 上升而上升。较小的国土面积也会导致居民有更强烈的国家自豪感。

在消费倾向上，经济发达的大国花得更多，储蓄更少，使用更多信用卡。小而富裕的国家不是这样，这些国家的人有较强的长期导向，不会花更多，也不会借用明天的钱，人们花得少，储蓄多。

资料来源：Chiu C Y，Kwan Y，Dongmei L，et al. Culture and Consumer Behavior. Foundation and Trends in Marketing，2014，7（2）：109-179.

7.2　消费文化的生成与扩散

如前所述，消费文化对于理解和阐述消费者行为是最基本、最重要的宏观变量。那么，消费文化本身是如何形成、如何向社会渗透的？本节将阐述消费文化的形成、接受与扩散，以及时尚、流行和经典的概念。

7.2.1　消费文化

消费者总是置身于消费文化（consumer culture）的环境之中，消费文化综合和沉积了各种社会、经济、历史和文化的影响，并在与消费者的互动过程中形成某种消费模式。

所罗门分析了消费文化的产生和认同过程，如图 7－6 所示。消费象征是由创新的消费者在某个消费基础设施平台上创造的，创造和营销文化产品的个人和组织的集合构成文化生产系统（CPS）。新创造的消费象征经过社会传播、扩散并影响消费大众。扩散和影响的关键称为文化守卫，过去称作文化守门人（cultural gatekeepers），如媒体、编辑，评论家、设计师、电影、唱片制作人等，他们负责把关过滤提供给消费者的信息和物质。[17] 数智化时代的去中心化，使文化守门人的权威和影响大大削弱，取而代之的消费文化扩散形成的关键转移为虚拟社群和圈层、互动和分享等。国外的脸谱、推特，中国的微博、微信和 B 站、小红书的迅速兴起扩散的过程，都表明了这种变迁。

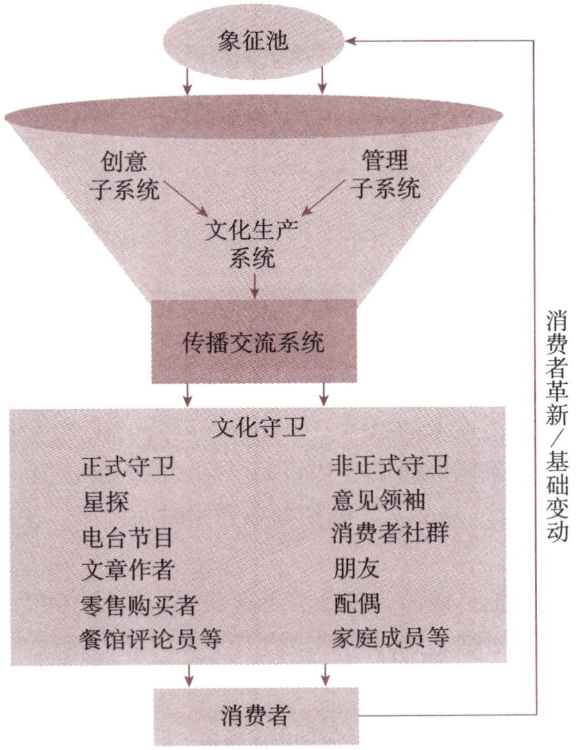

图 7－6　消费文化的产生与认同过程

资料来源：迈克尔·所罗门，卢泰宏，杨晓燕．消费者行为学：第 10 版：中国版．北京：中国人民大学出版社，2014：359.

7.2.2 消费创新及扩散

由前述可知，消费文化的起点是消费创新。根据人们对消费创新的接受态度，一般把消费者分为三种类型：先行者、中间派和落伍者，如图 7－7 所示。[18]先行者大约占 1/6，是很快接受新产品的创新者（innovator）和早期接受者（early adopter）。落伍者（laggard）也大约占 1/6，他们接受很慢，甚至拒绝到底。其余的 2/3 处于中间状态，即所谓早期多数（early majority）和后期多数（late majority）。这些处于中间的消费者是主流大众，他们对新事物感兴趣，但是又不过于新潮。落伍者故意延迟采用新产品，部分是因为他们希望等一段时间后，新产品的价格会下降，或者技术质量会更稳定提高。当然，上述各类消费者的占比只是一般估计，每个类别的准确数据取决于产品的复杂程度、成本以及试用的风险等因素。

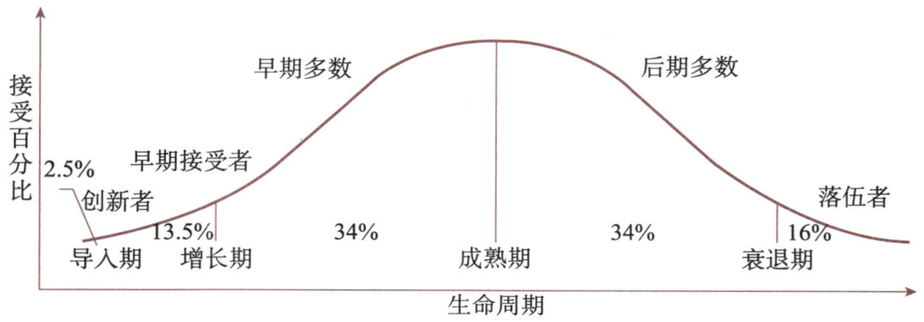

图 7－7 对消费创新的接受比例

资料来源：迈克尔·所罗门，卢泰宏，杨晓燕．消费者行为学：第 10 版：中国版．北京：中国人民大学出版社，2014：366.

7.2.3 时尚与流行

消费创新的前途有两个：或者成为消费时尚，或者成为经典消费。两者具有巨大的商业价值。

时尚是驱动消费的重大商业元素，创造出大市场的商业价值，所以，开发创造时尚之源是国际大公司和大都市追求的目标，如日本索尼公司在 20 世纪 70 年代凭借随身听大赚其利；巴黎以时装引领国际时尚，从而赢得巨大的附加价值；韩国的产品（电子产品、时装）和文化（电视剧、电影）充分挖掘和利用时尚价值，在 21 世纪初成功占领海外市场。

创新如果能够转化为流行时尚，意味着迅速获得市场地位和回报，实现这一转换正是许多商家的目标。为此必须了解时尚的概念和形成时尚的路径。

1. 什么是时尚

时尚（fashion）是人们暂时采纳的一套行为，这套行为被社会认为是适时的、合乎形势的。[19]如中国进入 21 世纪后，休闲和数字化消费正在成为消费时尚。

流行文化是指符合大众口味的文化。[20]也可以说，流行文化是最容易为大众所接受的文化。

时尚系统（fashion system）包括参与创造象征性含义并将其转化成文化商品的所有个人和组织。[21]

2. 时尚与时髦、经典的比较

与时尚相关的两个概念是时髦（fad）和经典（classic）。

时尚处在时髦和经典二者之间，如图 7－8 所示。从生命周期和接受者的数量来看，时髦好似一阵风，经常是人们一时冲动而接受的，是暂时的创新；经典则具有长久的存在价值。

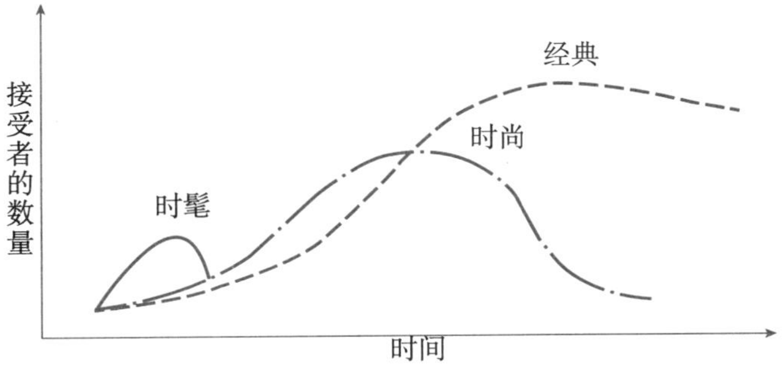

图 7－8　时髦、时尚及经典的接受周期比较

资料来源：迈克尔·所罗门，卢泰宏，杨晓燕. 消费者行为学：第 10 版：中国版. 北京：中国人民大学出版社，2014：359.

时尚意味着变化，时尚的生命周期是有限的。与时髦相比，时尚意味着被认可的流行，克服了接受者数量少和周期短，因而更具市场价值；但与经典相比，时尚只是领风骚一时，不能经久不衰。

3. 创新如何变为时尚

关于创新如何才能成为时尚，或如何推进时尚系统的产生，出现了以下两种不同的理论观点，即向下渗透或向上攀登，对应精英时尚（elite fashion）和草根时尚（mass fashion）两种不同的时尚。

第一种理论由德国社会学家西梅尔（George Simmel）于 1904 年首次提出，称为向下渗透理论（trickle down theory），是解释时尚最有影响力的说法之一。该理论声称，主导性风格起源于社会中的高阶层，并渗透到较低的阶层。有两种冲突的力量推动时尚变化。当从属阶层试图向上改变时，他们会尽力采用高于自己阶层地位象征的时尚。面对下层阶级的模仿意图，高阶层的反应总是采纳更新的时尚。该理论对应的时尚模式常被称为法国宫廷模式。

第二种理论恰恰相反，认为创新来自社会底层，源于街头创意或草根文化，可称为向上攀登理论（trickle up theory）。最典型的现象是，生活中的革新往往来自普通大众（如黑人摇滚、乡村音乐、牛仔裤等）。时尚的推动力来自社会底层，他们既贴近大众的感受（接地气），又不在意保持现状，因此能够自由地创新和冒险。例如当代音乐市场上出现了大众歌手取代专业演员的现象，似乎表明精英时尚在很大程度上被平民时尚或草根时尚所替代。该理论对应的时尚模式常被称为意大利模式。

4. 中国的时尚消费

前面讨论了消费文化中的时尚与流行。在中国社会，消费者是否会加倍追逐时尚？

西梅尔说："越是容易激动的年代，时尚的变化越迅速"，即时尚越有市场。中国正处于社会经济高速发展，人们对时尚的追求可谓日新月异。中国人对时尚的向往、追逐和激情，甚至超过了国外成熟市场中相对稳定的消费者。时尚元素已经渗透到消费的各个领域，中国已进入时尚消费的新时代。穿的时尚、吃的时尚、玩的时尚、用的时尚、生活方式的时尚、城市的时尚、世代的时尚……时尚席卷中国大地，时尚已成为中国消费者追求的基本价值之一。

今天中国市场上的许多企业，不仅卖服饰靠时尚，卖饮料、洗发水等快速消费品靠时尚，卖汽车、房屋等大宗商品靠时尚，卖手机、电脑等科技商品靠时尚，卖理性的金融服务也转化为卖时尚，甚至严肃的新闻节目也打时尚牌吸引观众。上海的怀旧时尚孕育出"新天地"，长沙的娱乐时尚导致歌厅兴旺，成都的休闲时尚带来茶馆火爆……时尚已经被广泛作为争夺市场的策略之一。

寻求在中国市场驱动消费者行为的力量和元素，为企业寻找竞争机遇和创新空间，是营销管理的重要思考点。能否把握时尚元素，深挖时尚之源，为时尚消费制定领先的市场策略，往往成为开发新品类、出奇制胜的关键。例如泡泡玛特和喜茶。

7.3 消费全球化

20 世纪后半叶兴起的全球化趋势，带来了全球消费的趋同性。一些学者提出了消费全球化的概念和主张，其中最有影响的是哈佛大学教授莱维特 1983 年提出的市场全球化观点[22]，推动了跨国公司在全球的扩张。

21 世纪，数智化技术突飞猛进，席卷全球，出现了网上推动消费全球化的新高潮。

7.3.1 消费全球化的表现

伴随跨国公司和全球性品牌的出现和大规模的发展，世界各地涌现出相同的产品、相同的品牌、相同的连锁店，全球性产品和服务使消费者领略到消费世界大同："车到山前必有路，有路必有丰田车""一卡傍身通行天下"（Visa 信用卡）"四海一家的解决之道"（IBM）……

消费全球化主要表现在：

（1）无国界的全球消费品牌和公司。例如，苹果、微软、可口可乐、沃尔玛、麦当劳、耐克、索尼等。

（2）国家和地区之间的“消费时差”大大缩短。新的产品及消费方式可在极短时间内传播、扩散至全球各地。

（3）全球共同的消费趋势和消费价值。全球的消费者对便利性的需求日益增长，如全球网上购物；希望能体现独特消费者个性和自我；更加关注地球环保，追求身心的健康和安全；有道德的、可持续的生活与消费方式正吸引越来越多的全球消费者参与。请参见延伸阅读 7－3。

延伸阅读 7－3

全球化的消费趋势

全球化消费表现出以下共同的趋势。

趋势一：更追求消费便利性

“时间正在与金钱竞争谁是消费者最想得到的商品。”消费者的时间压力越来越大，迫切希望有额外的服务帮助他们节省时间，甚至不惜为这些额外的服务支付报酬。因此，消费者更强调各种节约时间的便捷的消费方式。消费者渴望无论何时何地都能立即获取服务的“即时启动”消费和一站式解决方案。科技意味着改变生活和工作，数智化技术的快速兴起正在加速满足这种需求。

趋势二：更加注重价值导向的消费

20 世纪 90 年代以来的全球经济增长放缓及社会动荡导致了向更为简朴的生活发展的趋势。消费者意识到，经济增长并不是没有限度的，因而未来的购买力也要受到限制，维持生活和安全成为大多数消费者的生活主题。

消费者购买时要求质量和追求经济性这两种发展趋势相互结合，产生了价值导向。由于能接触到更多信息、有更多的选择机会，消费者变得更为自信成熟，有能力在各类产品中寻找价值最优的产品。

趋势三：追求更个性化消费

消费者实现个性化消费的条件越来越充分。消费者会寻找商品间的细微差别，并将这种差别延伸为个人的独特性。弗洛伊德用“对细小差别的沉迷”来描述人们寻求与众不同时所采用的各种方式。比如，宝马 M5 与同一厂家生产的另一款外形相似的汽车相比，唯一明显的特征就是车后部有一个小的 M5 徽章标志。独特性需求的增加意味着消费者会越来越多地参与消费甚至生产的某一过程，提出个性化的要求，甚至亲手营造这种独特性，巩固自身与产品的特殊关系。消费者想得到针对个人的、无微不至的、对其文化有感知的服务。

趋势四：更加关注自我、寻求身心的健康与安全

时间的稀缺和工作压力曾使人们无暇关注自身及家人的精神需要，全球重大灾难性事件（如 2001 年的“9·11”事件和 2019 年的全球新冠肺炎疫情），促使人们反思工作与生活的意义，并重新认识到生命、健康、家庭与朋友的重要性。

消费者更加推崇家庭价值，更加关注自身及家人的健康，并追求精神的安宁与内心平静，对精神安定与平静的追求带来各种心灵类产品与服务的畅销。也出现了许多自愿简单化者（voluntary simplifiers），他们投身社区建设、公共服务，认为一旦满足基本物质需要，额外的收入并不会增加快乐。

随着健康意识的增强，消费者更关心饮食习惯对健康的影响，包括食物的热量和含盐量、咖啡因含量以及食品添加剂等。这种意识已转变成一种消费者购物模式的变化。消费者对健康类食品更为敏感。各种有益身心健康的休闲运动消费日益受欢迎。

趋势五：在全球化中寻找自己的根文化消费

消费者所处的地区与文化始终存在差别，人们可能有共同的心理倾向，但其动机却是由相应的文化和社会传统形成的。消费者将越来越响应全球地方化的文化动因，抗拒缺乏文化敏感性的产品。全球地方化的消费形成同中存异的趋势，越来越多地尝试将外国的产品和服务与自己的生活方式相匹配，既有自己文化的特点，也有其他文化的特点，同时日益强调自己的身份特征。

资料来源：1. 亨利・阿塞尔. 消费者行为和营销策略：第 6 版. 北京：机械工业出版社，2000：295-296.
2. 戴维・刘易斯，达瑞恩・布里格. 新消费者理念. 北京：机械工业出版社，2002：17，20，75.
3. 弗兰克・费瑟. 未来消费者. 沈阳：辽宁教育出版社，1999：75，86.
4. Solomon M R. Consumer Behavior：Buying，Having，and Being. 6th Edition. Prentice Hall，2004：114，159.
5. Gardyn R. Swap Meet. American Demographics，2001，23（7）：51-56.
6. 格伦・彼得斯. 超越下一次浪潮；想到下一代消费者心里去. 沈阳：辽宁画报出版社，2000：115，1107.
7. J. 布莱恩. 消费者行为学精要. 北京：中信出版社，2003：191.
8. Etzioni A. The Good Society：Goals Beyond Money. The Futurist，2001，35（4）.

7.3.2 推动消费全球化的力量

消费全球化作为一种存在和趋势，其发生的原因和动力是什么？纵观全局，推进消费全球化这一趋势的主要驱动力量有如下四个方面。

1. 全球新规则和跨国公司的推动

第二次世界大战以后，以美国为首的布莱顿森林体系、联合国、WTO、世界银行等促进全球贸易的规则和组织是推动全球化的核心基本力量。这个大环境直接推动了跨国公司全球的蓬勃发展，以市场全球化为指导，产品在全球的推广与应用（产品全球化），品牌在全球的传播（品牌全球化），为全球的消费市场提供了大量一致性的产品。大量跨国公司出于全球扩张的目标，成为消费全球化的有力推动者。

2. 数智新技术的创新发展及应用

技术是全球化消费的主要驱动力之一，比如，苹果公司的新产品在全球快速普及。移动智能终端使得消费者行为有革命性的变化。移动互联网时代的数字消费（digital consumption）和网络消费（internet consumption）是全球消费新趋势的最大浪潮。无论是提出“全球化思考，本土化经营”（think global，act local）思想的费瑟，还是英国未来学家彼得斯都指出，在这个技术、经济、政治快速变动的时代，世界正在重组，社会面临变化，而发达的技术使这些变化向全球扩散，从而加速全球跨文化消费的趋势。[23]

新技术，尤其是电脑、数字技术和互联网技术在近 20 年的进步及普及，不仅改变了商业运作的效率，也让消费文化的信息能在全球充分渗透。信息传播及互动更快、更远、更广、更方便、更同步。

3. 年轻消费群的推动

大量事实表明，年轻消费群是消费全球化的先锋和创新引导者。新一代消费者勇于接受新事物和新观念。消费者行为模式和观念的许多改变来自年轻一代，他们不断提出消费新概念，在生活消费方式上不断创新。

4. 跨文化消费观的强力传播

20 世纪末，互联网、社交媒体和社会网络加速了全球跨文化消费的传播和互通。例如西方的流行文化（如好莱坞的电影、摇滚乐、享乐主义）和亚洲的新型消费文化（如日本的动漫和电玩、韩国的时尚和电视剧），借助传媒的力量迅速传遍全球。

聚焦中国7-1　中国消费者的境外购物

延伸阅读7-4　疫情下的全球线上消费者

第 7 章小结

1. 强调文化与行为的关联和对应，是透视消费者行为的重要思路和路径。本章提出了基于文化的消费者行为分析框架。
2. 消费全球化对应的是全球共同的消费文化，它与本土文化长期形成的消费风俗或消费本土化构成了两种基本的消费状态和趋势。现实的消费行为是跨文化或多元文化交叉影响的结果。
3. 本章初步论述了消费文化的生成和扩散、时尚的特征，特别讨论了消费创新如何才能转化为时尚，这些命题不仅是消费者行为研究中的重要问题，也是市场营销中具有商业价值的课题。

第 7 章思考题

1. 文化是如何影响消费者行为的？
2. 试讨论消费观念和行为中，哪些是容易变化的？哪些是比较稳定不易改变的？经济收入的提高是否会完全消除消费者行为的差异？全球化消费有可能最终取代差异化的本土化消费吗？
3. 试以实例说明时尚与流行是如何形成的。
4. 试从消费者行为的角度讨论时尚与经典的区别。

第8章

中国文化的特色消费行为

> 不能无视消费者作出选择时的文化背景而简单理解他们的选择：文化是一面“透镜”，人们正是通过这块透镜来看待产品的。
>
> ——迈克尔·所罗门

章前引例

茅　台

2020年4月中旬，贵州茅台A股市值飙升至1.49万亿元，一举超过中国工商银行1.38万亿元市值成为A股市值第一股*，也比可口可乐的市值多近600亿元，问鼎全球食品饮料行业冠军。茅台地处经济并不发达的贵州，在消费市场和投资市场都得到热捧，取得如此之高的“江湖”地位，确实是一个奇迹。这不仅源于其产品品质和品牌的长期管理，也源于根植中国传统的经久不衰的酒消费文化。

中国的酒文化源远流长，是中国宴饮文化中重要的一部分。据文献记载，作为汉族传统的古代宴饮礼仪，自有一套程序：主人折柬相邀，临时迎客于门外。宾客到时，互致问候，引入客厅小坐，敬以茶点。客齐后导客入席，以左为上，视为首席，相对首座为二座，首座之下为三座，三座之下为四座。客人坐定，由主人敬酒让菜，客人以礼相谢。席间斟酒上菜也有讲究：应先敬长者和主宾，最后才是主人。宴饮结束，引导客人入客厅小坐，上茶，直到辞别。在现代的社会交往中酒依然必不可少。宴请通常需要较为珍贵的酒相配，这和主人的面子有关，也表现出主人对客人的重视程度。因此，昂贵且每年量产有限的茅台就成为宴请酒的最佳选择。

中国赠礼的传统也是茅台受到追捧的重要原因。在中国文化中，礼物的价值往往不

* 中国工商银行总市值1.82万亿元，其中流通市值是1.38万亿元，而贵州茅台是全流通。

与送礼人的经济能力相关，而与受赠人的社会地位、送礼人对受赠人的重视程度相关。礼物的价值通常是送礼人对受赠人情义的具象化。因此，中国消费者送礼时不仅注重礼物本身的价值，也注重受赠人是否能够解读该礼物的价值。“茅台是昂贵的、稀缺的”已经成为中国消费者的共识，茅台于是成为送礼的最佳选择之一。因此每到逢年过节，茅台都会涨价。茅台的价格逐年提高，这也让茅台具有低风险高回报的投资价值，资本市场的杠杆进一步抬高了茅台的身价。

本章具体探讨基于中国文化的特色消费者行为，包括：根消费、面子消费和关系消费。让我们先粗略了解一下中国消费者行为的某些差异点，请参见聚焦中国 8-1。

聚焦中国 8-1

中国消费者行为的主要差异点

中国有自己的历史文化传统，又是一个超级大市场，所以中国的消费者行为会有与众不同之处。例如，中国的收入水平和消费能力悬殊，低收入群体比重高。所以，对价格和促销表现出高度敏感和响应。又比如在数智化生态环境中，中国人的虚拟社交活跃程度超出想象，极大地推动了电商的发展和商业的数字化创新。例如“双 11”购物节的井喷、短视频流量的惊人、直播的劲爆等。

主流的消费者行为学以西方文化和市场为主要背景，在中国市场上必须面对和思考的一个重要的基本问题是：中国消费者行为有哪些主要的特殊之处或差异点？

理解消费者行为的中西差异，包括两个层面：外部整体环境造成的差异；内部的结构性差异。这都离不开文化或亚文化的因素。中国消费者行为中的独特表现，有些是因经济、市场环境或制度的原因，有些是因历史文化的原因所造成。经济和制度环境造成的消费行为差异相对是短期的、阶段性的，文化造成的消费行为差异则是长期的、根本的。

以下从三个角度简要概括中国消费者行为的特色所在。

1. 从过程看中国消费者行为的差异

通过过程模型分析中国消费者行为差异，如消费决策过程、购买过程、信息处理过程、新产品接受过程等，可以发现一些明显的特征，诸如：

- 价格敏感度强，对促销高度敏感。
- 免费策略有巨大的吸引力。
- 更加受社交媒体的信息影响。
- 更高的权威认同或崇拜。
- 对未来风险的更多担心与保守消费。
- 购买决策（信息及时间跨度）更慎重。
- 对产品象征意义的不同理解。
- 购买者与使用者更加分离。

尽管中国的市场环境变得更加透明和公正，但是假冒伪劣和侵犯消费者隐私的案例仍然时有出现，中国消费者的安全感偏低，购买风险偏高。

2. 基于中国文化的特色消费行为

受中国文化显著影响的中国消费者行为主要包括：

- 根文化形成的根消费：维系家族血缘、购房、子女教育等。
- 面子文化形成的面子消费：攀比行为、从众消费与奢侈消费等。
- 关系文化形成的关系消费：礼品消费等。
- 崇尚权威。

3. 中国消费者行为的内部结构性差异

由于中国消费群体超级巨大，其内部的差异性不可忽视，主要有纵横的时空两条线：中国消费世代差异和中国消费区域差异。

从空间上看，中国消费区域差异很重要，“中国市场更似欧洲而非美国”，即横向差别大：多元市场、区域差异不可忽视。如米尔顿·科特勒说：“应该把中国当作一个更类似欧洲而非美国的市场来看待。中国基于不同的地区文化、法律、品位及只能通过政治力量与媒体力量慢慢消化的权力结构，像欧洲商业一样表现出多样性。相反，美国市场则具有显著的同质性。”

从时间上看，中国消费世代差异十分明显，即纵向差别大：快速变化的中国社会在不同社会生态环境中培育出不同的消费世代。不同于西方的相对稳态，中国人口与家庭结构变动大；消费群结构的变化大于西方，世代差别（不同消费价值观）大于西方；因为纵向变动大，年龄世代细分比生活形态细分更重要。中国市场还存在特殊的消费群体，如计划生育造成的独生代，到 2025 年将占中国总人口 1/5 的老年群体。

资料来源：改编自卢泰宏等．中国消费者行为报告．北京：中国社会科学出版社，2005：1–5.

8.1 根文化与根消费

文化的基础和底层是文字，中国文化的特征可以透过汉字看出来。

所谓根文化，是指中国文化以家为中心，注重血脉延续、家族传承、上敬长辈祖宗，下重儿孙后代。这从汉语的许多成语中反映得十分明显，如家国情怀、认祖归宗、落叶归根、望子成龙、荣宗耀祖，等等。

这种根文化传统源远流长、生生不息，深植于中国人的精神和内心深处，影响着中国人消费的方方面面，催生出中国人独特的根消费。

基于根文化概念的消费投入和花费不仅位列优先、长久不断，而且往往是超越经济能力的刚需，主要包括：强烈的购房意识、教育消费（对下一代）、崇拜消费（对上一代）、仪式消费、节庆消费等。

聚焦中国 8－2

中国人的购房情结

1998 年国家进行住房制度改革后，房地产市场经历了爆炸式的井喷。住房的价格一路走高，居民的购买热情也一路走高。房地产投资的增长率一度远远高过 GDP 的增长率。从 2005 年开始，国家就频频出台各种调控措施从宏观层面控制房地产价格的疯狂上升，但一直效果不佳。购房热持续不断，房子不仅成为成功的标志之一，也成为中国人婚姻市场上重要的筹码。为何中国人这么热爱住房？

有社会学家分析，这是制度性的原因造成的。1998 年之后，市场化改革让中国人失去安全感，购买住房成为新的安全感的来源。此外，因为没有良好的投资渠道，房地产投资成为中国居民回报率最高的资产增值方式。这些是从制度层面对中国人购房情结做出的解释。除了短期的制度因素，还有一个更稳定、更长远的因素——文化因素。

自古以来，中国人对买房子就有天然的热情。比如在徽南农村，有无数高檐大宅，富丽堂煌，这些大宅子的主人当年都是在淮扬一带显赫非常的盐商、茶商。中国人赚到钱后，第一个想法是回乡买房。《史记》中司马迁建议："与时俯仰，获其赢利，以末致财，用本守之。"20 世纪 50 年代中期，历史学家李剑农在《先秦两汉经济史稿》中说，"司马迁之观念如是，秦汉间大多数人士之观念亦如是，甚至于由秦汉以至于今日，中国大多数人之理念，尚未能大异于是也。因此一切士农工商的活动，最后以取得大量土地而成富为目的"。

今天，买房仍然是中国人难以割舍的情结。如果说生活在中国的居民受到制度的影响而充满购房热情，那么透过海外华人的购房比例和购房热情，可以看到制度之外中国根文化的影响。

来自新西兰银行和新西兰房地产协会的统计数据显示：2013 年 1 月的房地产销量比上年同期增长 21%。新西兰奥克兰的华人购房热情高涨，奥克兰 45% 的房地产经纪人认为，华人在所有购房者中最为积极。在法国，当地人不喜欢买房子，由于购房程序琐碎，选择租房的巴黎人越来越多。但华人仍然优先选择买房，一部分自己居住，一部分用于投资出租。

海外华人不仅在海外居住地热衷于买房，也热衷于回到中国买房。在华人聚居的纽约和洛杉矶，主要中文报纸上经常出现大幅中国城市的商品房广告。德国人的租房比是最高的，有 58% 的人选择终身租房。可是德国也变成中国买家的新兴投资地。当地的房产经纪人在与 1 000 多名中国客户打交道的过程中，发现买房对于中国人来说有着截然不同的意义。德国人只把买房当做一种防老的投资手段，而对于中国人来说，房产是开始家庭生活的基础。

资料来源：1. 海外华人掀起回国养老热 生活质量不输海外.（2014-10-11）. http://n.cztv.com/news2014/405330.html.

2. 海外华人购房掀热潮.（2013-02-20）. http://www.liuxuehr.com/huarendongtai/2013/0220/9856.html.

3. 2013 年中国人海外购房趋势报告.（2014-01-16）. http://blog.sina.com.cn/s/blog_8959c5520101jd4w.html.

4. 德媒：德国成中国购房者"新大陆".（2013-07-29）. http://finance.cankaoxiaoxi.com/2013/0729/246328.shtml.

8.1.1　教育消费

中国人的教育传统源远流长。在影响深远的文化典籍中，《论语》的开篇就是《学而》，《荀子》也以《劝学》作为首篇，这不是偶然的，"万般皆下品，唯有读书高"反映了中国人自古就将学习放在人生的重要位置、将教育当作人生大事的文化传统和根深蒂固的读书观念。古有孟母三迁为孩子创造良好的读书环境，幼小学童早早入私塾接受儒家教育，十年寒窗苦读只为一朝科举及第。中国人自古就认为教育在塑造人的品德、决定家族前途和国家兴衰方面都至关重要。千年的科举制度更是使读书受教育成为国家选拔人才的唯一标准和社会晋升的唯一途径。

历史上，明清徽商是重视教育的典型代表。徽商从培养子弟谋生能力和提高徽商家族社会地位出发，对家庭教育倾注了大量的心血，经商致富后更是把教育子弟当作刻不容缓的大事。徽商将经商致富所得的很大一部分投入到塾学、义学、官学和书院会馆中。徽商追求为子弟创造最好的读书条件，为子弟延师也是不遗余力，他们把师教当作家教的重要组成部分，认为师教与父母的教育相辅相成。徽商为教育投入大量的财力和心血，奠定了其后人仕进的基础，一度实现了由商而士、商士相通的追求。例如，仅婺源一县，明清两朝位居七品以上的官员就有 831 人，其中明朝 505 人，清朝 326 人。

直至今日，根文化对教育消费的影响依然非常强烈明显，教育消费是现代许多中国家庭的消费重点。常常听到中年父母慨叹：我们这一代就算了，寄希望于下一代吧。望子成龙的中国人在培育后代方面可以用“舍得花血本”来形容。不管是农村还是城市，不论在国内还是在国外，在重视教育方面都毫不含糊。宁可省吃俭用、节衣缩食，宁可起早贪黑、忍辱负重，也要把钱省下来培养后代。在中国人的眼中，后代是自己的化身，是自己的理想得以实现的希望。可怜中国父母心！请参见延伸阅读 8－1。

8.1.2 仪式消费和节庆消费

中国根文化的强烈表现之一是家的观念根深蒂固。不仅是小家，更是家的上下血统，以及儒家强调的孝。孝敬父母和先辈、渴望家庭团聚、继望后代是中国人永远不变的情怀。相关产生的仪式消费和节庆消费经久不衰、数量惊人。

仪式是文化的组成部分，而中国是世界上仪式最多的国家之一。婚丧嫁娶、添丁满月、新房搬迁、毕业升学、高就迁徙、生日结友等都构成中国人仪式消费的内容，这些仪式许多都与根文化相关。

为了表达对先人的哀思举行的各种祭祀仪式，会产生大量的消费。每年清明前后，鲜花、水果、乳猪等祭祀用品供不应求。全家团圆对中国人而言永远是人生梦想和生活中最重要的事情之一，所以，以团圆为象征意义的春节和中秋节创造出巨大的消费需求市场。例如为了回家过年，全国每年交通运输都会出现特大高峰，据报道，每年春节期间全国旅客发送量高达 20 多亿人次。高铁的出现，才缓解了长期一票难求的交通困境。

8.1.3 崇拜消费

什么是崇拜消费？崇拜消费（sacred consu-mption）又称神圣消费，是指在某种程度上尊重或敬畏地对待物品和事件，它区别于普通消费或世俗消费（profane consumption）。

人类自古以来的崇拜对象如天地自然、上帝、神灵等之外，现代人的崇拜也常常发生在生活领域，消费崇拜成为一种消费者行为，这既包括对诸如历史名胜之类的消费场所的崇拜，也包括对名人的崇拜，对事件或活动的崇拜，如对运动、旅行、收集纪念品、购买标志物等的酷爱和狂热。再如数字化的新一代对潮流玩具的痴迷。从发生的机制看，崇拜消费就是将消费对象人格化，在情感上对消费对象产生高度共鸣。从购买决策上看，决策的情感成分远远超过理智成分。

崇拜消费与文化密切相关。因为文化往往形成崇拜的对象，如基督教文化崇拜上帝，中国文化崇拜祖先。消费文化也极大影响消费中的崇拜，例如对奢华品的崇拜。崇拜消费的产生与消费者个体及环境有关联。消费者即崇拜主体必须具有强烈的心理动机，崇拜的对象往往具有一定的稀缺性或距离感。

延伸阅读8-1　中国家庭的教育消费

延伸阅读8-2　回家过年与中国红包

案例8-1　张姐和她的儿子

8.2　中国人的面子消费与关系消费

中国人自古注重人际关系，面子和关系在中国文化中的地位非常显著，这在汉语的成语和俗语中多有反映。与脸面有关的，例如颜面扫地、情面难却、有头有脸、不看僧面看佛面、人情大似债等。反映关系的，例如泛泛之交、点头之交、唇亡齿寒、亲如手足、气味相投、莫逆之交、刎颈之交、两肋插刀、肝胆相照、君子之交淡如水等。

8.2.1　脸面文化

中国人有一个普遍的特征，就是讲究面子，形成了所谓脸面文化。林语堂 1935 年在成名作《吾国吾民》（又名《中国人》）中说，面子是统治中国人的三位女神中最有力量的一个，是“中国人社会交往中最细腻的标准”。又说：“面-命-恩”是统治中国的三位女神。“比罗马天主教的教义更永恒，比美国宪法还要权威。”[1]。

南京大学翟学伟教授的研究提出，“脸”是人为了获得某一社会圈的认同，经过印象整饰后表现出的认同性的心理与行为，而“面子”是这一业已形成的行为在他人心目中的序列地位，也就是心理地位。他还提出了中国人“脸”/“面”四分模型，如图 8－1 所示。[2]

8.2.2　面子消费

面子消费（face consumption）是指中国脸面文化和心理直接导致的消费行为。面子消费的基本特征是：

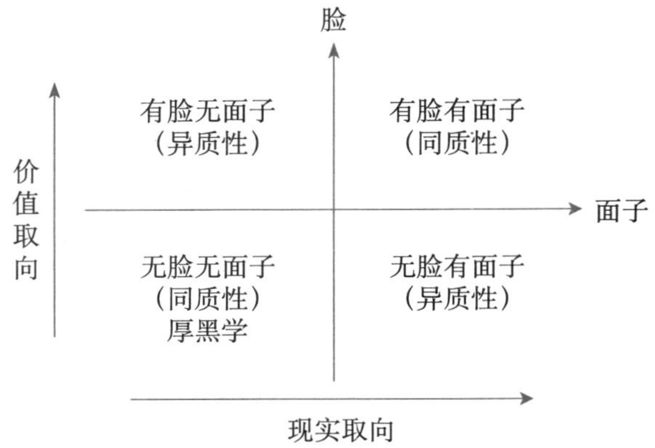

图 8－1　中国人“脸”/“面”四分模型

资料来源：翟学伟．中国人行动的逻辑．北京：社会科学文献出版社，2001：83.

（1）涉及人群广泛，具有先天性，市场超大。

（2）受收入限制低，对价格不敏感。

（3）购买者与使用者分离，重“看”不重“用”。

（4）团体送礼关心的是财务合法性（如可报销的发票），而不关心价格。

（5）消费价值的中心是脸面和关系。

（6）对包装、文化寓意等高度关注。

（7）与节日或办事目标高度相关。

（8）地位决定档次，差序关系形成不同的礼品消费档次。

（9）中庸的观念和行为，易形成跟风的消费行为。

（10）经久不衰，长期互动，来而不往非礼也。

中国消费者行为与西方消费者行为的一个显著差异是受群体的影响更加显著。西方社会的个人因素强，中国社会的集体因素强。由此，中国人在消费中一般更重视别人的看法和意见，更关注个人消费的社会群体反应。无论是在古代还是在今天，中国人都追求脸面，将送礼、维系关系等视为基本需要，将争脸、给面子和礼尚往来列入基本行为规范，从而形成社会中恒久而普遍的面子消费行为，甚至构成了驱动消费的重大动因，孕育的特殊性消费商机造就了中国的面子消费市场。

8.2.3　攀比消费、炫耀消费和象征消费

与中国人面子观相关的另外三种消费者行为是攀比消费、炫耀消费和象征消费，无论哪一种，都是为了脸面并因面子而催生强化之。

1. 攀比消费

攀比消费（comparison consumption）的重要前提是，消费者购买某件商品并非出于物质满足的需要，更多地源于攀比别人所形成的心理落差。攀比消费是一种特殊的消费现象，广泛存在于世界各地，但相对而言，在中国的文化背景下，中国人的心理造成攀比消费更加普遍、更加强烈。

2. 炫耀消费

炫耀消费（conspicuous consumption）是指购买并炫耀奢华品为代表的商品，常常以此有意显示其支付实力和能力的消费行为。[3]

炫耀消费曾与上流社会炫耀财富相连。如今炫耀消费越来越多见，例如在奢华品的购买动机中，炫耀是一个明显的因素，是为了表现消费者社会地位的提升或成就感。

3. 象征消费

象征消费（symbolic consumption）指的是具有象征性的消费行为。消费行为不但满足人的基本需要，而且是社会表现和社会交流的过程。象征消费有两层意思：一是消费的象征，即借助消费表达和传递某种意义和信息，包括消费者的地位、身份、个性、品位、情趣和认同。二是象征的消费，即人们不但消费商品本身，而且消费这些商品所象征或代表的某种文化或社会意义，包括心情、美感、档次、身份、氛围、情调。例如，宝马车作为成功者的象征而被购买；高档豪宅作为身份符号而被消费。在消费活动中，这两层含义相互渗透、难以分割。高级服饰、名牌汽车、豪华住宅、高档美酒等常常作为消费的象征物。象征消费典型地体现在顶级品牌的消费中，以价格不菲的劳力士、浪琴等为代表的瑞士名表已成为男性消费者身份和地位的象征，而诸如路易威登（LV）、古驰（Gucci）这样的国际知名包袋则是女性消费者身份和地位的象征。事实上，中国社会从 20 世纪末开始悄然进入了象征消费的新阶段，中国市场成为全球上升最快的奢华品市场。

8.2.4　关系文化与关系消费

在中国人的文化和社会中，关系是非常基本且十分重要的。由于关系文化的源远流长，关系消费、公关消费都是中国消费领域中不可忽略的。

中国人关系消费的深度和广度都胜过西方人，可以通过两个维度（情感 / 功利；个人 / 组织）将关系消费分为四种类型进行分析：个人情感型、个人功利型、社交情感型、商务功利型，如图 8－2 所示。即为关系而花钱，是出于功利的动机还是出于情感的需要，或两者兼有但比例上有变化。后两类为企业或组织的消费行为。

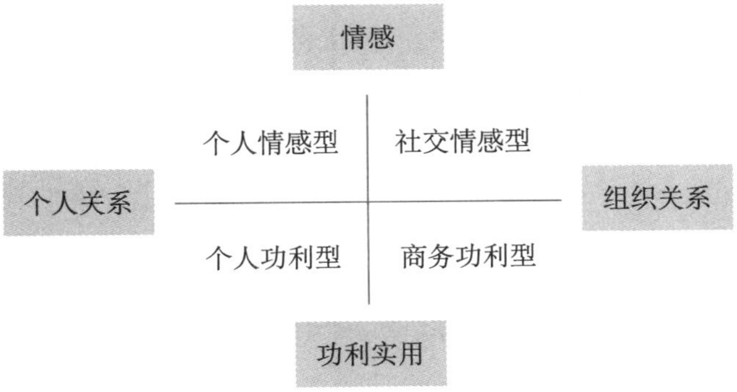

图 8－2　四类关系消费

在中国的关系消费中，应当区分以下两种不同的消费者行为：根植于关系文化的关系消费和制度原因形成的关系消费。前者是长远的、相对稳定的行为，后者是随制度而改变的、相对短暂的行为。许多消费品（及服务）的购买者在国外被界定为个人或家庭，在中国却有很多购买者是机构团体。例如，在中国社会经济转型期间，组织团体中的公款消费是一个突出的社会现象，在社会消费总额中，公款消费一度占有相当大的比例。在一些销售情境中，基于建立关系的团体购买成为销售的主要部分。

关系消费的一种普遍形式是赠礼行为（gifting behavior），这是在关系营销研究中受到较多关注的主题，它被定义为“发生在给予者和接受者之间的礼物交换过程”，是“一种象征性的交流行为”。[4] 有研究根据礼物的给予与接受关系提出五种赠礼关系：（1）团体间赠礼（如家庭之间）；（2）团体内赠礼（如公司内部）；（3）个体间赠礼（如圣诞节个人礼物）；（4）跨类别赠礼（如一组人给某个人）；（5）个体自我赠礼。[5]

西方赠礼理论的基石是商业交换。这与中国社会基于人际互动的、渗透人情关系的面子理论有着本质区别。中国是礼仪之邦，“礼尚往来”“来而不往非礼也”是中国人内心深处面子情结最直白的表达。中国人送礼的行为规范中，对面子极其关注，往往礼品的轻重就视为面子的大小，即将礼品等同面子。特别在过春节等特殊的日子，礼品更加讲究。同时值得注意的是，礼品反映送礼者对受礼者的尊重程度，并不反映送礼者的经济能力，在很多情况下，会出现超经济能力的送礼。

礼品消费是关系情结在消费领域的表现。送礼不仅在农村极为盛行，在城市也司空见惯，所以，送礼消费在中国营造出一个长期巨大的市场。1998年，保健品脑白金的广告语“今年过节不收礼，收礼只收脑白金”传遍大江南北，脑白金在极短的时间内迅速启动了市场，在2～3年内创造了十几亿元的销售奇迹。虽然脑白金从产品到广告到营销策划都广受争议，人们讥讽广告语是土得掉渣的大白话，但无法掩盖脑白金的市场成功。为什么脑白金会如此成功？非常关键的原因是其礼品定位与送礼诉求。这一定位和诉求抓准了深深根植于中国文化中的中国人的面子和关系情结。

聚焦中国8-3　中国农村的人情味与人情债

案例8-2　团结村的婚庆礼俗消费

在结束本章之前，让我们将目光转向中国消费的前沿——正在兴起的新消费浪潮。新消费的兴起表明，中国消费者除了受到传统文化的影响，新的消费文化也在形成之中。新消费的主要消费群体是Z世代，开创新消费的佼佼者都注重产品和服务中的文化要素。请参见聚焦中国8-4。

聚焦中国8-4

中国的新消费兴起

波士顿咨询公司认为，中国新消费的三大主要动力是：崛起的富裕群体、新世代消费者和全渠道的普及。

什么是新消费?

百度百科的定义是，新消费是指由数字技术等新技术、线上线下融合等新商业模式以及基于社交网络和新媒介的新消费关系所驱动的消费行为。

“双 11”之父阿里 CEO 张勇说，新消费不是原有消费的数字化，而是新供给创造的消费增量，中国未来经济的增长一定是消费驱动、体验驱动。

红杉中国的观点是，新消费是消费领域的新物种起源。

不少投资者说，新消费是能带来消费增量、能体现消费升级的消费。

商业新浪潮：每种消费都可重做一遍

2021 年天猫“618”期间，有 459 个新品牌冲上细分行业销售额第一，而 2020 年“双 11”这一数字是 360 个。

“中国几乎每一种消费品和消费方式都可以重做一遍。”——这是新消费的代表性宣言。以餐饮业为例。在早些年，投资者对传统餐饮不看好，因为从供应链到流水的管理都无法数字化、规范化。近几年，海底捞、九毛九集团在港股的表现以及新茶饮、咖啡的热潮，无论投资者还是从业者开始重新审视餐饮连锁的赛道。餐饮大赛道的新前景是，市场集中度将越来越高，出现有品牌、有规模的中国餐饮连锁巨头。

从传统零售百货业到美妆、饮料和茶、白酒、乳业、酱油、精啤……几乎都是市场热点。第一财经的中国新消费品牌增长力大调查，主要包括食品饮料、美妆个护、服装鞋包等 12 个品类，从调研中得出的这些品类的关键词，可以看出新消费产品的一些特征。

食品饮料赛道关键词：健康化、功能性、新型方便食品。如无糖气泡水、高端矿泉水、植物蛋白饮料、袋泡茶等细分品类进入转型升级期；低糖、低盐、功能性零食正成为流行；消费者对蔬果类、粮油类产品的产地日趋关注。

美妆个护赛道关键词：功能性护肤（既要看成分，又要看功效）、线下集合店以及出海。

服装鞋包赛道关键词：无尺码 / 无性别产品、小众服饰以及供应链升级。

母婴赛道关键词：高端奶粉突围、渠道线上化以及小童市场精细化。

宠物赛道关键词：营养、定制化以及宠物消费线上化。

加华资本创始合伙人宋向前说：“未来 10 ～ 20 年是中国消费服务业崛起的超级时代，也是消费创新迫在眉睫的年代。”

投资新热点：中期最确定的机会

新消费是当下中国投资领域的热点。投资圈广为流传的是：“现在投互联网，不确定性在增大，投新消费比较靠谱。”“新消费是未来 5 ～ 10 年最确定的机会。”

腾讯、字节跳动这样的流量巨人都在加注对新消费的投资。近期喜茶完成了 5 亿美元融资，估值达 600 亿元，刷新了新茶饮市场的估值纪录。和府餐饮宣布完成近 8 亿元 E 轮融资，是 2021 年以来国内连锁面馆行业的最高融资纪录。致力于将传统地域民间小吃和潮流文化相结合的“文和友”、中式快餐“遇见小面”、兰州拉面“马记永”等，都完成了新融资。以茶咖软饮赛道为例，喜茶、元气森林、茶颜悦色、简爱、三顿半咖啡、CHALI 茶里、永璞、隅田川，投资人莫不追捧。投资额较少的精酿啤酒主题店也吸引了不少创业者的目光。

好产品 + 新文化 + 数字技术

从调研看，新消费品牌的成功路径各有特色，但也有一些共性，即好产品、新文化、新技术的结合。

以喜茶来说，2012 年起源于广东江门一个小巷，创始人聂云宸苦苦摸索，原创出一款将咸芝士与天然茶香融合的芝士茗茶，受到消费者喜爱，并把消费体验自发传到微博上。除了产品，喜茶在文化上也很有特色。它一直试图表达自主的生活方式和酷与美的商业精神，把每家门店的设计都看作诠释灵感的过程，把禅意、极简、美学等元素融入设计，让喝茶变得更酷、更不一样。喜茶与多位独立插画师合作，用绘画表达饮茶之趣。全线产品的包装，也遵循酷、简约的风格。

上海的 TX 就是原来的华庭伊势丹百货，通过定位的根本调整和一系列创新，升级为沉浸式艺术体验与新零售商业文化的结合体。TX 的模式是文化和商业的融合，不是传统的人货场，而是通过“社交货币、社群标签化、消费娱乐科技化”等年轻潮流的文化，拉动新一代的消费势能。TX 的文化主张是“Digital 数字化、Oasis 绿洲、Urban 都市、X（Collaboration）跨界”。“TX 代表年轻力，是成片街区，不是单点作战，不是购物中心；TX 顺应当代国潮 IP 的孵化以及夜间消费的品质升级，打通线上与线下，把社群文化的私域流量带到线下，形成创新消费体系。”

完美日记也有很鲜明的品牌文化：追求完美，探索想象，表达自我，拥抱多元。

新玩法：从“人、货、场”到“个体、品牌、触点”

传统消费品牌强调的是“人、货、场”，新消费品牌讲的是“个体、品牌、触点”。

国产消费品牌大致经历了三个发展阶段。第一阶段是线下为王，追求的是人的覆盖、货的卖点，所以线下大卖场的终端拦截是商家必争之地，此时消费者的购买链路是漫长的，对品牌的认知是缺失的。第二个阶段是线上红利，电商是一道分水岭，自然而然将人以城市、年龄等划分开来，消费者的购买链路开始缩短，但货仍是过去的货，品牌也还不是针对新人群开发的新品牌。在这两个阶段，“场”的重要性大于一切。第三个阶段是品销合一，新消费品牌的崛起之路也由此展开。

在新消费品牌看来，传统的“人、货、场”现在都变了。首先，不再是单纯的人或人群，而是被打上多维标签的个体。对差异化需求进行精准定位是道，快手、抖音、私域流量等品销合一的渠道是术，SCRM（社会化客户关系管理）、私域流量管理工具等是器。个体自下而上地汇总为人群，每一个消费者的声音和决策都能得到充分尊重。其次，也不再是单纯的货，而是通过大数据不断演变进化的品牌。基于对个体到人群的精准洞察，出现了以蓝河乳业为代表的“单点突破”品牌、以完美日记为代表的“新世代人群抓手”品牌等。此时的品牌有了完整的故事，有了愿意听其故事的人群。最后，不再是单纯的场，而是渠道碎片化的触点。触点是什么？是线上的时间、线下的空间，这两者都随着线上流量的分散、线下新物种的涌现，从过去的面变为现在的点。通过数据中台的支持，一个支点便可以撬动过去一个大卖场的销售。

“个体、品牌、触点”的新公式，使品宣和品销的界限开始变得模糊，消费者的购买链路变得前所未有的短。在这个阶段，品牌上承个体，下承触点，开始展现出强大的赋能效应。

一时的网红并不难，资本助力很容易产生短期奇迹，难的是在红了之后迅速步入长青之道，补上该补的课。如果根基不扎实，依然过度沉迷于流量玩法，实际是在透支品牌信用，终究难以持续。对当下的新消费品牌来说，“从 0 到 1”“快而对”的第一步已经完成，接下来将是漫长的“从 1 到 100”，将是难而正确的路。

20 世纪是品牌的世纪，涌现出一大批杰出的消费品牌。这些品牌中的大部分，在 21 世纪的新消费大潮中，通过与时俱进的变革创新，依然在市场上占据龙头地位。但谁能说，今天中国市场上的新消费品牌，不会成为明天的欧莱雅、可口可乐、宝洁、联合利华呢？

以中国市场之大，新兴消费群体之旺盛，企业家精神之蓬勃，新基础设施之日益完善，一切皆有可能。期待在 21 世纪，中国涌现出一批世界级消费品牌，向世界传递中国的新生活方式和文化价值。

资料来源：改编自：告诉你一个真实的新消费．（2021-07-18）. https://mp.weixin.qq.com/s/Rv0zH2gGLXz26LXTi7dR-g.

第 8 章小结

1. 本章从中国文化切入讨论中国消费者行为的特殊性，探讨了值得洞察的中国市场上消费者行为的主要差异之处。
2. 本章分节讨论了中国人的根消费、面子消费以及关系消费。

第 8 章思考题

1. 为什么说文化造成的中国消费者行为之差异性是长期存在的？
2. 中国的新世代消费群体会不会延续中国传统的面子消费和关系消费？
3. 联系消费者行为的群体影响因素理论，讨论面子消费的消费者动机、面子消费与关系消费的基本类型、面子消费的特征。
4. 试写出中国人攀比消费、炫耀消费或象征消费的相关个案，并进行小组演示和讨论。

第9章

中国世代消费差异

> 改变消费者行为的许多生活方式都是由年轻消费者推动的，他们不断地重新定义什么是最热门的，什么不是。
>
> ——迈克尔·所罗门

章前引例

何其不同的分享互动

2000年代出生的浩宁喜爱编程，他在高三时编制的一个机器人探宝藏的视频上传到网站，引发了大量的点击、评论和讨论，他在此基础上与伙伴多次改进，升级版的设计参加机器人编程大赛获得大奖。这使浩宁深感骄傲，在他的潜意识中，全球互联网上的分享互动是与生俱来的。

浩宁的妈妈出生在1980年代初，她大学时期印象最深的是电脑上观看电影时不时出现的“弹幕”。这是观众对画面的同步吐槽，对电影的感觉和评论流动出现在屏幕上。这种实时动态的互动和分享的弹幕起源于日本的NicoNico视频网，成为1990世代最热衷的互动分享方式之一。后来，更让90世代心动的是全方位分享互动的全球旅游体验网站，例如马蜂窝网平均每天提供由用户上传的10万个旅游点“足迹”的现场图片视频、游记3 000篇、互询5 000条、点评1万个，使旅行者深度浸入其中。这是Web2.0开创的UGC时代的一个缩影。

1970—1980世代的人，成长期的互动分享难以忘怀的是QQ，当年的大学生无不沉迷其中。稍早只能靠网上留言板互动，其后则升级为铺天盖地的微博和微信的交流分享方式。浩宁的祖父是1950年代出生的，他记得中年时最兴奋的是可以通过电子邮件和全球免费沟通软件，要知道当年的越洋电话每分钟的费用可能花掉半个月的工资。

包括出生更早的几代人，青春岁月的分享和互动主要依赖书写信件，且局限在亲友小范围之内，却有个人“文物”的珍贵价值。北京大学陈平原教授（1954 年出生），几十年后被自己大学时写的一摞亲笔家信感动得热泪盈眶，而倾心将其自费出版。

本章的核心关键词是消费者世代，这既是消费者行为学中的重要概念，是商家注重的对象，也是社会和媒体青睐的话题。本章的重点是阐述消费者世代的概念、理论和方法。以美国代表性的世代细分为参考，展开探讨中国的消费者世代划分，着重于世代差异和洞察的门径，最后讨论特别有现实意义的中国 Z 世代。

9.1 消费者世代

从时间的维度来细分消费者有两个途径：一是按生理年龄，根据人生的不同阶段区分消费者；二是按世代，主要基于消费者出生的年代和成长经历的不同。前者注重消费者生理年龄造成的差异，后者注重消费者群体受外部环境（年代）影响造成的差异。中国社会近百年的变化很大，特别近半个世纪的巨变令世界瞩目。所以，关注中国消费者世代的差异更有意义。

按年龄，心理学家把人的一生分为以下几个阶段：产前期，婴儿期，前儿童期，后儿童期，青年期，壮年期，中年期，老年期，寿终期。在人生的不同阶段，价值观、追求的目标及行为能力决定了消费的差异。每一阶段都有一些典型的消费特征，这些特征与人的社会成长阶段及发展重点相对应，不同的年龄阶段有对应的消费内容和特征。[1]

9.1.1 消费者世代的理论

在消费者行为学中，以世代（generation）为后缀的新词频频出现，如 80 世代、90 世代、00 世代、X 世代、Y 世代、电视世代、网络世代、N 世代、E 世代、千禧世代、Z 世代等。一般而言，这类词更偏向社会学和人类学的范畴，从营销管理的角度来看，这些世代的标签可以用来鲜明地描述消费群体的特征和类别，因此是洞察消费者行为的重要视角和课题。不同世代的成长经历、生活环境往往各有千秋，由此形成了迥然不同的价值观和消费文化，往往指向极为不同的消费者行为。

世代被定义为：一个群体，其长度大约等于一个生命阶段，其界限由同侪个性（peer personality）来界定。[2]

这个定义包括两个要素：世代长度和世代界限。世代长度即一个生命阶段，指的是孕育下一代所需的时间长度。种种原因导致每个人的生育年龄不尽相同，所以世代长度不易明确。施特劳斯和豪威曾经根据一个复杂的矩阵计算出世代的长度约为 22 年，并考虑历史背景的不同作出调整，一般每 18 ～ 24 年为一个新的世代。随着人类文明演进的速度加快，世代长度或周期趋于缩短。如中国的世代研究或相关报告中，一般普遍以

10 年作为一个世代的界限，如 1990—1999 年出生的称为 90 世代，依此类推。由于世代与时代背景的高度相关，在国际上有一些世代更加有影响，例如 1965—1980 年出生的称为 X 世代，1981—1995 年出生的称为 Y 世代，1996—2010 年出生的称为 Z 世代。

世代界限取决于同侪个性。同侪个性是指在同一时期出生的人群中流行的行为模式和信仰。对于消费者世代而言，同侪个性显然十分重要。尽管同一时期出生的每个人的行为模式和信仰不一定都相同，但其中大多数会表现出一种主流的、流行的模式与特征。这是因为他们生长在同一历史时期，会受到类似环境的重大影响。例如，电视的出现就促生了以电视文化为主要特征的电视世代，互联网或智能手机则孕育出数字世代。

对世代的界定必须从世代长度和世代界限两个方面考虑。不能只从时间的层面来理解世代，还必须考虑他们是否具有共同的行为模式和信仰。只有那些出生于同一历史时期并且具有相似行为特点的群体，我们才称为一个世代。

世代理论的基本假设是：出生于同一时代的人有共同的社会、政治、历史和经济环境，因此会产生相似的观念和行为。[3] 世代研究也称同侪研究，是指把出生在同一时代的消费者作为一个整体，研究这个整体的消费行为模式，并考察这一行为模式在时代的更迭中是否发生了变化，发生了什么样的变化。世代差异是世代研究关注的中心。

对消费者世代进行界定细分和分析，高度依赖于消费者所处的特定历史文化背景。在研究消费者世代时，十分重要的是理解和归纳出孕育产生某一世代的社会时代背景，以及从观察、调查中抽象出该世代的生活形态、消费模式和特征、具有象征性的行为。例如，随着数字化时代到来，在世代理论中出现一个重要的新概念——数字原住民，相对更早的世代被称为数字移民（digital immigrants）。这些新的重要术语最早由普伦斯基 2001 年在他的论文《数字原住民，数字移民》中提出。[4] 由此可以了解到，1990 年代后期及以后出生的人天生具有互联网和数字化的基因，相对而言，更早出生的人都必须“学习和适应”或“移民”才能进入数字时代。所以，不难理解，数智化时代的主角和创新的主要推动人群是 Z 世代及以后的更年轻的世代。

消费者世代的划分和对世代的洞察，具有很高的商业和市场价值。所以，商业界越来越热衷于投入对世代的研究，并且不断发布各种新的世代研究报告。不过，各种世代研究报告的水平相差悬殊、良莠不齐，其中的关键是方法论。

好的世代研究应着眼于世代差异的识别，必须追问“Why”（为何）的问题，而不是满足于回答“What”(是什么)。即不是仅仅靠许多表层的调查或表象的描述，说某世代如何如何，而是要洞察出其中的奥妙所在，理解到行为发生的背后原因。否则受众无法理解，哪些是必然的，哪些是偶然的；哪些是表面的，哪些是深层的；哪些是关键的，哪些是派生的。

为了建构出某一消费者世代的逼真而传神的“画像”，应该在探求和把握以下关键点的基础上进行洞察：

- 这一世代的人经历了哪些重大的社会事件（政治的、经济的、文化的）。
- 在其成长的关键岁月，发生过什么影响深刻的事件。
- 有哪些共同的记忆（如典型事件、电影、音乐、体育、人物）。
- 有哪些环境因素（如社交媒体）和思想（如书籍）对这一世代产生了重大的影响。

- 其价值取向的特征和变化。
- 其自我和生活方式的特征和变化。
- 其兴趣、追求和需求的特征和变化。
- 有没有典型的或代表性的共同印记或标签（语言、形象、符号）。

9.1.2　美国消费者的世代细分

作为借鉴，我们先了解美国一项影响甚大的消费者世代界定的结果，再讨论中国消费者世代的划分问题。

世代研究起源于 20 世纪 60 年代，美国人口学家根据美国社会历史文化的变迁，将美国消费者分为五个世代：大萧条前一代、大萧条一代、婴儿潮一代、迷惘的一代（X 世代）、新人类（今日青少年），其中婴儿潮一代和 X 世代后来成为非常流行的社会用语。具体内涵归纳在表 9－1 和表 9－2 中。

表 9－1　美国经典的消费者世代细分

世代	文化历史背景	价值观的特点
大萧条前一代	成长于动乱年代，第二次世界大战时进入青年期，有很多人参加了第二次世界大战，目睹了各种剧烈的社会、经济和技术变革	保守、关心财产保障和人身安全
大萧条一代	大萧条和第二次世界大战时还是孩子，成熟于繁荣的五六十年代，伴随着音乐与电视长大	喜欢充分享受生活，节俭、稳健而又具有开拓精神
婴儿潮一代	出生于第二次世界大战末到 1964 年间的生育高峰期，越战、毒品、性解放、能源危机、高离婚率、冷战、摇滚等强烈地影响了这一代人	更加自我，个人主义，高学历、高收入，多组成双职工家庭，关注社会保障
迷惘的一代（X 世代）	出生于 1965—1976 年间，成熟于经济困难时期，在第一代双职工家庭中长大，40% 左右的人经历过单亲家庭，有精神缺陷和挫折感，收入低，前景黯淡	以自我为中心，物质主义，消费讲究实用，喜欢价廉物美，但又缺乏必要的耐心，玩世不恭，比上一代人更视觉化，体育运动少
新人类（今日青少年）	出生于 1977—1994 年间，成长时双职工家庭是典型的家庭形式，社会充分尊重多样化，电脑和互联网得到广泛应用	有着积极的自我意象，将自己视为友好、可以信任、可爱、有趣、聪明、快乐、重感情、有创造性的人，是精明的消费者，偏爱品牌和时尚

资料来源：德尔·I. 霍金斯，罗格·J. 贝斯特，肯尼思·A. 科尼. 消费者行为学：第 8 版. 北京：机械工业出版社，2003：162.

表 9－2　美国不同世代消费者的价值观及典型回忆

世代指标	成熟世代	婴儿潮世代	X 世代
定义	责任	个人特征	多样性
庆祝	胜利	青春	无所不知
成功是因为	努力拼搏	天生的，本就该是胜利者	有两份工作
风格	团队成员	自扫门前雪	白手起家的企业家

续表

世代指标	成熟世代	婴儿潮世代	X 世代
获得奖励是因为	赚得的	该得的	需要的
工作是	不可避免的义务	刺激的探险之旅	困难的挑战
生命中的意外	有好有坏	全是好事	坏事
休闲是	辛勤工作的奖励	生命的意义	放下心来
教育是	一个梦想	与生俱来的权利	超越别人的手段
未来	未雨绸缪	现在比较重要	不确定，但可以处理
财务理念	储蓄	花掉	障碍
热门电影	《黄金时代》	《大寒》	《四个毕业生》

资料来源：华克·史密斯，安·克拉曼．时代行销——消费者世纪大调查．北京：生活·读书·新知三联书店，2000：8，13.

9.2 中国消费者世代略述

西方学者舒特等首先对中国进行了世代划分，把中国消费者细分为三个世代，如表 9－3 所示。

表 9－3　舒特的中国消费者世代细分

出生时间	消费者
1945 年以前	“走向社会主义”的一代
1945—1960 年	“简单划一”的一代
1960 年以后	“注重自我生活方式”的一代

资料来源：改编自 Schutte H，Ciarlante D. Consumer Behavior in Asian. New York University Press，1998.

舒特的划分明显有些粗略，未充分显示出中国社会和消费者的快速变化，在舒特的基础上，国内学者把中国当代消费者文化价值观的形成与近几十年影响中国政治、经济变革的重大社会事件对应起来，做了进一步的中国消费者世代细分，其中比较有代表性的如表 9－4 所示。

表 9－4　中国消费者世代细分

出生时间	消费者
1945 年以前	“走向社会主义”的一代
1945—1960 年	“简单划一”的一代
1960—1970 年	“激情”的一代
1970—1980 年	“转型”的一代
1980 年以后	“自我”或“数字化”的一代

资料来源：改编自刘世雄，周志民．从世代标准谈中国消费者市场细分．商业经济文荟，2002，5（5）.

本书作者以出生年代作为标志，从价值观、生活表征和消费行为的若干方面对中国消费者世代进行了小范围的调查，结果发现，从 60 世代到 00 世代，在相关指标上都存在较大的差异，表 9－5 简约归纳了可供讨论的主要结果。

表 9－5　中国消费者世代调查一览表（2015 年）

世代指标		60 世代	70 世代	80 世代	90 世代	00 世代
价值观	精神气质	理想、英雄、自强不息	理想、吃苦耐劳、勤奋	阳光、积极、奋斗	创新、不安于现状、自我	时尚、前卫、意气风发
	最看重的东西	事业、家庭	家庭、工作	家庭、工作、成就	自我价值	爱情、成就
	成功是什么	对社会有贡献	财务自由	达到目标并得到认可	实现自我价值，有经济基础	完成任务
	工作的态度	责任	义务与责任	努力，生活中的一部分	自我满足感和生存需求	义务与探险
	如何看待家庭	重要	最重要	避风港	避风港	监狱、代沟
	如何看待爱情	承诺与陪伴	美好、奢侈品	可遇不可求、利益的权衡	不愿将就	苯氨基丙酸的作用；独身主义
	如何看待意外	命运无常	坦然面对	珍惜当下	随机应变	难以接受
	如何看待死亡	生命的一部分	该来的就会来，但希望不要太快	正常过程，但不害怕	正常，不可避免	可怕
	教育是	改变命运的机会	敲门砖	获得成功的基础	开阔眼界、提升自我	超越别人的手段
	最可能为了什么放弃生命	理想、国家	家人	没有	很难	爱情或小事
	儿时的理想	报效祖国	科学家	远离自己的城市出去闯荡，科学家	快点长大，科学家	快点长大
生活表征	最流行的电影/电视剧和歌曲	《地道战》《闪闪的红星》《渴望》	《少林寺》、港台音乐（刘德华、张学友）	《泰坦尼克号》、周杰伦	《来自星星的你》《继承者们》	青春片、洗脑神曲
	价值观的典型格言	人生自古谁无死，留取丹心照汗青	爱拼才会赢	走自己的路，让别人说去吧	做了再说	—
	代表性建筑物	天安门	上海东方明珠塔	鸟巢	中央电视台总部大楼	—
	最典型的休闲行为	闲逛	旅行	旅行、喝咖啡、听音乐	玩手机、打游戏、旅行	打游戏
	最能代表思潮的书	《钢铁是怎样炼成的》	金庸小说、《顽主》、《平凡的世界》	三毛的书、《三重门》、《富爸爸穷爸爸》	青春小说	漫画
	择业时的第一选择	工人	公务员	公务员	企业员工或创业	创业

续表

世代指标		60 世代	70 世代	80 世代	90 世代	00 世代
生活表征	见面最常用的问候语 / 聊天的话题	吃了吗?	吃了吗? / 在哪儿发财?	最近在做什么?	有什么八卦?	游戏、偶像
	如何表达自己的思想	写诗	日记、博客	博客、微博、微信朋友圈	微博、微信朋友圈、豆瓣	QQ、B 站
消费行为	儿时经典零食	大白兔奶糖、冰棍	雪糕、酸梅粉	大大泡泡糖、咪咪虾条、麦丽素	干脆面、娃哈哈、卜卜星	辣条
	儿时经典玩具	弹弓、沙包、滚铁环	跳绳、沙包、变形金刚	芭比娃娃	电动玩具、乐高、芭比娃娃	悠悠球
	青春期最红的偶像	刘晓庆、邓丽君、高仓健	黄家驹、四大天王	F4、王菲、四大天王、周星驰	周杰伦、陈奕迅、蔡依林	TFBOYS
	结婚三件套	电视机、电冰箱、洗衣机	房子、车子、钱	房子、车子、钱	房子、车子、钱	—
	最崇拜的偶像	雷锋	阿里巴巴	周星驰、周杰伦	周杰伦、阿里	TFBOYS
	青春期最流行的服饰	喇叭裤	喇叭裤	牛仔裤	耐克、阿迪达斯等运动服饰	牛仔裤、窄脚裤
	青春期最重要的电子娱乐设备	手提式录音机	电子游戏机	小霸王学习机、索尼游戏机	手机、PlayStation、电脑上网	智能手机、虚拟社群
	消费观	多存少花	勤俭节约	有多少花多少	喜欢就买，先享受，存钱再说	—
	理财	存银行	房产、存款	定投、股票、基金	余额宝、不理财	—
	成长期通信工具	公共电话、BP 机	固定电话	手机	手机	智能手机

总体而言，在中国 70 世代与 80 世代之间出现了明显的代际差异，中国的改革开放是影响世代行为的一个转折点：80 世代以后的年轻新世代明显异于以 60 世代、70 世代为代表的中年群体以及以 50 世代为代表的老年群体。

对中国消费者世代的简要勾画如下。

1.“激情”的一代

生于 1960—1969 年的一代人，目前五六十岁。他们苦乐兼备、际遇甚好：小时候吃过苦，青年时赶上“文化大革命”结束恢复高考，毕业后国家改革开放、市场经济大潮机会不断。他们吃过苦、懂得珍惜、敢于奋斗，许多人获得成功，成为各行各业的佼佼者。他们被誉为激情的一代。对摇滚乐共鸣。

2.“转型”的一代

1970—1979 年出生的一代人，成长期中国正处于大变化之中。中国开始从计划经济向社会主义市场经济转轨。改革开放拉开序幕并且逐步深化。青年时机会渐多，但缺乏历练。许多人出国留学。他们努力奋斗，却展现出不同的人生路径。喜欢港台歌手和歌曲。

3.“独生”的一代

中国的独生代（only-child generation，OCG）基本上是指 80 世代，中国独生子女是非常特殊的一代。1979 年中国开始提倡“一对夫妇只生育一个孩子”，造就了大约 2.18 亿独生子女（2010 年）。相应中国家庭人口结构发生变化：三口之家占最大比重（31.45%），城市三口之家的比重更是高达 43.10%（《中华人民共和国年鉴 2002》）。1992 年对北京 360 个城市家庭的调查发现，家庭支出的 66.3% 用于独生子女，全国城市家庭支出中五至七成用于独生子女。他们是拥有私人房间的第一代中国人，“小皇帝”曾经成为 80 世代儿童的典型形象。也可能造成这一代孤独自我的性格特征。

80 世代拥有比前几个世代好得多的物质生活和开放的社会环境。他们重商的倾向明显。许多人喜欢韩寒特立独行的文学作品。

4.“自我”的一代

1990—1999 出生的世代，最大的特征是走向自我。因为他们成长在互联网环境，在网上有其另一个世界。最爱在网上消磨时光，见多识广，并且陶醉其中。他们讨厌墨守成规，喜欢尝试新事物和新颖的生活方式。

从“自我”的一代开始，他们身处中国经济高速发展和国家强大的进程中，生活条件比前辈明显改善，对国家和民族的认同感和自信心普遍强大。

5.“数字”的一代和“数智”的一代

2000—2009 年出生的一代，与数字化的趋势天生契合、高度相关。沉浸于虚拟社群和线上内容平台及网络游戏。独立自信，独身主义抬头。

2010—2019 年出生的一代，与 AI、算法、智能机器人等不可分开，创新意识强。全球新冠肺炎疫情也打下深深的心理烙印。

关于中国消费者世代的研究和描述，还有其他种种说法，请参见延伸阅读 9 - 1。

延伸阅读9-1　中国消费者世代的研究

延伸阅读9-2　中国人的养老模式选择：居家养老

9.3　中国 Z 世代的消费行为

根据国际上一般的说法，Z 世代是指 1996—2010 年出生的一代人 *，就是通常说的 95 后加上 00 世代。他们正处在青少年（11 ～ 24 岁，2021 年）的重要成长时期，并将深深影响世界的未来。

1996—2010 年是人类历史的重要转变时期，是全球互联网 + 数字化蓬勃兴起的时

* 麦肯锡 2020 年对不同代际消费者的年龄划分如下：Z 世代：10 ～ 23 岁；千禧一代：24 ～ 38 岁；X 世代：39 ～ 54 岁。

期。Z 世代与互联网的普及应用和数字革命同步成长。

9.3.1 中国 Z 世代的成长背景

中国 Z 世代成长过程中，有两个最典型的时代背景对他们产生了深刻的影响，并使之与其他世代有了根本的差异。

第一个时代特征是：他们生于互联网和数字兴起的时代，是数字时代的数字原住民，他们对数智化从容轻松而成为其天生的生活方式。这个背景是全球性的，即全球 Z 世代所共有的。

第二个时代特征是：他们自幼就耳濡目染到一个强大的中国，1990 年代后期开始，中国经济和国力的强大逐步显现，有目共睹、举世公认。他们充分感受到中国改革开放以来的巨大成就和富裕的小康生活。这使得中国的 Z 世代具有强烈的国家自豪感和民族自信心。

由此，与其他的世代相比较，中国 Z 世代的差异特征主要可以归纳为以下方面。

（1）数字化的基因。

20 世纪末互联网开始普及，2010 年前后智能手机和社交媒体开始快速扩散。社交平台（微信，2011）和内容平台（抖音，2016）在中国的崛起并爆炸式发展，都深刻地影响了 Z 世代的行为习惯和价值观。这对于 Z 世代意义非凡，影响重大而深远。这意味着，他们从小就生活在社会网络和智能手机的环境之中，天生具有对网络的认知和使用手机的生活习惯。也表明他们的生活方式都会数智化，数字化和虚拟世界对他们来说不仅是工具，更是与生活密不可分、融为一体。这些都使得 Z 世代与以前的世代大有不同。

（2）强烈的自我。

社会网络对于 Z 世代最重要的意义是可以更彰显自我，在虚拟世界中不但融入全球，也利于发展数字自我。由于 20 世纪 90 年代严格的计划生育，中国 Z 世代不少是独生子女，也造成更强的自我中心意识。

Z 世代手中掌握着可以了解和表达不同见解的工具，他们当中的许多人从小就有旅游和走出国门看世界的机会。因此他们不会轻易被说服，往往会为自己的观点辩护。越来越多的 Z 世代热衷于在多元化的网络世界通过互动分享，创造出新的网络亚文化和丰富自我（参见案例 9－1）。

Z 世代强烈自我的特征又衍生出其他特点，如更自信、追求创新、反权威、叛逆求真、更加本真等。

（3）充满自信。

阳光下的中国 Z 世代对国家、对未来、对自己都更加充满自信。技术的突飞猛进、国家的空前强大、数字自我的大量机会，都是他们自信的理由。

Z 世代基本没有体会过以前世代的物质匮乏，生活质量和水平大幅提高。80 世代的中国人均 GDP 只有 2 200 国际元，出生率均值为 2.1%，而 90 世代的人均 GDP 达到 5 000 国际元，出生率均值为 1.8%，95 后的出生率只有 1.62%，较高的经济收入和较少的人口总数使其成长中获得充裕的物质。他们对物质生活没有太多的担忧，只有更多的期望。

案例 9－1

B 站：中国 Z 世代的线上家园

创建于 2009 年的 B 站，全称哔哩哔哩（bilibili），早期是一个 ACG（动画、漫画、游戏）内容创作与分享的视频网站，经过十多年的发展，如今已成为涵盖 7 000 多个兴趣圈层的年轻人多元文化网上社群和中国主要的网上内容平台之一。据艾媒咨询的数据，B 站用户 83.4% 是 1990—2009 年出生的，该百分比远高于同类群体在视频网站爱奇艺（67.7%）和腾讯视频（65.8%）中的占比。又据 QuestMobile 报告，B 站是 Z 世代月活跃渗透率最高的在线视频 App（见图 9－1），是 Z 世代最偏爱的 App。其商业价值自然不言而喻，B 站于 2018 年在美国纳斯达克上市，2021 年在港交所完成二次上市。

B 站之所以能够捕获年轻一代的心并成为年轻人的网上家园，在于它深入洞察新生代，从而拥有与年轻人对话的能力、代表年轻一代的心声和话语权，高强度黏住年轻用户众多品类的内容，更离不开 B 站开创出的独特的社群生态和文化。

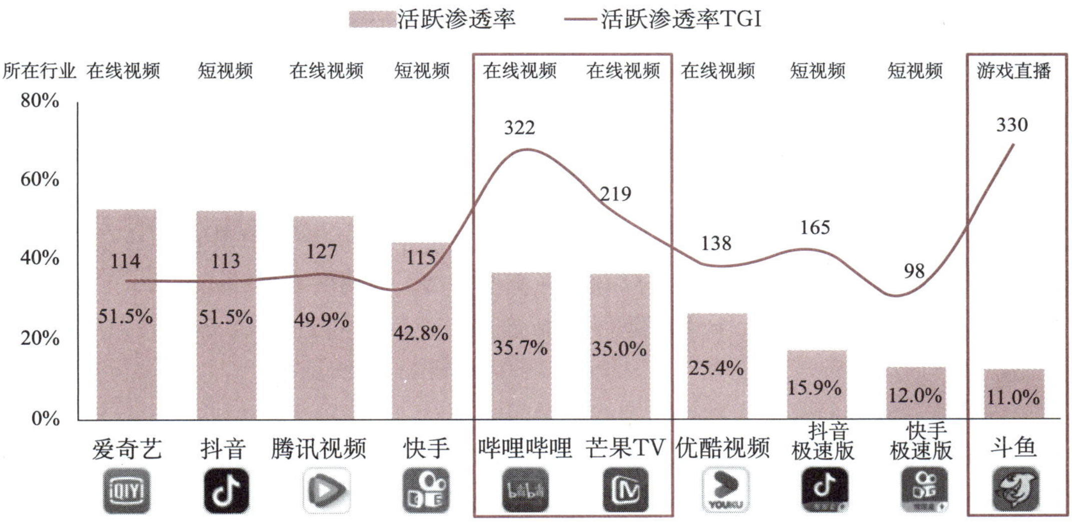

图 9－1　2020 年 11 月 Z 世代用户在移动视频 App 渗透率前十名

注：1. 活跃渗透率＝某目标人群启动某个 App 媒介的月活用户数除以该目标人群的月活用户数；

2. 活跃渗透率 TGI＝目标人群中某个 App 媒介的月活跃渗透率除以全网中该 App 媒介的月活跃渗透率 ×100。

资料来源："Z 世代"洞察报告：3.2 亿"Z 世代"引爆消费潮流大迁移，如何抓住他们？.（2021-01-12）. https://36kr.com/p/1051002293878917.

洞察 Z 世代

很长一段时间，主流舆论给予 Z 世代年轻人的标签是二次元、小粉红……但在 B 站看来，Z 世代是前所未有的一代人，他们不仅是拥有上亿规模的人群，而且普遍受过良好的教育，物质基础优越，文化素养高，独立、自信，注重精神世界。他们总是抱着好奇心积极地探索世界，包容和欣赏各种小众的亚文化。B 站市场中心总经理杨亮甚至判断："中国的Z世代在某些方面甚至比欧美更超前。在欧美，青年的潮流文化来源于街头，这和中国的现实情况不符。因为没有街头，中国的年轻人就在网络社区表达他们的态度和创造力。从这个角度来看，潮流文化未来的源头，将从海外的街头转向国内的网络社区。中国的年轻人乃至更年轻的人，也必将主导世界流行文化的话语权。"

内容破圈

B站在对Z世代充分理解的基础上，战略性地开拓内容产品。

2015年以前，B站的快速成长源于最初在二次元游戏领域的优势。2015年之后，B站加大了在内容生态的出圈策略，影视剧作品、纪录片、综艺、生活类的非二次元视频内容在比例上不断攀升。2018年，B站这类内容的占比已达50%以上。

一个小众社区进行破圈拓展，最有可能面临的陷阱就是不仅没吸引到新用户，反而丢失了老用户，但B站没有陷入这一魔咒。2020年B站跨年晚会超越传统卫视的跨年典礼激起层层巨浪。晚会将不同文化奇妙地融合于一个舞台之上，大众爱好与小众需求通过一场晚会完成了深切的共鸣，不仅在B站内获得巨大流量，也在微博、微信、抖音等平台掀起热潮。B站2020年献给新一代的演讲《后浪》同样以代际文化差异和年轻人多元文化的探讨引发了全民关注和热议……B站的内容尝试始终能引发新的网络热点和创新潮流：土味搞笑，酷炫时尚抑或是高雅知识，学习类视频在B站的火爆，一度抢占知识类视频的市场，给它又增加了一个走红标签"免费学习社区"。围绕不同兴趣圈层有针对性地对用户进行服务，使得B站的兴趣圈层量级达到7 000多，基本满足了Z世代用户多元丰富兴趣爱好的内容需求。

B站的包容性极强，多元丰富的内容生态淡化了二次元的标签，使其成为容纳多样年轻一代的最佳线上聚集地。2020年第四季度，B站大会员再创新高增至1 450万，同比增长91%，超80%的用户留存率以及日均播放时长达81分钟的用户黏性让B站更具商业价值。这些亮眼的增长数据让B站在资本市场成为明星公司，B站的广告收入也有了长足的增长。近两年，B站得到了包括电商、食品饮料、游戏、3C产品以及汽车等许多大品牌和传统广告商的广告投放，广告业务增长126%。

内容生产：自我实现和社群激励的健康闭环

B站不是传统意义的内容提供商——7 000多个兴趣圈层的内容生产制造提供者，其内容创作输出者大多数就是社群内部的成员，内容来自成员的热情贡献。这是UGC模式在数智生态中以视频内容为主的新发展。

从原生用户中产生的拥有大量粉丝（如百万级粉丝）的重量级创作者被称为UP主。UP主一词源自日本的网络用语，UP的含义包括上传分享（upload）和向上提升，UP主即大量创作并获得热捧、引领内容潮流的人物。B站内外许多年轻人都希望成为UP主：从内容的消费者成为内容生产者的偶像。

B站大多数UP主投稿的动力在于自我表达、自我实现及与相同爱好群体交流的需求，B站成为他们向同代人和世界表演和传播的舞台、塑造自我品牌的绝好机会和阵地。所以，内容创作者的动力首先是纯粹的交流分享，而不是直接的变现圈钱。这种健康闭环的社群生态，也使得B站可持续地创造出优质专业的内容，吸引更多优秀UP主，进而不断拓宽用户边界，演变成为一个泛视频综合体。

B 站激励用户互动生产内容、持续输出高质量内容的关键要素，是其 PUGV（专业用户生产视频）模式。其招股书显示，2020 年 B 站最受欢迎的 PUGV 内容品类为生活、游戏、娱乐、动漫以及科技知识，反映了 B 站完善多元的内容生态。2020 年第四季度，B 站月均活跃 UP 主为 190 万，而 2017 年时，这一数字仅为 20.14 万。

建构充满活力的社群生态

社群生态和氛围，是生生不息、兴旺长青的根本原因。

B 站在中国最早引入了弹幕互动方式而形成了“有梗”的弹幕情境。弹幕嵌入视频之中，可同主体内容一起被消费，为内容消费增加了社交互动元素，这也成为 B 站作为内容社区的基础。作为具有表达欲望且愿意网络社交的 Z 世代，弹幕成为他们在 B 站与人交流的渠道，也借助弹幕这种形式，完成了一个乐于分享互助的美好社区氛围的搭建，成为 B 站社区文化的重要组成部分。

B 站建立了严格的社区成员考核制度。于 2013 年启动了号称史上最严格的社区转正考试制度，需要通过答题完成社区准入资格的获取，且只有会员才能既可以观看视频也可以进行弹幕发送。考核变现带动用户对 B 站社区准则的学习，形成一种用户筛选和准入教育。此外，B 站陆续完善了整套社区治理体系，包括从产品功能层面支持用户设置屏蔽词，申请字幕保护等，也有运营层面的动作，如 2017 年 2 月上线的用于违规处罚和案例公示的“小黑屋”平台以及 6 月启动的“风纪委员会”等。还有一系列的包含产品、运营技术层面的举措，让 B 站培育出有序健康的社区生态和氛围，这是 B 站社群文化的重要基石。

资料来源：1. B 站眼中的 Z 世代，有何不同？.（2020–11–27）. https://www.sohu.com/a/434681784_120560044.

2. 浅谈 Z 世代与 B 站.（2021–03–29）. https://weibo.com/ttarticle/p/show?id=2309404620030548508857.

3. B 站发布 2020 年 Q4 及全年财报：平均月活用户数突破 2 亿　同比增长 55%.（2021–02–25）. https://baijiahao.baidu.com/s?id=1692630938418586735&wfr=spider&for=pc.

4. B 站的营销面：跟 Z 世代玩在一起.（2018–11–08）. http://www.maad.com.cn/index.php?anu=news/detail&id=7368.

5. “Z 世代”洞察报告：3.2 亿“Z 世代”引爆消费潮流大迁移，如何抓住他们？.（2021–01–12）. https://36kr.com/p/1051002293878917.

6. 专访 B 站 COO 李旎：B 站如何健康增长三十年？.（2020–12–29）. https://36kr.com/p/1030306984445960.

7. 重新认识 B 站.（2021–03–30）. https://www.tmtpost.com/5136803.html.

8. B 站还未长大，已经老了.（2020–05–20）. https://36kr.com/p/715440220500739.

讨论题

1. 你是不是 B 站的资深用户？结合自身感受分析 B 站的社区氛围是如何塑造和保持的。

2. 分析 B 站和其他 Z 世代活跃的数字平台（如抖音、Soul、小宇宙等）在吸引 Z 世代上策略的异同。

9.3.2　中国 Z 世代的消费特征

中国 Z 世代成长环境的巨大差异和主要特征，导致了不同的消费特征和消费者行为。Z 世代约占中国总人口的 15%，正在成为国内消费的重要增长引擎，成为驱动中国新消费的重要力量。在数智化的生态中，他们不仅主宰自己的购买决策，数字能力和独立判断力还使他们能为父母的消费提出好建议。

Z 世代在消费者行为方面，呈现出以下特征。

（1）新消费的主要驱动力。

2010 年以来，新消费的巨浪席卷中国大地，在“所有的消费领域都可以重做一遍”的思维下，新锐的消费品牌如雨后春笋，投资人对传统消费品行业的创新项目纷纷重金下注。而中国新消费兴起的驱动力量之一正是 Z 世代，他们不但是新消费的主要消费群体，也是新消费最活跃的创新力量和参与者。

（2）追求消费的个性化与参与性。

Z 世代的消费体现个性化、多样选择、参与设计、主导制造。无论是购物还是娱乐，都强烈需要参与感和体现个性。比如在娱乐方面，Z 世代的明星更加多样化和分众化。获得 Z 世代认同和钟爱的电影弹幕，以同步共创的吐槽和公共表达方式，形成了强烈的在场感和参与感。网上内容创作更激发了 Z 世代的参与，他们对在内容平台的个人创作往往充满激情、创意奇出。

（3）带动场景性消费。

Z 世代的消费更多是即时的场景性消费，比如，在看视频时觉得某角色的服饰好看，就可能边看视频边把衣服买了；或者在公众号看到有文章把一个产品描述得特别好，就立刻点击购买；或者在旅游时发现一个很有意思的产品，就扫码或者在电商平台搜索购买。

（4）愿意为“喜欢”付费。

对于数字内容产业来说，Z 世代比 80 世代更具有付费意愿。不管是观看电影电视剧、阅读文章，还是使用软件，或是为了喜欢的歌手、演员……Z 世代都愿意为“自己喜欢”付费。易观国际 2015 年的调查表明，89.9% 被调查的 90 世代在网络购物时，最重要的考虑因素是“自己喜欢”，其次才是价格。百度 2014 年的数据也显示，90 世代是愿意为喜欢而买单的世代。

（5）推拥“新国货”。

Z 世代出于对国家和民族的自信，认为“国产品牌不比国外品牌差”。调查表明，61% 的 00 后表示会关注社会和国家发生的大事，而支持国产也是 00 后关心国家的一种方式。00 后的校园内洋溢着爱国情绪，他们不那么偏好国外品牌，53% 表示“国外品牌不是一个加分项”*。

同时，Z 世代对产品的缺陷特别敏感，功能之外要颜值高、品质好、使用体验好等，对产品细节的缺陷忍受度较低，甚至自己开创新产品来替换不满意的产品。

（6）催生出趣味相投的网络社群。

相比以前的世代基于地理的邻近形成社会圈子，Z 世代更愿意基于兴趣在网络上形成自己的社交网络。他们更愿意和主动在社交媒体上发布自己的照片、状态，更愿意在网络中寻找志趣相投的伙伴。在绝大多数的网络兴趣部落中，有 60% 的帖子是由 90 世代发起的。QQ 和易观国际的调查显示，53.61% 的 90 世代希望使用社交媒体与朋友沟通，40.89% 希望通过社交媒体寻找有共同兴趣爱好的朋友。网络社交成为重要的获得认同感与陪伴感的方式，促成了许多有消费行为和商业价值的品牌社群。

* 腾讯 00 后研究报告.（2018-07-06）. https://xw.qq.com/amphtml/20180706A01FXF00.

（7）消费选择的情感偏好。

Z 世代生活在大量视频的环境，有更看重视觉的偏好。Z 世代重视外观的审美和品牌内涵的个性。喜爱新奇特，通过网络口碑尝试新品牌的意愿较高，但品牌忠诚度不高。

聚焦中国 9－1

中国 Z 世代的消费趋势

2020 年麦肯锡咨询对近 3 000 名 18 ～ 54 岁的中国消费者开展了调查，其报告反映了中国的 Z 世代与千禧一代和 X 世代之间的差别，并将结果与其在美国、澳大利亚、印度尼西亚、韩国和日本所做的类似调查进行对比，比较了全球同龄人消费者的特征。麦肯锡报告提出了中国 Z 世代消费群体的六大趋势。

趋势一：中国 Z 世代对未来充满信心，更易产生超过预算的冲动消费

在调查的所有国家中，年轻消费者都更倾向于随性购买。中国消费者比其他国家的同龄消费者更容易冲动购物。就连中国 X 世代（39 ～ 54 岁）消费者也比其他国家 Z 世代更喜欢随性消费。中国 Z 世代冲动消费的比例在全球首屈一指，47% 的受访者表示会随性购买，比中国千禧一代（24 ～ 38 岁）高 5%，比中国 X 世代高 11%（见图 9－2）。

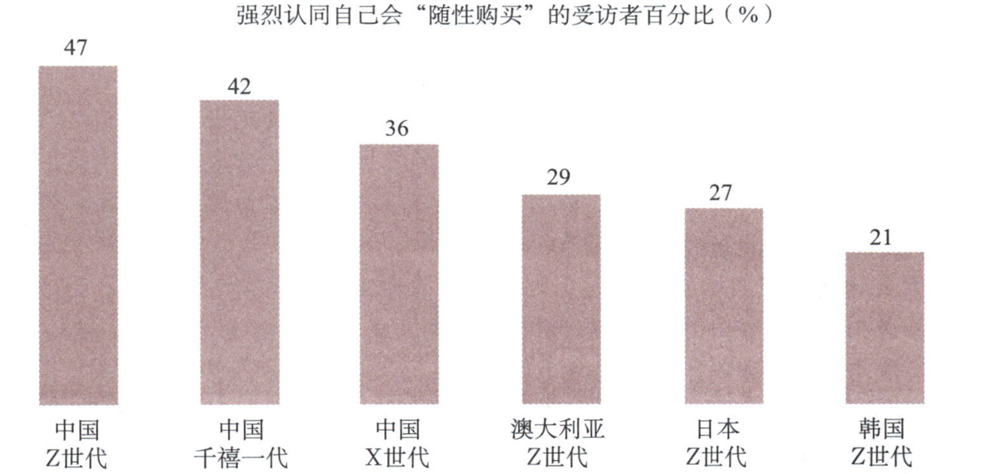

图 9－2　中国 Z 世代更容易冲动购物

注：中国 $N=2\ 947$；澳大利亚 $N=3\ 311$；日本 $N=2\ 966$；韩国 $N=2\ 482$.

支撑这种消费行为的部分原因是中国 Z 世代消费者对未来收入增长的坚定信心：78% 的中国 Z 世代受访者相信自己将来的收入会超过（或远超过）现在。冲动购物倾向加上乐观情绪，让 36% 的受访者表示会超预算支出。

实际上，中国 Z 世代自称“月光族”，他们习惯于将每月到手的工资全部花光，不留余钱。根据调查，他们并不介意欠债。只有 21% 的中国 Z 世代受访者表示希望尽快还款以减轻压力，而中国千禧一代作此回答的比例为 28%。在中国，没有信用记录的大学生也可以通过消费信贷购买原本负担不起的商品。此类消费信贷产品包括花呗（25 岁以下消费者占其用户总数的 1/4）、京东白条等。无独有偶，美国 Z 世代在消费品支出上也颇为大手笔，他们在奢侈品牌服饰上的开销甚至超出收入更高的千禧一代。

趋势二：Z世代渴望独特的产品与服务

中国Z世代消费者中，逾半数（51%）偏爱提供个性化产品的品牌，53%会选择提供定制服务的品牌。相比澳大利亚、日本或韩国消费者，中国消费者更渴望彰显个性（见图9－3）。

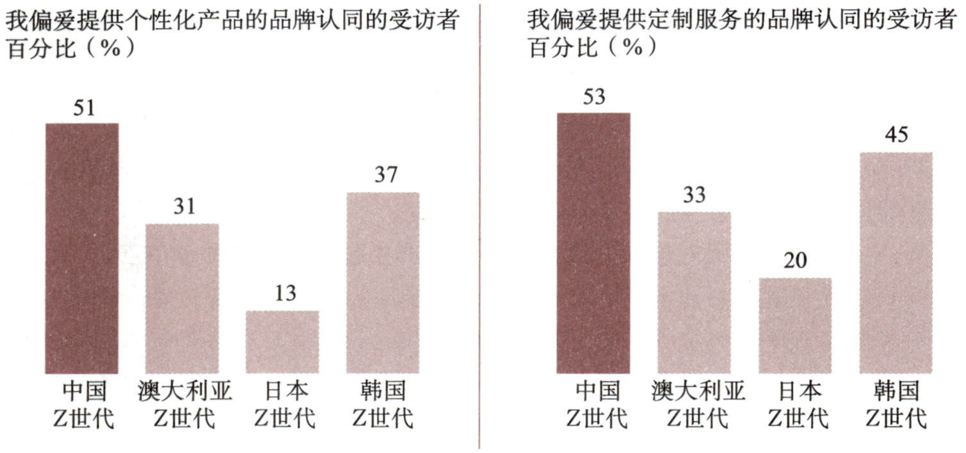

图9－3　不同市场的Z世代都更加倾向于个性化产品与定制服务

注：中国 $N=2\,947$；澳大利亚 $N=3\,311$；日本 $N=2\,966$；韩国 $N=2\,482$.

为满足市场需求，充满实验精神的圣罗兰（YSL）等品牌推出了定制口红产品，为消费者提供在口红外壳上刻字的专属服务。中国Z世代也青睐此类定制产品，但究竟愿意为此支付多少溢价尚不明朗。因此，这些早期努力尚未对品牌收入产生太大影响。

趋势三：中国Z世代对品牌更忠诚

中国Z世代更倾向于对他们选择的品牌保持忠诚：47%的受访者表示会忠于自己喜爱的品牌，43%称在熟悉的品牌和新品牌之间总是会选择前者（见图9－4）。中国Z世代的品牌忠诚度不仅高于其他国家（尤其是韩国和日本）的Z世代，也高于中国的年长群体。

成功品牌会更频繁地利用社交应用上的客户关系管理工具来保持客户参与度和留存率。例如，微信小程序可为用户提供各类增值服务，包括小程序独家线上活动和优先预订权等，这些均有助于提升品牌忠诚度。

趋势四：全渠道购物呈上升趋势

相比其他国家，中国Z世代更习惯于全渠道购物。以服装为例，近40%的中国Z世代消费者表示会去门店看实物，然后线上下单；其他国家/地区的Z世代中只有16%～29%会这么做。不过，只有约20%的中国Z世代消费者会同时在线上线下渠道浏览服装。这表明线上和线下渠道在中国Z世代全渠道体验中发挥着不同作用（见图9－5）。

为满足消费者全渠道体验需求，一些线上起家并大获成功的品牌也开始向线下拓展。中国零食品牌三只松鼠就树立了一个很好的榜样，该品牌在线上经营4年后，于2016年开设了首家线下体验店，线上线下业务都实现了快速增长。

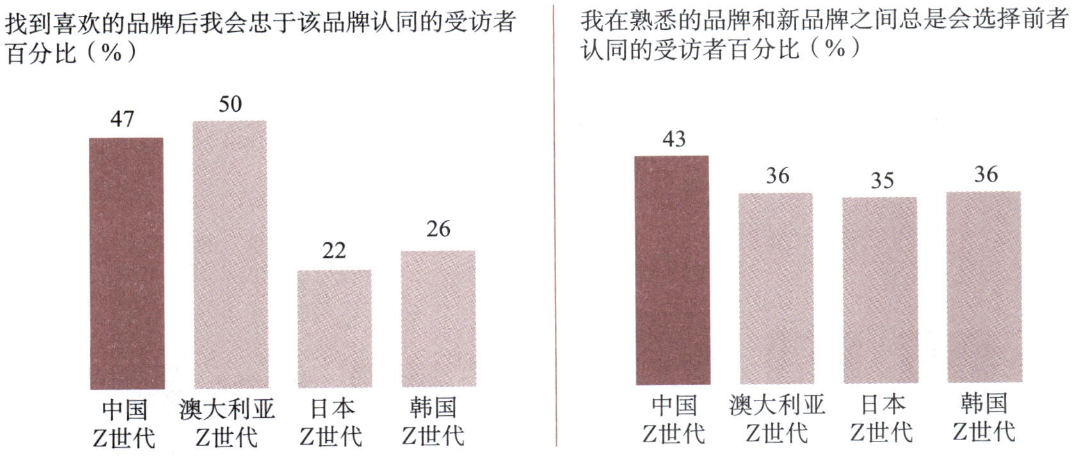

图9-4 Z世代品牌忠诚度的区域差异

注：中国 $N=2\,947$；澳大利亚 $N=3\,311$；日本 $N=2\,966$；韩国 $N=2\,482$.

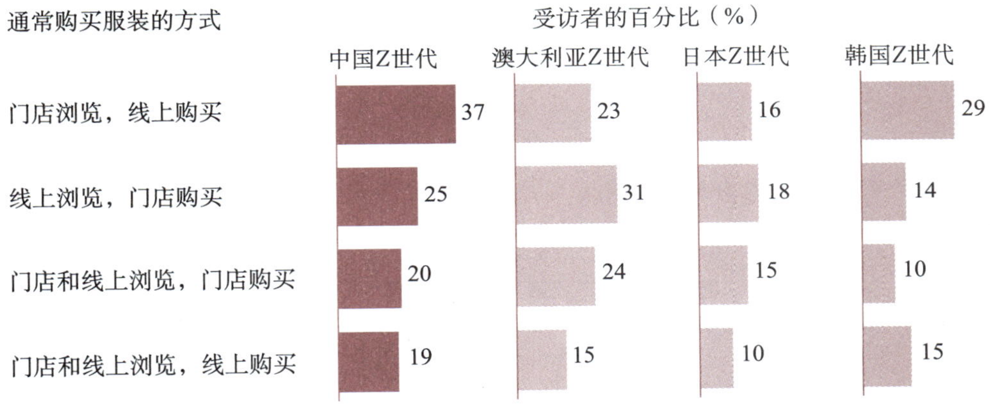

图9-5 网络成为中国Z世代的重要消费渠道

注：中国 $N=750$；澳大利亚 $N=3\,311$；日本 $N=2\,966$；韩国 $N=2\,482$.

趋势五：Z世代青睐透明度更高、质量更有保障的电商平台个人卖家

相比年长群体，中国Z世代消费者更乐意接受电商平台上的个人卖家，此类平台(如淘宝以及二手交易平台闲鱼)为个人间交易提供了更多便利和保障。研究表明，43%的Z世代受访者喜欢这些平台，相比之下，只有38%的千禧一代和35%的X世代有此倾向。但Z世代消费者对其他社交平台上的个人卖家（如微商）接受度相对较低，可能是因为淘宝、闲鱼等平台上个人商家的透明度更高，质量也更可靠。

趋势六：线上口碑更能影响Z世代消费者的购买决策

一些线上评论，如淘宝、天猫或小红书上的产品体验文，以及亲朋好友在社交媒体上的评论，是影响中国不同世代消费者的重要信息源。在受访的所有世代中，逾3/4的人表示线上评论是影响购买决策的三大因素之一（见图9-6）。

品牌官方社交账号、网上博主/网红的意见对Z世代也很重要，Z世代受访者中将品牌官方社交账号作为重要信息来源的有55%，将网上博主/网红作为影响购买三大因素之一的有 44%，这一比例高于千禧一代和 X 世代。深受 Z 世代喜爱的关键意见领袖为这一趋势推波助澜：薇娅在淘宝直播中动辄带动数十亿元的交易额。提供评论、论坛和团购等服务的大众点评网等在中国年轻消费者中也广受欢迎。

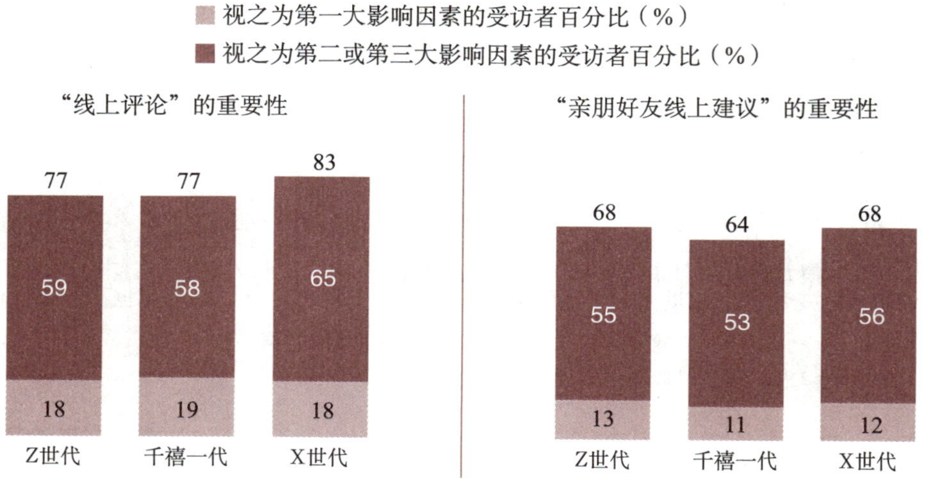

图 9-6　线上口碑效应的重要性突显

注：中国 $N=2\,947$.

另一方面，传统的口耳相传或亲友线下推荐对年轻人的影响力日渐式微。Z 世代受访者中只有 43% 将此视为三大影响因素之一，在 X 世代中为 69%（见图 9-7）。

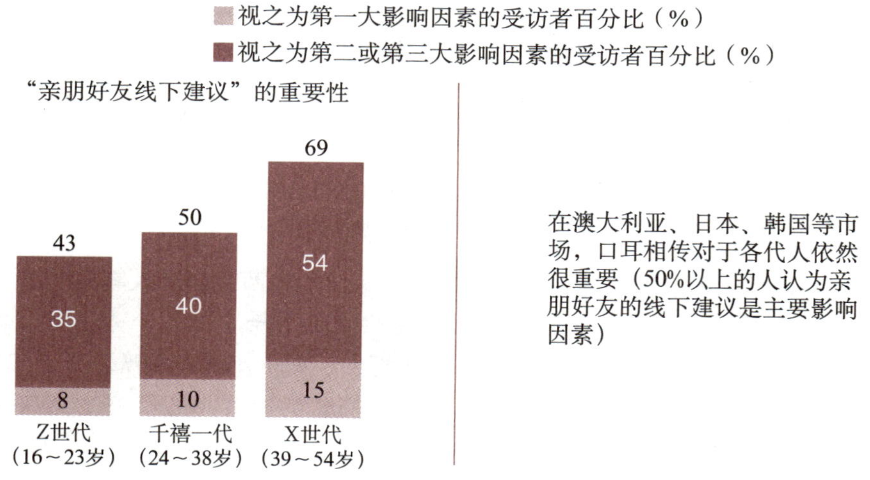

图 9-7　传统口碑对 Z 世代的影响力式微

资料来源：中国 $N=2\,947$.

在美国，39% 的 Z 世代受访者在选择产品或品牌时将社交媒体视为最具影响力的渠道，另有 26% 受访者首选线上评论和博客。亲友的线下建议仍是 15% 受访者的首选，只有 10% 受访者将网红意见视为首要影响因素。

资料来源：中国消费者报告 2021：洞悉中国消费者：全球增长引擎.（2020-12-01）. http://data.eastmoney.com/report/zw_strategy.jshtml?encodeUrl=ndGEfVaTnJqX4reuX5C0ECzV86lCQC/7KKEwig5GWTA=.

第 9 章小结

1. 本章的主线是建立消费者世代的概念和理论，从世代的视角分析中国消费群体及其变化趋势。
2. 本章讨论了中国消费者的世代划分及世代差异，概括提出了若干世代的基本特征。
3. 本章初步讨论了数智化生态中成长的中国 Z 世代的特征和消费者行为特征。

第 9 章思考题

1. 何谓世代？何谓数字原住民？它们对解释消费者行为有什么作用？
2. 小组作业：如何才能深入洞察消费者世代？结合本章提出的方法，试具体描述并讨论中国 60 世代、70 世代、80 世代、90 世代、00 世代的不同特征（时代背景、价值观、生活方式、消费行为等）。
3. 搜索对中国世代的相关研究报告，例如《腾讯 00 后研究报告》（2020）、埃森哲《全球 95 后消费者调研中国洞察》（2017）等，结合自身经验讨论中国 Z 世代的特征。试写出个案，从某一视角描述中国 Z 世代的消费行为，并在小组中进行演示和讨论。

第10章

中国区域消费差异

> 橘生淮南则为橘，生于淮北则为枳，叶徒相似，其实味不同。所以然者何？水土异也。
>
> ——《晏子春秋》

章前引例

林语堂论中国人的地域差异

著名作家林语堂在其名作《中国人》(上海：学林出版社，1994）中，细腻地描写了中国人的民族和地域差异以及消费行为和习惯的不同。他认为，从地理和文化的角度来考察中国人时，“中国人这个抽象概念几乎消失，代之而来的是一幅多种族的画卷，身材大小不同，脾气与心理构成各异”。如北方人习惯于简单质朴的思维和艰苦的生活，高大健壮，热情幽默，吃大葱，爱开玩笑；而长江以南的人则是惯于安逸，勤于修养，老于世故，喜欢舒适，他们喝燕窝汤，吃莲子；广东人充满了活力，有事业心，无忧无虑，好斗，进取，脾气急躁；华中地区的湖北人因为精明而被比作九头鸟，湖南人则以勇武和坚韧闻名。

本章将从空间的维度讨论地域广阔的中国超级市场的区域消费差异，首先是城乡消费差别，试图归纳中国农村消费者行为的一般特征。再探讨区域消费差异的主要表现，提出区域消费基本类型 TOFA 模型。这些认知和工具，对于开拓区域市场的营销战略和策略都大有裨益。

10.1　区域消费差异

国内某大型饮料集团曾策划过一次全国性赠品促销活动，选择的赠品是家庭装食用油，为此统一采购了某品牌调和油发放全国。未曾预料到的是，在全国不同区域市场上听到了不同的反馈：东北市场要求改送豆油；华南市场要求改送花生油；华中市场要求改送菜籽油；只有华东地区接受调和油。这个真实的事例提醒我们，中国市场的区域消费差异是明显的。

为研究中国改革开放初期进入中国市场的跨国公司的成功与失败，著名的经济学人智库（EIU）曾经进行过一项调查（1997）[1]，在接受调查的跨国公司中，把中国看成一个市场的有 44%；把中国看成两个市场的有 6%；把中国看成三个市场的有 11%；把中国看成四个或更多市场的有 39%。把中国看成一个和两个市场的公司很多都失败了，最后一类将中国理解为多个市场的公司基本上都成功了。可见，区别对待区域市场是赢取中国市场最重要的市场战略之一。

聚焦中国10-1　下沉市场消费潜力

聚焦中国 10-2

中国农村消费者行为的基本特征

农民占中国总人口的七成左右，在整个中国市场中，农村市场广阔而巨大，举足轻重，有很好的开拓前景。近几十年来中国农村有了极大的发展变化，为了发展农村市场，必须了解中国农民的消费者行为。农村消费者行为与城市消费者行为大相径庭，不同农村间的差距亦十分明显。一般来说，中国农村消费者行为呈现如下一些倾向或基本特征。

1. 消费偏好：以实用消费为主

根据国家统计局网站 2020 年 2 月 28 日发布的《中华人民共和国 2020 年国民经济和社会发展统计公报》显示，2020 年我国城乡居民人均可支配收入比值为 2.56。虽然该比值一直在缩小，但农村消费者相对于城市消费者而言，能够支配的金额是更少的。农民的收入不仅要用于生活消费，还要用于生产投资，消费以实用为主。他们喜欢物美价廉的产品，对质量、性能和耐用性要求比较高，对价格较为敏感，而对品牌、包装以及外观设计等不是十分看重。随着收入增加以及外来的新潮消费观念的影响，农民的消费也逐渐从实用型朝注重时尚和品牌的方向发展。

2. 消费决策：倾向于从众趋同

相对于西方消费者而言，中国人的消费决策更受群体影响，对于生活在熟人社会的农民来说尤其如此，普遍存在从众趋同的现象。农村居民的攀比心理相当突出，他们往往依据他人的消费行为来决定自己的消费行为；他们非常注重个人消费在社会关系成员中引起的反应。此外，农民的社区归属感更强，喜欢通过使用相同或相似的产品来保持群体一致性，不太喜欢标新立异。

3. 消费观念：节俭与奢侈并存

中国传统文化崇尚节俭，提倡量入为出，强调储蓄和积累，这在农村表现得尤为突出。费孝通先生早就发现，在农村，人们从小生活很节俭，剩饭也从来不倒掉，但在婚丧礼仪场合，节俭的思想就消失了。农民的消费观念主要表现为节俭，精打细算，舍不得花钱，更不敢超前消费。然而在一些重要的场合，如逢年过节、婚丧嫁娶、人情往来等，则一改平日的节俭，拿出平时省吃俭用积攒下来的钱尽情消费，从吃到用，从穿到行，大肆采购。更有甚者不惜举债消费。

4. 消费心理：钱事小，人情、面子事大

面子是中国人特有的价值观。维系面子被视为中国人的基本需要。农村是一个熟人社会，维系面子更是生活中必须遵循的逻辑，面子是农村居民人情消费和攀比消费的根本原因。

影响中华两千余年的儒家伦理十分重视“礼”，强调礼尚往来，往而不来非礼也，来而不往亦非礼也。在重视私人关系的中国社会，礼尚往来成为私人交换利益的手段，即人情。农民大多接受“人情大于天”的古训，人情消费在农民的日常生活中占有重要的地位，构成农民一大硬性支出，甚至为此超前消费，借钱请客，负债送礼。

5. 消费新趋势：网购与移动消费热

在中国兴起的数字化和网购大潮中，农村的网购和电子商务热情高涨，农村比城市更加渴望通过电商和网购来满足他们的需求。随着一二线城市市场增长率逐步放缓，快速增长的中国农村市场正成为电商巨头的必争之地。农村正在成为网购市场的新增长点。

资料来源：1. 汪兴东，郭锦墉．农村居民手机购买行为及影响因素分析．老区建设，2008（24）．

2. 费孝通．江村农民生活及其变迁．兰州：敦煌文艺出版社，2000.

3. 朱梅，汤庆熹，裴爱红．农村居民不良消费行为的文化动因及对策研究．湖南农业大学学报（社会科学版），2007（12）．

4. 尹文莉，职亮．皖北地区农村居民消费行为的研究——基于淮河地缘文化背景下的探讨．特区经济，2008（12）．

5. 2016 年农村网购或达 4 600 亿元．（2015–02–26）．http://tech.sina.com.cn/i/2015-02-26/doc-iawzuney0270078.shtml.

6. 麦肯锡：2015 年中国数字消费者调查报告．（2015–03–06）．http://www.199it.com/archives/331323.html.

聚焦中国 10－3

小城青年：三四线城市青年的消费素描

中国幅员辽阔，不同城市和地区的社会经济发展程度相差悬殊。在一二线城市市场竞争逐渐激烈时，三四线城市展现出日益强大的消费商机，这一市场的消费者不可忽视。中国 300 个左右的三四线城市中的消费者行为有什么特点呢？

1. 圈子与关系：熟人关系下的低个体性

与一二线城市相比，三四线城市的社会结构特征是：它不是一个以业缘、趣缘为主，由陌生人构成的流动大都市，而是以亲缘为核心，靠熟人圈子的整体社会关系来构建的。三四线城市的消费者往往身处大家庭，大多是三代同堂 / 同城；日常社交的对象是抬头不见低头见的熟人和亲友；求职发展主要依靠人脉网络而非个人能力。由于在小城市中互相依赖的需求大于独立的需求，因此人们有更少的独处需求。由此引申出的面子、关系网络的经营是身处其中的青年人必须面对的现实选择。

总体上，小城青年需要服从社会形象的设定，比如什么时候结婚、买房、买车，哪些消费是成功、幸福的标配等。除了人生大选择上的从众，还有相当多的小消费行为也显示出从众的特征，比如，在娱乐消费中关注主流的热播剧、身边人的趣事等，这不仅是他们热衷的共同话题，也是社会交往中的“社交货币”，日常交谈中，不能落伍很重要。此外，尽管年纪不大，但小城青年已经建立起长期的互惠网络，对人际关系的建设投入资源并且有很高的敏感性。密不透风的人际网络，家人圈、闺蜜圈、同事圈……带来了安全感，也带来了从众的压力（别人买了我也要买），每个月都有相当的社交花费。

此外，熟人圈子的社会关系导致在三四线城市，意见领袖不是来自网络，而是生活中的某个亲友。这些圈子中的小意见领袖有着强大的影响力，对圈内人的消费行为有决定性的作用。虽然在总体上小城青年服从社会的要求，但也有自我独立的需求，他们不愿意完全为了大家庭或者别人的想法而活。在这方面，他们会用一些稍稍独特的爱好（不同于突破式领先）获得一些稍稍出众的存在感，并希望得到圈内人的认同和赞美。比如，购买创新产品等。

2. 低收入与高消费意愿并存

在三四线城市，主要经济发展集中在第一二产业，比如制造业和建造业，第三四产业的发展比较欠缺。三四线城市的市场发展相对落后，也很少有真正意义上的现代企业。国有企事业单位为中小城市年轻人“理想就业”提供了绝大多数机会和资源。由于经济发展不充分，小城青年的收入不高。不少年轻人是月光族，但是因为有父母的帮衬，没有大城市购房和生活的压力，所以对未来的担忧较少，有较高的消费意愿。他们在有限的选择中消费，不愿意亏待自己。他们对生活方式的向往大量来自电视剧和网络，“消费是年轻人迅速看齐一线城市的便捷手段”，因此“买同款”是接近理想生活和时尚的快捷途径。

3. 蓬勃发展糅杂山寨的商业与消费

商业发展给三四线城市带来了迅猛的变化，市民消费近年来显著升级，淘宝在三四线城市快速发展壮大，微商这种半熟人式的营销在三四线城市广受欢迎。由于距离上的便利，市民常常将逛超市、去商场购物看做日常消遣方式。但同时，三四线城市依旧存在大量价格低廉、鱼龙混杂的山寨品牌，尚不成熟的消费者对品牌的感知程度、消费选择的精细程度明显低于一二线城市，大部分人的认知是“广告里有就是大品牌”。

4. 新科技带来新生活方式

数字移动生活缩小了大城市与小城市之间的鸿沟。在低线城市生活的年轻人过去受关系所限，上升通道固化，但今天通过互联网拥有更多的机会。微信、快手的兴起，催生了网红和微商等新职业，给渴望实现梦想的年轻人提供了新的职业窗口和机会。低线城市的青年人更是数字化的受益者。网上购物对低线城市年轻人的消费文化发展至关重要，淘宝让低线城市年轻人可以购买本地市场没有的产品，低收入或者不那么富有的年轻人有了更多的选择。尽管身处小城市，但通过淘宝等渠道，低线城市消费者的消费品位实现与一线城市快速对接，有着个人品位的年轻人群体逐步形成。

5. 核心价值观：安稳现状 + 小确幸

受收入、熟人社会的文化规则、个人价值观等因素所限，维持踏实、安稳的生活是小城青年的消费主基调。他们知道外面的世界很精彩，但也认识到有很多风险和不确定性，往往不愿意承担这种风险。对比高收入，他们更想要安稳、按部就班的工作，比较容易自我设限。在消费上，表现为对物有所值的强调。比如，对 iPhone 的购买意愿很强，觉得 iWatch 虽然炫酷却不实用。在安稳之外，小城青年还希望偶尔可以有一些小确幸，比如在衣食住行上向一线城市看齐，有能力时偶尔购买一些轻奢品来犒劳自己，看一场演唱会等。

资料来源：改编自华为消费者洞察部. 华为小城白领研究，2017.

10.1.1 区域消费差异的影响因素

区域消费差异是指因地理区域的不同而表现出的消费价值观、消费模式和群体消费行为的差别。那么，区域差异的原因或影响因素是什么？

区域消费差异的影响因素可以分为经济因素和非经济因素，既包含经济因素的区域购买力的差距，也包含非经济因素的区域消费文化的差别，如图 10－1 所示。经济因素主要包括收入水平、地区经济发展阶段等；非经济因素主要包括社会文化、心理因素、地理因素等。经济因素会随经济发展而趋同（如从吃不饱穿不暖到衣食无忧），政策因素也会因时而变，但消费文化的差异却长期难以消失。例如，众所周知，中国各地饮食习惯和饮食消费行为大不相同，是因为长期形成的饮食文化的积淀，代代相传。区域消费差异首先表现在饮食消费上。

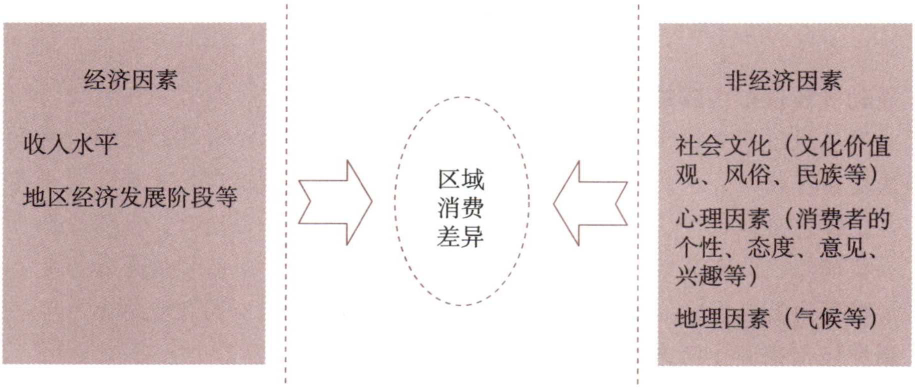

图 10－1　区域消费差异的影响因素

许多公司在中国市场制定营销战略时，通常将整个市场从中心城市到偏远农村分为四个层次：全国大型中心城市；省会级城市；三线城市；四线城镇及农村。这是基于中国长期存在的一个最显著特点：城市与农村的差别不可忽视。

所以，仅仅以人均国内生产总值等经济数据不能完全解释区域消费行为差异，贵阳经济落后但消费很时尚，上海经济发达但花钱并不大胆。各区域往往有不同的标志性消费对应其生活形态，如杭州和成都的休闲茶馆、长沙的歌舞厅、大连的时尚服饰、广州的极致美食、哈尔滨的啤酒豪饮，这些并非经济指标所能解释。真正把握区域消费行为差异，需要更全面深入的视角以及消费者行为的大数据信息和科学有效的分析方法。让我们先从饮食文化切入。

10.1.2 饮食文化差异

区域消费行为差异首先表现在饮食文化（food culture）的差异上，全球不同地区、不同民族、不同宗教国家的饮食内容、习惯和历史都有明显的区域性或地方性特点。这是亚文化差异最外显而直观的一个基本面，也是消费者行为差异研究中首先关注的内容。

延伸阅读10-1 中国八大菜系

饮食文化反映出一个社会群体价值观中食物和饮料的消费模式。对欧洲 15 个国家 138 个与饮食相关变量的一项研究指出，存在 12 种截然不同的饮食文化差异。[2] 奥美广告公司曾于 2000 年对亚太地区 14 个国家和地区的 21 个城市进行了关于饮食习惯的研究，发现不同地方的饮食文化与饮食消费行为存在巨大差异。中国饮食文化的差异尤其显著，请参见延伸阅读 10－1 和案例 10－1。

案例10-1 奥美公司的亚洲饮食文化差异研究

10.2 区域消费差异的基本类别模型

本节先阐述中国的地域文化与消费差异，再进行科学的归纳，引入反映区域消费差异的类别分析模型。

10.2.1 地域风俗与消费差异

区域消费行为差异不仅反映在饮食文化中，区域文化的差异也从民俗、建筑和城市生活方式等多方面体现出来，论及区域文化和消费差异，不难举出许许多多的方面和例证。例如，引人注目的“二十世纪中国文学与区域文化丛书”（湖南：湖南教育出版社，1995—1998），是从文学视角和语言来解读中国的不同区域文化。建筑风格的不同也折射出区域文化的差异，请参见延伸阅读 10－2。中国不同城市的生活形态差异，请参见聚焦中国 10－4。

延伸阅读10-2 区域建筑风格：气候和文化差异的投射

“百里不同俗，千里不同风”，中国自古以来地域辽阔、人口众多，是一个多民族的大家庭，与此对应的则是各地千差万别的风俗习惯。地区的风俗与当地的消费习惯是紧密联系在一起的，不同民族、不同地方的风俗习惯以及由此形成的消费行为呈现出较大的差异和各自的特征。例如，不同区域的中国人在消费结构中有不同的重点：广东人重“吃”和“旅游”；上海人重“穿”；北京人重“购车”；四川和长沙人重“乐”。同时，差异也表现在传统的节日、婚丧等特征消费情境的不同消费行为中。

但是，仅仅靠列举和个案并不足够，基本的科学问题是：在众多的现象中，如何区分出基本类别或典型类型，进而可以更方便地把握并测量不同区域的主要消费特征，指导制定正确的区域营销策略。我们先介绍有影响的 PRIZM 方法，再介绍笔者结合中国本土构建的区域消费基本类型模型——TOFA 方法。

聚焦中国10-4　2021年中国城市活跃度与生活方式差异

10.2.2　以区域差异为基础的市场细分方法——PRIZM

营销战略与策略都必须建立在有效市场细分的基础上。市场细分的目的是帮助营销者找到有效的目标市场。在已开发出多种细分方法的基础上，能否进一步找出更有效的细分方法，以更简单的变量抓住更丰富的消费者内涵？由此产生了单一来源数据（single source data）方法的思想，并成功将消费者的实际购买信息与地理人口数据对接和对应起来。

基于区域差异的细分方法随之产生，美国 Claritas 市场研究公司采用聚类技术开发了一套基于地理-人口统计因素分析的市场细分理论和工具 PRIZM[3]，为细分市场的营销战略提供了更出色、更有效的工具，这是数智时代之前营销战略工具一个大的进展。

PRIZM（potential rating index by zip market）是根据邮编制定的潜在市场等级指数，这个系统把美国所有的邮政编码分为 62 类，从最富有的“贵族阶层”到最贫穷的“公共救济阶层”。不同群集的居民在产品消费上表现出显著的差异。每一类都基于地区居民的收入、受教育程度、职业和价值观等资料获得一个社会经济排名。

其基本思想是：具有相同文化背景、谋生手段和观点的人自然而然地会相互吸引，他们选择与具有相同生活方式的人毗邻而居。一旦安居下来，人们自然会模仿邻居，他们采用相似的社会价值观，形成类似的品位与期望，在产品、服务的购买以及媒体使用等方面展现出共有的区域性行为模式。

PRIZM 有助于提高营销沟通的效能，例如依据它对分送不同区域家庭的直接邮件（DM）的商业信息进行调整，成本效益、影响力和效果都更好。西部联合公司（Western Union Company）通过它来分析公司所需要的区域代理数量，并确定代理布局的最佳位置，提高了办公网络的成本效益。

10.2.3　区域消费基本类型：TOFA 模型

为了提供洞察区域消费差异的工具，一个方向是力图明确区域消费有哪些基本类型。为此，要首先确定用什么维度（变量）来反映和区分区域消费差异的不同类型。

中国正处在消费革命的历史进程中，除了饮食文化和民俗的显性差别，我们的研究发现，区分区域消费文化差异的两个基本维度是：

其一，对外来文化的开放接受之快慢和程度。这衡量区域消费形态的变化，率先尝试国际时尚消费和最晚接纳新的消费构成两个极端。例如广东是旅游消费全国领先的地区。

其二，敢于花钱的心态和尺度。这主导了区域消费的基本风格，敢于透支消费和拼命留钱是两个极端。例如人们常说四川人钱少照样打牌，钱不多也要买车（所以低档车满街跑）。

由此，引入时尚指数 S（style）以衡量区域在时尚-传统之间的位置；引入花钱指数 R（risk）以衡量区域在勤俭-享受之间的位置。

1. 时尚指数 S 和花钱指数 R

时尚指数 S 和花钱指数 R 的界定如下：

高 S：乐于接受外部文化，追逐潮流，变化快，崇尚品牌，重视品牌的象征价值，受群体影响大。

低 S：保守稳定，对外来文化谨慎乃至抗拒，崇尚经典与传统消费价值。

高 R：敢于花钱，决策快，勇于尝试新品，主张享乐主义，及时行乐。

低 R：花钱理性保守，追求性价比，价格敏感，安全感低，忧虑未来，跟随与后动。

2. TOFA 模型

用 S 和 R 这两个指数可以区分区域消费差异的四种基本类型，即 T 型、O 型、F 型和 A 型，如图 10－2 所示。我们将整合这四种基本类型的模型称为 TOFA 模型，四种类型的特征归纳在表 10－1 中。

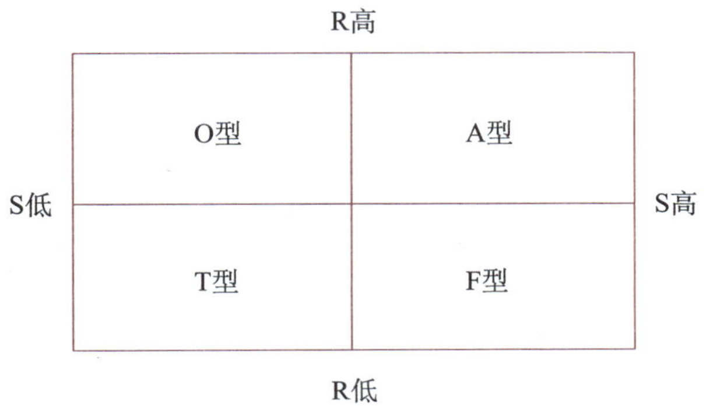

图 10－2　TOFA 模型

表 10－1　区域消费差异的四种基本类型

基本类型	描述	主要特征
A 型（高 S 高 R）	前卫型	开放、敢花钱
F 型（高 S 低 R）	稳健型	时尚、精明
O 型（低 S 高 R）	乐天型	传统、敢花钱
T 型（低 S 低 R）	保守型	传统、节俭

按照 TOFA 模型，通过问卷调查、量表测量和分析，可以得出区域消费差异的实证结果。请参考延伸阅读 10－3。严格地说，每一区域的主要特征决定了其基本的消费特点和倾向，但往往是上述四种类型不同比例的混合体，如某城市为 55% A 型 + 15% F 型 + 20% O 型 + 10% T 型，意味着前卫消费是其主要特征，乐天消费是其次要特征，是适合发展时尚消费之地。

延伸阅读10-3　中国区域消费差异的初步实证

第 10 章小结

1. 本章阐述了中国人的消费行为在空间上表现出的巨大差异。强调了其长期影响因素是区域亚文化。
2. 本章首先关注了中国消费者行为的城乡差别和农村消费者行为的基本特征，又从饮食文化到城市生活方式讨论了区域消费差异。
3. 本章提出了把握中国区域消费差异的两个变量和 TOFA 模型，为分析中国区域消费差异和开拓不同的区域市场提供了工具。

第 10 章思考题

1. 关注区域消费特征为什么不仅仅要看经济数据，还应该重视文化的特征？
2. 将来自不同区域的同学分成若干小组，比较不同区域（城市）的消费差异。试归纳并在课堂上分组演示。
3. 解释和讨论区域消费基本类型 TOFA 模型的含义。
4. 试用 TOFA 模型对中国某些区域的消费基本特征进行实测。
5. 试讨论，如何在营销管理实战中应用 TOFA 模型提升营销业绩？

第 3 篇

方法与工具篇

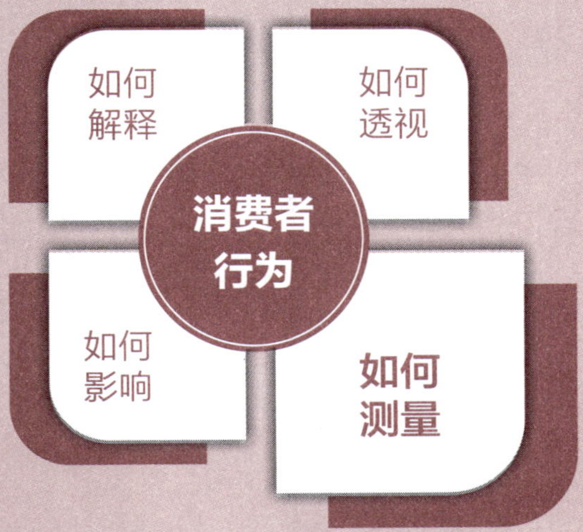

消费者行为学 4H 框架

第11章

消费者行为的研究方法入门

最重要的事情是预测顾客的行踪，并且走在他们的前面。

——菲利普·科特勒

章前引例

颜值溢价

卖家的颜值是否会影响产品的销售？以往研究大多将相貌出色与相貌平庸的人进行比较，发现了“美丽溢价”。美丽溢价通常指因为长得好看而获得高于平均水平的收入。2020年发表在《营销学报》（JM）的一项研究发现，“丑陋溢价”同样存在：面部吸引力与销售额呈U型关系，美貌或丑陋的卖家比相貌平平的卖家更容易收到订单。相貌丑陋的人被认为比相貌平平的人能力更强，更可信，从而导致消费者更高的购买意愿。[1]

该研究采用了大数据分析和在线实验两种方法。在大数据分析中，作者获取了截至2017年6月15日爱彼迎（Airbnb）在洛杉矶的所有公开数据，最终的样本包括来自10 979个房东图片及其同期的年度入住率数据。排除了一些潜在的混淆变量后，数据显示，个人资料图片的出现有积极的影响，房东资料含个人图片可以使得入住率增加约4.1%。同时，房东外表吸引力每增加一个单位，可以增加约1.3%的入住率。更重要的是，数据显示面部吸引力与入住率之间呈现U型关系。在另一个电商平台5 miles，数万张卖家图片分析数据也同样支持了这种U型关系：美貌或丑陋的卖家比相貌平平的卖家更容易收到订单。

大数据分析的结论给了研究者以信心，采用在线实验的方法再次验证了这一假设。他们随机从Mechanical Turk（MTurk）的消费者小组成员中招募350名参与者，分配在三个实验组（卖家有吸引力、卖家相貌平平、卖家不具吸引力）。被试先阅读虚拟的数码相机购物任务，再仔细观察卖家及其产品。同时点击“下一步”按钮来回答问题。通过五刻度量表先后评估其购买意愿、卖家的可信度、感知的卖家的社交能力和能力。为了排除潜在的混淆，还测量了面部熟悉度和感知信任。

数据显示，首先，参与者浏览美貌或丑陋的面孔页面的时间比浏览普通面孔页面的时间要长，这证实了吸引力和注意力之间的 U 型关系。其次，美貌或丑陋的卖家都比相貌平平的卖家更能提高消费者的购买意向和可信度。有意思的是，美貌的卖家会让参与者觉得卖家有更高的社交能力，也更可信，导致更高的购买意愿；而丑陋的卖家会让参与者觉得卖家有能力，从而更可信，导致更高的购买意愿。相貌平平的人被夹在中间而失去优势，他们被认为比美貌的人更不合群，比丑陋的人更没有能力。

本章将介绍消费者行为研究方法的基本知识，目的是形成消费者行为研究的意识和初步基础，了解消费者行为研究的一般方法和重点工具，或有助于论文写作。第 1 节阐述研究方法和研究框架，第 2 节介绍实用的消费者测量和量表。章末摘要概述了中国消费者行为研究的进程。

11.1 消费者行为研究的方法基础

尽管从表面上看消费者行为表现出令人眼花缭乱的差异性，但在研究者眼中，许多消费者行为具有可量化的特征和规律，例如，品牌偏好和购买、社群和粉丝、消费者需求等均可以进行分类和比较。

好的研究和坏的研究区别在于研究的核心问题的价值和研究质量的高低，研究结果的质量通常用信度和效度这两个指标来衡量。在很大程度上，研究质量取决于研究采用的方法及流程控制。

本节从消费者行为研究的方法论导入，重点是简述研究的主要流程。

11.1.1 研究方法论

从研究理念和方法论的层面，大致可分为两大类型：**实证主义**（positivism）和**阐释主义**（interpretivism）。有时也以定量研究和定性研究区分之，两者在研究理念上的主要区别参见表 11－1。

表 11－1 实证主义与阐释主义的理念区别

实证主义	阐释主义
现实（reality）只有一个，它由不同的、可分离的微小元素组成	现实不止一个，而是有多个，它们是由人类造成的
研究者与被研究者的关系是分离的（independent）	研究者与被研究者是互动的

续表

实证主义	阐释主义
研究有推广性（generalizable）	研究结论无法推广
现实有因有果	现实没有因果
研究结果必然是有价值的	研究结果存在没有价值的可能性

资料来源：Hirschman E C. Humanistic Inquiry in Marketing Research：Philosophy，Method，and Criteria. Journal of Marketing Research，1986，23（3）：239.

两者在方法论上的区别是：实证主义方法强调科学的客观性，并视消费者为理性决策者。相反，阐释主义方法强调消费者个人经验的主观意义，并认为任何行为都是受多重原因而不是单一原因支配的[2]（见表 11－2）。有一点很重要，在选择方法时，重点应该是哪个方法更能反映消费者的真正想法。

表 11－2 消费者行为学中的实证主义与阐释主义方法

假设	实证主义	阐释主义
现实的本质	客观的、实在的、唯一的	社会构建的、复合的
目标	预测	理解
产生的知识	不受时间限制，不依赖背景	受时间限制，依赖背景
对因果关系的看法	存在真实的原因	因果关系是多重的，现实没有明确的因果
研究关系	研究者与被研究者互相独立	研究者是所研究现象的一部分，与被研究者互相影响、互相协作

资料来源：Hudson L A，Ozanne J L. Alternative Ways of Seeking Knowledge in Consumer Research. Journal of Consumer Research，1998，14（4）：508–521.

虽然实证主义方法在消费者行为研究中占据主流地位，但是实证主义被质疑是否能够全面发掘出消费者的隐藏动机（hidden motivation）或真正动机。所以，阐释主义主张分析及了解消费者行为，往往需要以人性或人本的方法做深度（in-depth）的探索。

在实证主义研究过程中，研究者（researchers）与被研究者（subjects）往往存在“距离”；也就是说，研究人员并不参与，只是观察。而阐释主义注重参与，研究者与被研究者的关系往往是共处（in-dwelling）。阐释主义因此被称为人本主义（humanism）、自然主义（naturalism）、经验主义（experientialism）及后实证主义（postpositivism）。

以一项中国消费者行为的研究为例，实证主义者会基于一套有步骤的科学实验法，把研究对象——“被邀参与研究的中国人”置于一个模仿现实背景的实验场所内进行态度测试，所得的由数据支持的结果将普及到整个中国人的社会——实验结果代表现实情况。相反，阐释主义者则会亲自居住在中国某地，以融入、参与及感受的非实验法来收集并分析结果，而不完全执着于数据。

现代消费者行为研究以实证主义方法为主流，自 20 世纪 80 年代以来，研究消费者行为的人本主义方法更受到关注。90 年代以来，实证主义和阐释主义的发展出现两个值得重视的现象：一是两种基本取向由争论变为讨论、由对立变为互补；二是消费者研究学派的分类逐渐明朗，各自的特征及定位更加清楚。

至于消费者行为研究的具体方法，后面将一一展开。以下先简单叙述研究的主要环节。

11.1.2 研究的问题和目标

研究（research）是追求问题答案的过程。但是，在不同的情形中，研究的含义有很大差异。在消费者行为研究领域，研究是探寻消费者行为的规律、发生的原因、影响因素以及消费者行为之间的关系。然而，研究一词可能被误用，例如，有学者认为，下述两种情况并不是研究的真正含义[3]：

- 毫无目的地收集消费者行为方面的事实和信息；
- 不加解释地拼凑和记录消费者行为方面的事实和信息。

第一种情况表明，尽管对消费者行为进行研究时常常需要收集信息，但绝不是读几本书或几篇文章，与一些人交谈或向他人询问几个问题那么简单。如果在没有明确目的的情况下收集事实和资料，或者信息资料之间缺乏内在系统性，就称不上对消费者行为的研究。第二种情况表明，也许出于某种目的，从不同的来源收集到有关消费者行为的数据资料，却简单地拼凑成一个报告，并不对收集的数据资料做出解释，这也不能称为对消费者行为的研究。根据桑德斯等人的观点，研究有三个特征[4]：

- 目的明确：要去发现什么；
- 系统地收集数据资料；
- 系统地解释数据资料。

可见，对消费者行为的研究取决于问题和目的，这些问题往往来自营销管理的需要。消费者行为研究把消费者个体、群体或组织作为研究对象，研究包括三个方面：人本身的行为；人与人的关系；人与环境的关系。研究首先应明确界定要回答的问题，并且确定研究的目的是什么，可以根据营销管理决策或理论发展的需要来确定相关问题。

11.1.3 研究设计

研究设计至关重要。一般情况下，研究设计应将日常问题转换为可实证的科学问题，形成研究构念和研究流程，并回答采用哪些具体的方法、如何测量和分析数据等问题。

研究设计（research design）是开展消费者行为研究时所要遵循的一个框架或计划，它详细描述了获取研究所需数据资料的必要程序。[5]在消费者行为研究过程中，研究设计是一个思考研究方法的过程，是执行消费者行为研究的基础。在研究设计过程中，需要定义所需的信息有哪些；详细思考和说明测量工具的设计程序；设计调查问卷（如果需要的话）、访谈表或其他合适的数据资料收集表格，并进行预调查；制定数据分析计划等。可见，借助于研究设计，可以系统思考、选择合适的研究方法，从而保证数据分析的有效性，实现研究目标。

1. 研究设计方案

根据研究问题的性质，研究设计一般分为探索性研究、描述性研究和因果性研究。许多市场营销调研和研究方法方面的书籍对这三种研究设计有详细的介绍。探索性研究可以用来获取背景资料、定义消费者行为方面的术语、阐明研究问题和假设、确定需要优先研究的项目。描述性研究又进一步细分为横截面研究设计和纵向研究设计，在研究消费者行为时，横截面研究设计是研究在某一时点上的消费者行为，而纵向研究设计则是研究同一群消费者在不同时间的行为。有时，在具体研究项目中，可能需要横截面研究和纵向研究相结合，例如，如果希望研究消费者的品牌转换情况，就需要横截面研究和纵向研究两种方式。

虽然研究设计不同，但在实践导向的消费者研究中，一般可以遵循下面的流程：

（1）定义营销管理中遇到的消费者行为方面的研究问题和目标。

（2）确定研究设计方案。

（3）确定所需要的数据资料类型和来源。

（4）选择并确定数据资料收集的具体方法。

（5）设计问卷并确定抽样方案和样本量。

（6）收集并分析数据资料。

（7）撰写并提交最终的研究报告。

如果是消费者行为学术导向的研究，一般可以遵循下面的流程：

（1）识别和回顾研究的兴趣、想法和理论。

（2）通过逻辑推演拟定研究假设。

（3）确定要研究的概念，设计或选择测量工具。

（4）确定总体和样本。

（5）观察和测量。

（6）分析实证资料。

（7）证实或修正概念和理论。

以上两种研究路线的逻辑是相同的，都是始于理论指导下的问题识别，终于概念和理论的检验或证实，并通过报告（调研报告或研究论文）方式展示研究的内容、过程和结果。

2. 研究路径

研究消费者行为时，通常会以一定的理论做指导，但也可能在研究开始时并不清楚理论，而是通过研究来发现和发展理论。因此，根据研究开始时对涉及的理论是否清楚，可以把研究路径分为以下两种：

- 归纳法：从数据资料出发建构理论；
- 演绎法：从理论假设出发检验理论。

归纳法和演绎法在消费者行为研究中都是常用的逻辑方法，在具体研究某个问题时，两种方法可以互换：观察可以产生理论解释；解释又暗示其他模式存在的可能；更进一步的观察可用来检验这些预期的模式；结果可能修正原来的理论，或是产生更多的假设。[6] 消费者行为研究方法的路径选择如图 11－1 所示。

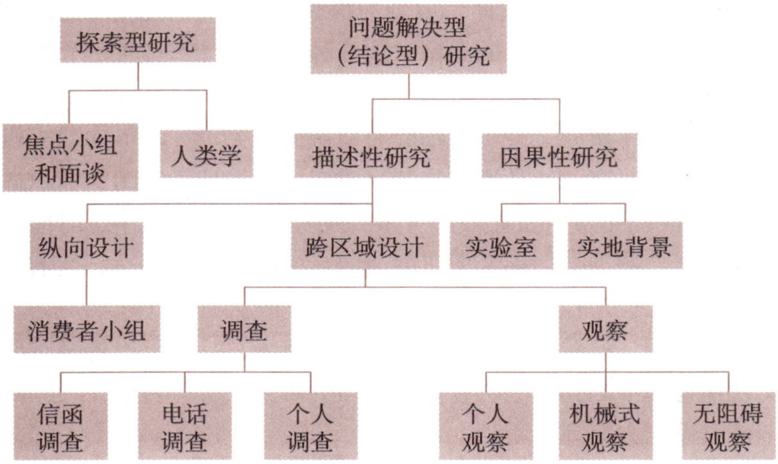

图 11－1 消费者行为研究的各种路径

资料来源：迈克尔·R. 所罗门. 消费者行为：第 5 版. 北京：经济科学出版社，2003：36.

11.1.4 研究方法

消费者行为研究有三类常用的传统方法：调查法、观察法和实验法。简述如下。

1. 调查法

调查法是最常用的方法之一，它是从大量消费者那里系统地收集信息的方法。调查法作为数据收集的主要方法得到广泛使用，是因为它有五个优点。[7]

（1）标准化。

（2）操作容易。

（3）能揭示隐性问题。

（4）易于制表和统计分析。

（5）容易反映子群的差异性。

2. 观察法

观察法属于定性研究方法的一种，是研究者凭借自己的观察能力而非与被访问者直接交流获得信息的方法。[8] 经常采用的是焦点访谈（专题小组座谈）法。这种方法的主要特征是在一个轻松自由的环境下，小范围的焦点小组访谈，让被访者畅所欲言，表达自己的意见、体验、态度和看法，研究者可以从中洞察消费者。

对消费者行为的观察可以是公开的，也可以是隐蔽的。采用隐蔽观察时，可能会引起道德问题，为此，事前应该得到有关机构和被观察者的同意。

3. 实验法

实验法是指在控制某些条件（或变量）的前提下，观察所研究消费者的某些特定行为，并且进行有效的分析。实验法在广告效果研究中是一个比较常用的方法，例如，邀请一群潜在的消费者观看广告文本或电视广告，观察询问被试对不同广告的反应，或者不同控制条件下被试对广告的印象等。

实验法的关键是条件的控制，也就是说，要选择适当的实验环境，否则，很难确定因变量的改变是否可以归因于自变量的改变。此外，还要尽可能使实验环境与实际环境相一致，从而排除因偶然事件导致的实验结果的扭曲。为此，需要在研究设计中把被试分成控制组和实验组。在实验组里，自变量被改变或引入，然后观察因变量是否改变。

每一种方法都各有优缺点，应尽量采用最适合的研究方法，并尽可能用多种研究方法互补验证，例如，在进行小组访谈的基础上再进行问卷调查。研究方法的选择受限于研究的问题和目标，以及研究资源的限制。如果时间和资金不够，就不能选择大规模的问卷调查方法；或者，如果研究者自身的经验和能力有限，就不宜采用主观性较大，且研究结果依赖于研究者阐释能力的专题小组座谈和深度访谈法，而应考虑结构化的问卷调查法。

11.1.5　数据和抽样

数据和资料是研究的“输入”，其来源是多方面的。

1. 数据资料和来源

研究一般需要收集原始数据资料，有时需要借助于已有的二手资料。数据资料的来源分为三种：一手资料（也称原始资料或初级资料）、二手资料（也称次级资料）、三手资料（二手资料的索引和检索性资料）。[9]

2. 抽样

为了获得回答研究问题所需的数据资料，研究者往往要从消费者总体中抽取消费者样本作为调查对象，确定样本对象需要抽样方法。抽样科学与否，直接决定数据收集的可靠性和有效性，进而决定研究结果的可靠性，必须慎重认真选择。确定了抽样的总体、抽样框、样本规模、抽样方法后，就可以对适当的消费者样本，用具体的数据收集方法来收集数据。抽样方法、样本规模和抽样过程等详细的知识，可从市场营销调研教材中进一步获得。

测量和数据分析是研究实施中的必要环节。测量需要追求信度和效度，并借助适当的测量工具。通常需要用专门调查问卷或测量量表收集消费者行为的相关数据，数据分析则涉及统计学中的各种分析方法。进入数智化时代，越来越多的消费者数据已经可以自动收集生成，并且有智能算法的处理，这将在下一章涉及。

11.2　消费者测量与量表

消费者行为测量是指研究者对消费者行为的某些特征进行测量。这些特征包括消费者的年龄、性别、收入、动机、态度、个性、忠诚度、购买偏好等。有些特征本身就是量化的，例如，收入、年龄等，性别也可用数字来代表。但有些主观行为变量需要使用专门量表才可以计量，例如，消费者的态度、观念、价值观、兴趣、动机和偏好、卷入度等。

为了测量和比较客观事物，找到共同遵循的测量标准并不困难，但是，要想测量消费者行为和心理，找到公认的度量标准则困难得多。值得庆幸的是，根据统计学原理，只要研究设计的测量工具符合某些要求，就可以看成是标准的测量工具。

在消费者行为研究中，比较常见的测量工具是调查问卷和量表，相对而言，量表具有描述性和比较性，标准化程度也更高一些。国外出版了专门的量表手册[10]，已有许多研究消费者行为的调查问卷和量表可供采用，包括 AIO 量表、VALS2 量表、个性量表等。心理学也开发了一些可用于消费者行为研究的量表。

1. 问卷

从理论上说，设计一份问卷并不难，但要保证问卷收集的信息足以回答消费者行为方面的研究问题，问卷设计者就需要一定的训练和学习。一般而言，问卷中的问题有开放式问题和封闭式问题之分，前者是指对被访者的回答没有限定的选项，后者则是指问卷中向被访者提供了问题的选项。

一份问卷包含一系列用于收集相关信息的问题，通过这些问题，可以测量消费者过去、现在或将要发生的行为。比如，可以询问：

- 你在过去三个月里旅游过几次？
- 现在你最想去旅游的地方是哪里？
- 你在未来三个月里可能去哪些地方旅游？

通过问卷，可以收集消费者人口特征方面的信息，例如性别、年龄、收入、受教育程度、职业、居住区域等；还可以收集消费者的态度和意见方面的信息。

2. 量表

在消费者行为研究中，量表是经常使用的测量工具，一个量表一般由若干个陈述句或词语组成，由被访者评价其对句子和词语的认同程度。一般而言，量表让被调查的消费者对某一给定的词或句子发表意见，并且用不同等级的标识来划分。一般用李克特量表的五个等级（非常同意、同意、中立、不同意、非常不同意）或三个等级（同意、中立、不同意）。

李克特量表要求消费者对一系列与态度相关的陈述句表明同意或不同意的程度，为了量化分析，给每一类反应都赋予一个数值。

例 1：非比较性评价量表

	非常同意	同意	中立	不同意	非常不同意
你喜欢汇源苹果汁的味道吗？	1□	2□	3□	4□	5□

例 2：比较性评价量表

与达利园蛋黄派相比，你怎样评价好丽友蛋黄派的口味？

更喜欢好丽友	同样喜欢	更喜欢达利园
1□	2□	3□

语义区分量表是利用两极形容词让消费者表明他对某个目标对象的态度，在品牌个性和自我概念方面运用较广。消费者的评价越是靠近两端，越是代表非常和极端；越是靠近中间，越是代表“既不也不”；其他位置则代表有些、有点。

例 3：对雅芳化妆品的态度

高贵的 ························ 低俗的

昂贵的 ························ 低廉的

优质的 ························ 劣质的

例 4：运用李克特量表测量女性消费者的自我概念

	非常同意	同意	中立	不同意	非常不同意
1. 我喜欢把家变得很温馨。	1 □	2 □	3 □	4 □	5 □
2. 相夫教子是女人的本分。	1 □	2 □	3 □	4 □	5 □
3. 得到社会的认可是我追求的目标。	1 □	2 □	3 □	4 □	5 □

聚焦中国 11－1

中国消费者行为研究的主要特点

对中国消费者行为的研究始于市场调查机构的调查。自 20 世纪 90 年代中期以来开始了对中国消费者的描述性大规模调查。大约 10 年之后，以国家自然科学基金管理学部的研究项目为标志，消费者行为类别下的研究项目数量显著增长，标志着实证方法的消费者行为研究蔚然成风。

综合近 30 年来对中国消费者行为的研究情况，可以归纳出以下几个方面的特征。

1. 对中国消费者的调查始于跨国市场调查公司

最早调查中国消费者行为的机构包括 A.C. 尼尔森公司以及盖洛普公司。1995 年之后，中国本土调查机构开始进入这一领域，例如，北京广播学院市场信息研究所(IMI)、零点市场调查与分析公司、原点市场研究有限公司等。这些公司主要是对中国消费者的生活方式进行全面调查，目的是对中国消费者有一个系统的了解。一些有实力的广告公司开始有针对性地进行某一方面的调研，例如，奥美广告公司曾对女性以及青年消费者行为专门进行大规模的调查，并且得出了许多有价值的结论。

2. 以中国消费者行为为对象的理论研究开始出现

随后壮大的另一支中国消费者行为研究队伍是高校学者，他们在学习西方的同时，从理论上进行中国消费者行为的研究。在学术领域，直到 90 年代，在主要的国际性相关刊物中，针对中国消费者行为的研究主要来自我国香港学者和部分国外学者，比如，香港城市大学的游汉民教授研究了中国消费者满意度与文化价值观之间的关系，在 1994 年发表了英文专著《中国消费者行为——顾客满意度与文化价值观》。

3. 中国学者上升的研究趋势

国内高校学者随之展开中国消费者行为的研究，如中山大学博士群体从 1990 年代末开始的中国消费者行为研究，包括女性消费行为、独生子女消费行为、老年消费行为等。出现了越来越多以消费者行为为研究主题的硕士、博士学位论文。包括国际英文期刊在内，中国学者有关中国消费者行为的研究论文发表数量不断上升。国家基金的相关课题不断增多，中国消费者行为研究为主题的学术研讨会亦陆续举行。

但是整体上看，消费者行为的本土研究依然是不足和薄弱的。

4. 方法的创新——如何更好地洞察中国消费者

从研究的范畴来看，中国消费者行为研究可视为西方消费者行为学和中国人研究的交叉研究地带。既要比照西方消费者行为学的框架和以实证为主的方法，又要参照中国人行为的研究成果。已有的许多中国人行为研究（如林语堂，1935；杨国枢，黄光国，杨中芳，2005；翟学伟，2001—2017）主要是从社会学、心理学的角度开展的，其方法特点之一是重视对人的内在气质的研究。在基于文化的消费者行为理论的背景下，中国本土研究概念的创新和测量方法的创新是学术追求的目标。从营销管理实战的角度来看，应发展更多更有效洞察中国消费者的方法。

描述任何事物都需要适当的测量工具，研究消费者行为也是如此，需要信度和效度比较理想的测量工具。然而，依靠国外现成的测量工具不免会产生一些问题，有些是语言和背景方面的问题，有些则是中国消费者的文化特性（如趋于不偏不倚）或者是理解方面的问题。中国学者在开发针对中国消费者行为的测量工具方面不断取得了新的成果。

资料来源：1. Lin Yutang. My Country and My People. New York：Reynal & Hitchcock，Inc.，1935.
2. 卢泰宏，等. 中国消费者行为报告. 北京：中国社会科学出版社，2005：前言，2，27–46.
3. 杨国枢，黄光国，杨中芳. 华人本土心理学. 台北：远流出版事业股份有限公司，2005.
4. 翟学伟. 面子·人情·关系网. 郑州：河南人民出版社，1994.
5. 翟学伟. 中国人行动的逻辑. 北京：生活·读书·新知三联书店，2017.
6. 翟学伟. 中国人行动的逻辑. 北京：社会科学文献出版社，2001.
7. 翟学伟. 中国人的脸面观：形式主义的心理动因与社会表征. 北京：北京大学出版社，2011.
8. 翟学伟. 人情、面子与权力的再生产. 2版. 北京：北京大学出版社，2013.
9. 杨晓燕. 中国女性消费者行为理论解密. 北京：中国对外经济贸易出版社，2003.

附录　一些实用的量表和方法

为了加深对消费者测量的体验，以下简要列举几种比较典型的测量量表和方法。

1. AIO：测量消费者的生活方式

生活方式是消费者对某些活动的态度、兴趣和意见的总括。了解消费者的生活方式就是要了解消费者如何生活，AIO量表试图通过活动（A）-兴趣（I）-意见（O）来测量消费者的生活方式，常被调查机构和研究者采用。其中，活动一般包括工作爱好、度假、社交、运动休闲等；兴趣一般包括对家庭、工作、娱乐、食品、媒体等的兴趣；意见则包括对政治、经济、教育、文化、自身等方面的观点看法。在具体的研究项目中，研究者通常会根据自己的需要设计和选择具体问题。值得注意的是，在构造AIO量表的具体问题时，要考虑消费者的文化特征以及生活方式的特殊之处。具体测量请参见第3章。

消费者的生活方式反映了消费者的价值观，价值观是比生活方式更加抽象的概念。

为了理解消费者的生活方式，往往需要进一步测量消费者的价值观。

2. LOV：测量消费者的价值观

LOV 价值观量表（list of values）和罗氏（Rokeach）价值观量表（value survey）都是为了测量和比较人们的价值观而设计的。具体运用时，通过问卷调查获得消费者的价值观信息。

罗氏价值观量表的不同在于，它界定了两套价值观，一套可适用于不同文化的终极价值观（terminal values），以及为达到这些终极价值观所需要的行动组成的工具性价值观（instrumental values）(见表 11－3)。

表 11－3 罗氏价值观调查中的两种价值观

工具性价值观	终极价值观	工具性价值观	终极价值观
雄心勃勃	舒适的生活	富有想象力	内在的和谐
心胸宽广	令人激动的生活	独立	成熟的爱
能干	成就感	智力	国家安全
愉快	和平的世界	合乎逻辑	愉悦
清洁	美的世界	起作用	拯救
勇敢	平等	服从	自尊
宽大	家庭安全	礼貌	社会认可
有用	自由	负责任	真诚的友谊
诚实	快乐	自律	智慧

资料来源：Pollay R W. Measuring the Cultural Values Manifest in Advertising. Current Issues & Research in Advertising, 1983，6（1）：71–92.

罗氏价值观量表的优点是把消费者的价值观分为终极价值观和工具性价值观，终极价值观反映的是消费者希望在他们的生活中体验到的终极状态，包括有成就感、平等、自由、快乐、自尊等，工具性价值观则反映为了实现终极状态而需要坚持的行为，包括雄心勃勃、独立、富有责任感、自我控制等。显然，工具性价值观更加贴近消费者的日常生活。

3. 价值观变化的测量

此外，追踪消费者价值观的变化与趋势也很重要。许多公司利用大规模调查追踪价值观的变化。自 1970 年开始，美国市场研究公司 Yankelovich 和 Skelly & White 根据对 4 000 位受访者进行长达两个小时的访谈，每年发表《扬克洛维奇消费者调查报道》(YankelovichMonitor™)。这一监测系统跟踪研究每一世代的消费模式、价值观以及消费动机，建立美国消费者生活形态的数据库，了解价值观的变化情况。

其后，一些广告公司亦投入消费者价值观变化的研究，这有助于为客户设计广告，如奥美公司对亚洲新一代和女性价值观的研究；精信公司（GREY）对中国消费者的定期调查；恒美公司（DDB）的生活方式研究。加拿大 Angus Reid 咨询公司也对特定群体或行业细分市场的价值观变化进行了调查研究。

4. CSI：消费者购买风格量表

消费者购买决策通常会表现出不同的风格，如有的品牌意识强，注重质量，有的则对价格敏感；有的非常理性，有的则冲动购买。

消费者决策风格（consumer's decision-making style）研究始于 20 世纪 80 年代中期，以消费者风格量表（consumer style inventory，CSI）测试结果来反映消费者的决策风格。

研究者认为，消费者的购物（决策）风格有八种，分别是：

- 完美主义（高品质意识）。
- 品牌意识。
- 新奇和时尚意识。
- 休闲购物意识。
- 价格（物有所值）意识。
- 冲动购物。
- 抗拒选择。
- 习惯购买（品牌忠诚）。

消费者风格量表是一个广泛使用的量表。这个量表由 39 个句子组成，每一类风格由 3 ～ 7 个句子组成。使用这个量表测量消费者的购物风格时，要求被访者对其中的 39 个问句发表看法，分别用非常不同意、不同意、中立、同意、非常同意五个尺度来区分，部分问题句如下：

	非常同意	同意	中立	不同意	非常不同意
1. 高品质对我很重要。	1 □	2 □	3 □	4 □	5 □
2. 最昂贵的品牌通常是我的选择。	1 □	2 □	3 □	4 □	5 □
3. 时尚和充满魅力的风格对我很重要。	1 □	2 □	3 □	4 □	5 □
4. 购物对我来说不是一项开心的活动。	1 □	2 □	3 □	4 □	5 □
5. 价格最低的产品通常是我的选择。	1 □	2 □	3 □	4 □	5 □
6. 我在购物时很冲动。	1 □	2 □	3 □	4 □	5 □
7. 有时我很难选择一家商店去购物。	1 □	2 □	3 □	4 □	5 □
8. 我每次购物都去同一家商店。	1 □	2 □	3 □	4 □	5 □

5. 投射技术：测量消费者的动机或联想

动机代表消费者对产品和品牌需求的强烈程度，然而，研究者如何知道某一种消费行为背后的需求动机？如何测量需求动机？回答这些问题很难，动机本身就是一个假设的构念，它是研究者根据需要定义的概念，无法被观察、被处置、被触及、被感觉，目前还没有一个人们普遍接受的测量方法。研究者经常借助多种研究方法，通过观察、自我报告、投射技术等方法测量动机的存在和强烈程度。以投射技术为例，它包括各种经过“伪装”的测试方法，包括未完成的句子、图片或卡通画、词语联想等。通过让消费者完成句子、描述图片表现的情形或意义，或者是要求消费者对给出的词语进行联想，可以在一定程度上了解消费者的动机。

这些方法的可靠性在很大程度上取决于研究者的能力和经验，尽管对这些方法能否真正揭示消费者行为的深层动机还存在争议，但这些定性研究方法依然在实践中被运用。

6. 知觉图和语义差别量表：测量消费者认知

测量消费者认知是普遍的需求，主要有两种方法：知觉图和语义差别量表。

（1）知觉图（perceptual map）是测量消费者认知的一种实用方法技术。它测量消费者对不同品牌或产品之间相似性的感知，并将这些感知与产品属性联系起来。

知觉图一般利用平面二维坐标图对品牌识别、品牌认知等状况作直观比较。坐标轴代表消费者评价品牌的特征因子。图上各点对应市场上的主要品牌，它们在图中的位置代表消费者对各品牌在特征因子上的表现的评价。如图 11－2 所示，横坐标表示啤酒的苦甜程度，纵坐标表示啤酒的浓淡程度。图上各点的位置反映了消费者对啤酒口感和味道的评价。如百威被认为味道较甜、口感较浓，而菲斯达则味道偏苦、口感较淡。

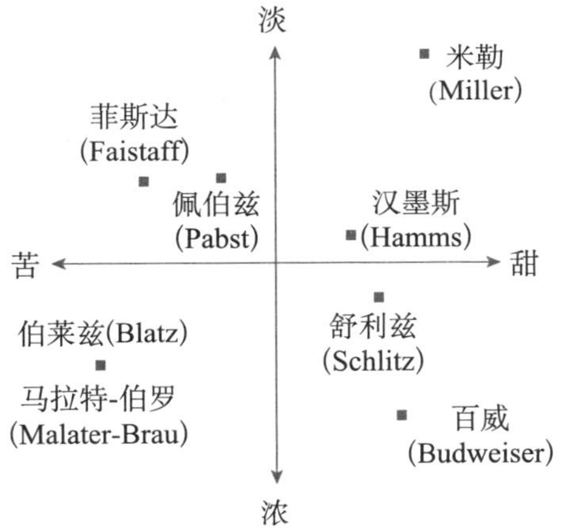

图 11－2　啤酒品牌知觉图

资料来源：何燕华，卢泰宏．营销定位系列谈之⑥——切准定位图坐标．销售与市场，1998（9）：16–21.

确定关键的特征因子是知觉图的关键。为追求直观性，知觉图一般是两维的。影响消费者决策的特征因子多种多样，为了在复杂的诸要素中找到关键的特征因子，首先要通过市场调查了解影响消费者购买决策的诸因素以及消费者对它们的重视程度，然后通过统计分析确定重要性较高的几个特征因子，再从中进行挑选。在取舍时首先要剔除那些难以区分各品牌差异的因子（如汽油的价格因子），其次要剔除那些无法与竞争品牌形成差异的因子，最后一步就是在剩下的因子中选取两个对消费者决策影响最大的因子。有时，相关程度较高的若干因子可以合并为一个综合因子。比如，可将运动鞋的舒适、耐用两个特征因子合并为品质因子。

选取关键的特征因子后，接着就要根据消费者对各品牌在关键因子上的表现的评价来确定各品牌在知觉图上的坐标。在确定位置之前，首先要保证各个品牌的变量已量化。特别是对于一些主观变量（如啤酒口感的浓淡程度），必须将消费者的评价转化为定量数值，只有这样才便于在图上定位。统计软件包（SPSS）的分析程序能将消费者对各品牌的评价数据转化为知觉图（见图 11－3）。

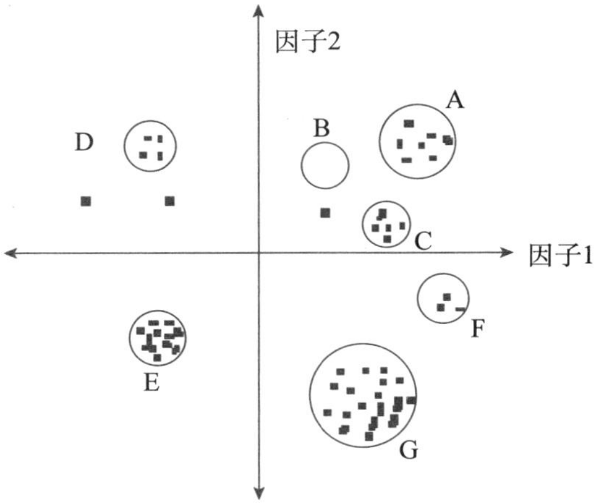

图 11－3　知觉图

（2）语义差别量表。运用基于产品和品牌特征的多维度量表（multidimensional scaling），最重要的是找出产品或品牌的某些特征变量（用词语表达），用这些词语可以描述竞争对手和自己的特征，通过测试消费者对这些与产品或品牌相关的特征变量的态度或观点，可以判断自己与竞争者的差异。图 11－4 是语义差别量表的测试结果。

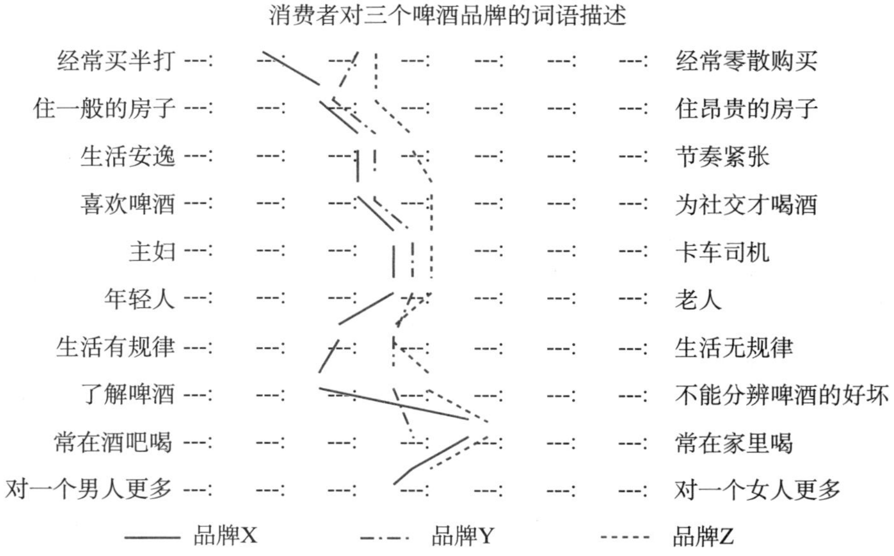

消费者对三家公司的形象的词语描述

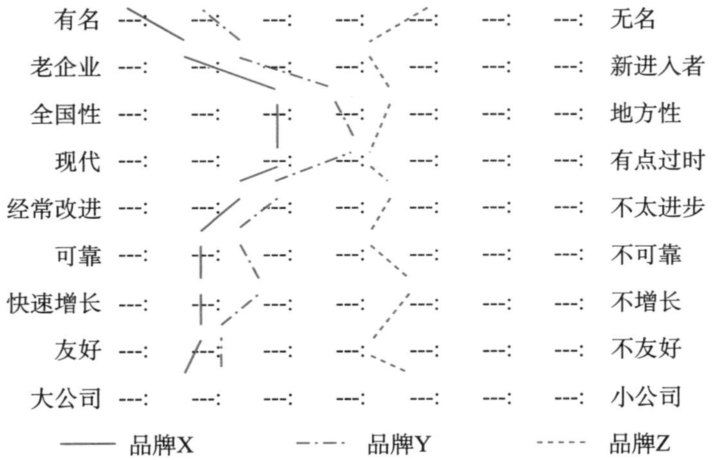

图 11－4　语义差别量表的应用

资料来源：Mindak W A. Fitting the Semantic Differential to the Marketing Problem. Journal of Marketing，1961，25（4）：28–33.

7. U & A：测量使用习惯与态度

使用习惯与态度（usage and attitude）方法是测量消费者对特定品牌或产品的使用习惯与态度的一种常用的方法。用于了解消费者使用产品的现状（习惯 / 态度）和潜在需求，从而推断出品牌（产品）市场渗透率、品牌认知度、广告认知度、消费者品牌态度等，与公司营销策略直接相关。

在使用习惯与态度方法研究中，通常测量以下的具体内容：

- 使用频率。
- 使用的产品规格。
- 使用数量。
- 使用方法。
- 使用时间。
- 使用场合 / 地点。
- 购买的种类。
- 购买频率。
- 购买数量。
- 购买花费。
- 购买时间。
- 购买地点。
- 购买者 / 决策者。

8. 测量消费者的卷入度

消费者卷入度是在一定条件下，消费者感觉到某一类产品对自己的重要程度，或者是对某一类产品的兴趣大小。例如，一个人打算购买轿车之前，往往会对轿车信息产生浓厚的兴趣，他对轿车这类产品的卷入度就大大提高。如何得知消费者对企业品牌或产品的卷入度？消费者卷入度有两种情形：一种是情境卷入（situational involvement），与特定的情境有关。另一种称为持续卷入（enduring involvement），与情境关系不大。后一种卷入度可借助量表测量，例如消费者对汽车的持续卷入度量表。

	非常同意	同意	中立	不同意	非常不同意
1. 为了驾驶一辆能吸引眼球的靓车，价格高一点也无妨。	1□	2□	3□	4□	5□
2. 我宁愿驾驶一辆个性鲜明的轿车。	1□	2□	3□	4□	5□
3. 当生活压力越来越大时，汽车让我感到放松和愉快。	1□	2□	3□	4□	5□
4. 有时我宁愿待在自己的车里。	1□	2□	3□	4□	5□
5. 驾驶汽车常常是我缓解压力的一种办法。	1□	2□	3□	4□	5□
6. 我对赛车几乎不感兴趣。	1□	2□	3□	4□	5□
7. 在笔直的道路上驾驶好像是在为我的身体和精神充电。	1□	2□	3□	4□	5□
8. 我不希望我的汽车平淡无奇。	1□	2□	3□	4□	5□
9. 驾驶汽车是我觉得最满意和最享受的事。	1□	2□	3□	4□	5□

第 11 章小结

1. 研究消费者行为需要正确的方法和工具，本章介绍了基本的方法和工具。
2. 选择适当的消费者行为研究方法的目的是：克服研究过程中因研究者和消费者自身存在的人文特征而导致的主观性问题，提高研究质量。
3. 消费者行为测量需要借助问卷和量表。量表和问卷本身的质量非常重要，需要慎重选择和设计。

第 11 章思考题

1. 消费者行为研究一般包括哪些步骤？如何判断消费者行为研究方法的优劣？

2. 有了大数据和算法之后，为什么还需要了解传统的研究方法和工具?
3. 试用知觉图对某品牌竞争进行分析。
4. 试讨论如何测量消费者的卷入度。
5. 请选择大学生消费行为的某个方面，尝试设计一份问卷并进行实际的测量，看看会有什么样的发现。

第12章

消费者行为的大数据与算法

数据就像一个神奇的矿山，当它的首要价值被发掘后仍能不断提供价值。它就像漂浮在海洋上的冰山，浮在水面上的只是冰山的一角，绝大部分都隐藏在水面之下。

——维克托·迈尔-舍恩伯格[1]

消费者的偏好和习惯在 20 世纪 90 年代末发生了重大改变。消费者的生活方式一直在改变，社会的关注点和偏好处于不断发展变化之中。

——迈克尔·所罗门

章前引例

大数据杀熟

“同一个时间，同一个外卖，同一个配送位置。开通美团外卖会员后，为何配送费比非会员还要高?”2020 年 12 月，一篇名为《我被美团会员割了韭菜》的自媒体文章，再次把大数据杀熟推上风口浪尖，美团成为众矢之的，更被新华网锐评：吃相难看。深陷大数据杀熟漩涡的美团股价迅速下跌 2.32%，市值蒸发近 400 亿港元。

数智化生态中，经营者掌握了消费者的职业、个人偏好、消费经历、支付能力等海量信息，能描绘出单个消费者画像，获知其交易可能性以及所能承受的价格上限，并据此对消费者“贴标签”，从而制定精准的个性化营销价格策略。算法消弭了传统经济中企业无法获知个体消费能力的营销障碍，改变了同物同价的传统定价模式，使商品价格不再取决商品价值本身，而可能依算法对单个消费者的判断作出不公平的商品定价。

于是，算法歧视消费者的现象应运而生、此起彼伏。2018 年携程等网约车平台利用算法进行差异化定价被媒体曝光，相同路线、相同车型的行程，使用频率高的消费者支付的价格高于其他消费者。携程旅行网站上预订同一酒店、同一房型的客房，有消费记录的账号显示的价格明显高于无消费记录的账号，对消费者实施价格歧视。更有甚者，支付价格会因手机品牌不同而迥异，使用被某些算法判定为高档品牌的苹果手机支付的价格高于其他品牌手机。但由于各种原因，消费者无力与互联网平台相抗衡。北京消费者协会 2019 年调查报告指出，由于举证困难，算法歧视消费者具有极强的隐蔽性。中国消费者协会警告算法技术已在无形中削弱了消费者行使其知情权、选择权、公平交易权等基本权利的能力。

上一章介绍了传统的消费者行为研究方法，本章将进入数智化时代的创新方法：大数据 + 算法。本章先介绍大数据的来源，再阐述数据分析的一般方法，最后归结到智能算法，并强调应防范大数据和算法带来的负面后果。

12.1 消费者数据来源——网上“足迹”

如前章所述，消费者行为研究的传统方法，常常按照随机或者配额的原则来寻找调查对象，再使用问卷、访谈等调查方式获得数据。21 世纪的数智化时代，消费者大数据加上算法能够更快、更精准地了解消费者，并且更加高效和低成本。即通过实时监测或者追踪消费者在互联网上产生的海量行为数据，借助智能分析生成个性化、精细化的结论。

首先让我们了解大数据。

高德纳（Gartner）这样定义大数据：**大数据**（big data）是海量（high volume）、高增长率（high velocity）和多样化（high variety）的信息资产，需要全新的处理模式才能从这一信息资产中获取更强的决策力、洞察力和流程优化能力。[2] 舍恩伯格和库克耶的《大数据时代：生活、工作与思维的大变革》提到了大数据分析思维方式的三个改变——从以往抽样数据、精确数据、探讨因果关系向全数据、混杂数据、探讨相关关系转变。[3] 大数据有四个特点：第一，数据体量巨大。从 TB 级别跃升到 PB 级别。第二，数据类型繁多。包括网络日志、视频、图片、地理位置信息等，大多数为非结构化数据。第三，处理速度快。存在 1 秒定律，可从各种类型的数据中快速获得高价值的信息，这一点和传统的数据挖掘技术有本质的不同。第四，数据价值高。只要合理利用数据并进行正确、准确的分析，就会获得很高的价值回报（见图 12 - 1）。

从某种程度上说，大数据是数据分析的前沿技术，简言之，从各种类型的数据中快速获得有价值的信息。消费者行为的大数据分析是大数据应用的一个领域，帮助企业快速洞察消费者的情绪、态度、行为和潜在需求，提高营销决策力。

大数据已经成为了解消费者的重要手段，也是企业进行价值选择、价值提供、价值沟通的重要参考和判断工具。那么，这些大数据来自哪里?

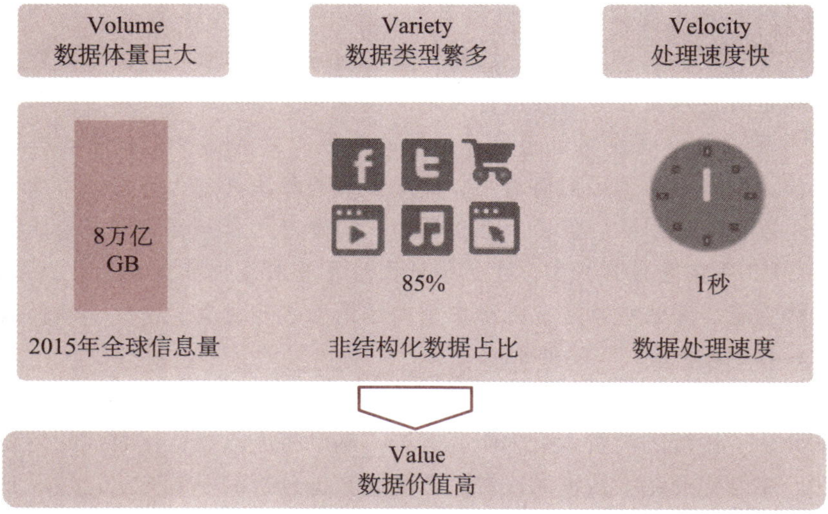

图 12－1　大数据的特征

资料来源：艾瑞咨询. 大数据行业应用展望报告（2013 年）. https://www.doc88.com/p-98173096671220.html?r=1.

以往获取消费者的数据有两个途径：一是通过企业内部数据，包括销售数据和客户关系管理等方面的数据，来了解消费者的大致分布和偏好。这是结果导向的数据，不能洞察消费者的决策过程，也不能了解那些没有购买或者购买竞争品牌的消费者是如何做出决策的。二是通过市场调研（如访谈、焦点小组、问卷调查等）来获得消费者数据。这一类数据偏向探讨消费者的心理、动机和行为习惯，虽然能够帮助研究者了解消费者是如何做出决策的，却难以与其真实的行为数据对接，存在偏差、预测力不高和有时不精确等问题。

互联网及移动智能终端的广泛应用，使得消费者数据有了新的来源——消费者的网络痕迹（见图 12－2）。大量消费者的工作和生活都在线上，他们在网络上的行为“足迹”留下了极有挖掘价值的宝贵数据。例如，网上浏览的记录、网购消费和付款、社交媒体上的朋友圈、行动踪迹、手机预约出租车、阅读和健身、兴趣爱好……这些网络足迹都以数据的形式记录并存储下来。这些数据的优点在于，记录了消费者在自然状态下（而不是在被调查、被观察的实验状态下）做决策的每个环节：点击、浏览、阅读；比较；收集信息；购买；购后评价等。除了真实性，这些数据还具有多样化、多平台、多形式的特点，大量的碎片数据汇聚起来，就能够把网民的行为刻画得更加全面准确，从而获得更清晰的消费者洞察。

获取消费者网上数据的方法有两种，一种是用户的注册信息，另一种是访问行为和浏览行为。访问行为和浏览行为的数据是这样获取的：第一步，浏览网页时，在用户终端植入 cookies/flash cookies；第二步，收集浏览数据（包含流量、次数、人数等）；第三步，整理和计算数据（包括人口属性推断等）；第四步，深入的数据分析模型和洞察。

每个消费者每天都会产生大量的行为数据，因此企业有多种数据来源。PC 端的信息来源主要依赖注册信息和 cookie（见图 12－3），移动智能设备端的信息来源主要依赖

App 的使用信息、基于地理位置的信息。此外，社交媒体、企业内部的顾客信息、客户关系管理数据库等都是消费者大数据的来源。

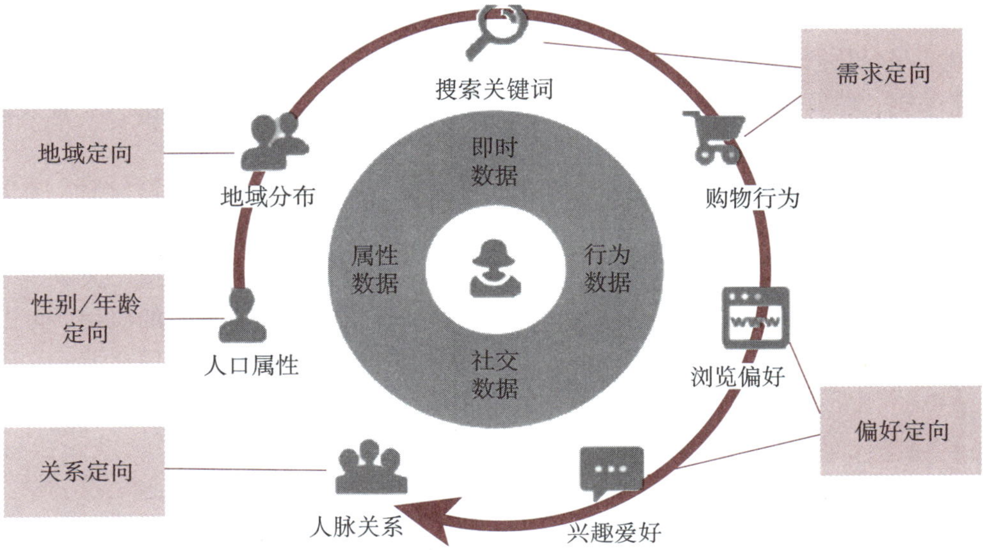

图 12－2 消费者的网络痕迹

资料来源：艾瑞咨询．大数据行业应用展望报告（2013 年）．https://www.doc88.com/p-98173096671220.html?r=1.

图 12－3 cookie 的知识

资料来源：精硕学院（AdMaster Academy）．

消费者的痕迹数据有四种划分方式。第一类方式划分为结构数据和非结构数据，非结构数据占大数据的 80% ～ 90%，这部分是未来最有价值的大数据，主要有文本、视频、图片、音乐等。第二类方式划分为企业内部数据和外部市场数据，企业内部数据更多体现在 ERP，CRM，SCM 等信息系统中，市场数据更多来自宏观经济数据、行业数据、电商平台数据、社交媒体、供应链之间的协同数据等。第三类方式划分为线上数据与线下数据，主要是借助线上的大数据激活线下的数据。第四类方式划分为位置数据与实时数据，后两类数据在数智时代尤其重要。

多维度数据串联后会形成用户三个身份数据的统一，包括自然身份数据、通信关系数据、金融身份数据。企业内外部环境数据统一，中间用需求数据对接，大数据才具有智慧。需求数据还有更多的应用，可以分析网络关系、社会影响力、用户情感、用户行为等。

案例12-1　亚马逊如何精准把握消费者

12.2　消费者行为的大数据分析

消费者大数据为识别消费者提供了基础，但大数据的分析解读才是更重要的下一步。

数智化生态中，许多商业模式的创新都建立在大数据分析的基础上，大数据分析在商业中已经获得了广泛应用。同时，消费者大数据分析技术还处在发展之中，特别是，如何正确解读数据，得出有意义的消费者洞察，在 AI 之外仍然需要人的洞察和智慧。本节是为非技术专业学生提供消费者行为大数据分析流程和应用的入门基础。

12.2.1　消费者大数据的分析流程

图 12－4 简要说明了消费者的大数据分析如何帮助企业获得市场。企业通过用户多维度数据的收集，对其行为进行建模，为其画像，最后应用这些数据进行营销创新或精准广告推广等。

从分析流程图可以看出，消费者的大数据分析包括以下三个层面的工作。

1. 数据层：采集和处理数据

传统采集数据的过程一般是有限的、有意识的、结构化的，例如，采用问卷调研的形式。你能采集到的数据一定是你能设想到的情况。数据的结构化较好。一般的数据库管理系统 MySQL 甚至 Excel 就能满足数据处理过程的要求。

而在互联网时代，大数据的采集过程基本是无限的、无意识的、非结构化的，并且可能是跨平台、跨不同终端的。各种纷繁复杂的行为数据以行为日志的形式上传到服务器。

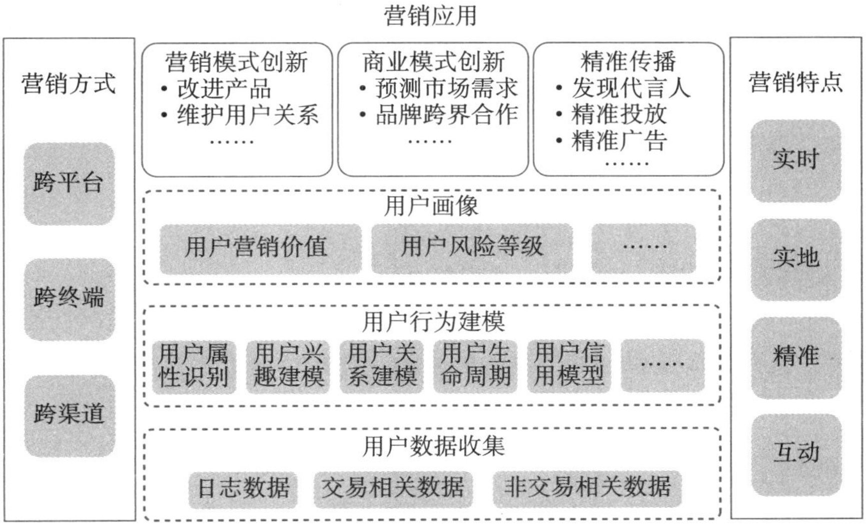

图 12－4　消费者大数据分析流程

2. 业务层：建模分析数据

在使用数据分析模型方面，传统数据和大数据的做法差别不大，银行、通信运营商、零售商早已熟练运用消费者的属性和行为数据来识别风险和付费可能性。但是由于数据量极大扩增，算法获得了极大的优化空间。

3. 应用层：解读数据

数据分析最重要的是解读。图 12－5 中，使用大数据对用户进行了画像。用户画像属于基础解读，有了这部分解读，企业才能进行多样化的应用。

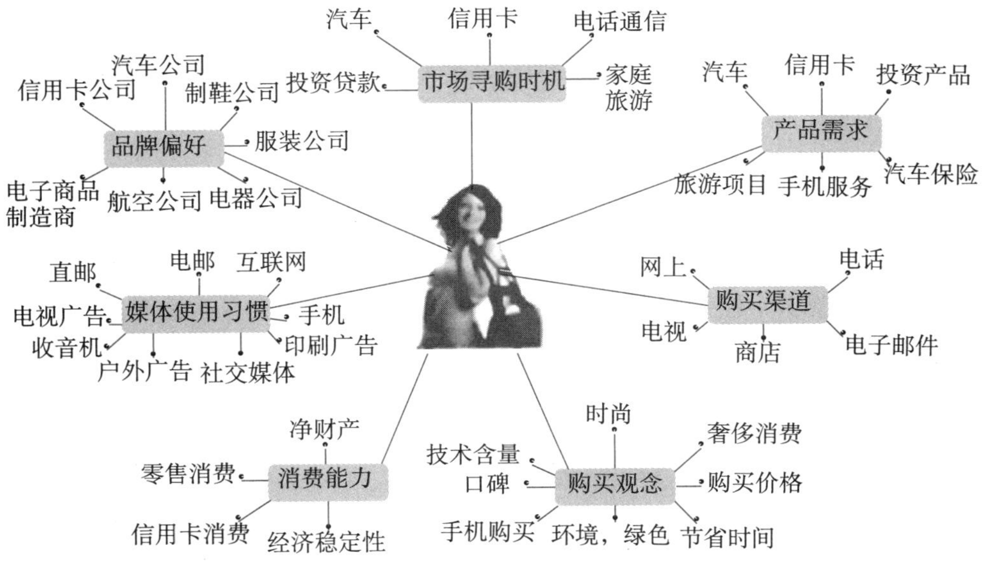

图 12－5　大数据进行用户画像

传统的做法是定义营销问题之后，采集对应的数据，然后根据确定的模型或分析框架对数据进行分析，验证假设，作出解读。解读的空间是有限的。而大数据提供了一种可能性，既可以根据营销问题，封闭性地去挖掘对应数据进行验证，也可以开放性地探索，得出一些可能与常识或经验判断完全相异的结论，可解读的点变得非常丰富。

12.2.2 消费者大数据分析可以解决的问题

对消费者真实决策过程和购买过程的海量数据进行分析，具有很高的商业应用价值，能够解决整体营销价值流程中多方面的问题，如图 12－6 所示。

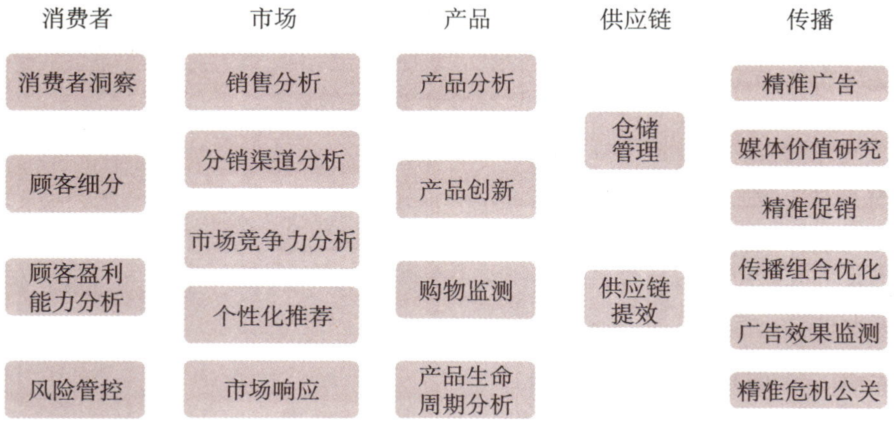

图 12－6 消费者大数据的应用

资料来源：易观智库．中国零售业大数据市场专题研究报告 2014．http://www.doc88.com/p-68939063404718.html.

总体来看，消费者大数据应用可以分为长期和短期两个层面。以下分别介绍。

1. 短期业绩导向的大数据应用

（1）个性化精准推荐。通过基于内容、基于用户行为、基于社交关系网络的数据积累，企业可以确定用户的属性类型和购买习惯，个性化地推介其可能喜欢的商品或内容。通过具有强大计算能力的云计算平台，推荐引擎能够根据购物网站上每位顾客的浏览和访问历史挖掘其个性化兴趣偏好，向不同的顾客展示个性化的页面和他们各自可能需要的商品。通过推荐引擎，购物网站不仅能改善顾客在网站上的浏览体验，还能提高网站的流量转化率、客单价，提升顾客购买的品类数和多样性，延长顾客生命周期。这是电商企业较多使用的手段，比如亚马逊、网飞、京东等。数据显示，亚马逊有 1/3 的销量来自个性化推荐，可见这种大数据的应用对业绩有直接影响。请参见案例 12－2。

（2）精准广告。依托消费者行为的数据，对其几乎所有上网行为进行个性化的深度分析，识别消费者的人口特征、行为特征，广告主可以通过实时竞价（RTB）技术，按需求锁定目标受众，进行一对一传播，提供多通道投放，并按照效果付费。以前品牌经理“我不知道浪费的是哪一半”的担心不再存在，购买广告除了依托媒介购买人员的经验，每一步都有精准的数据呈现，这让企业想要传播的信息能精确到达目标消费者，优化了广告效果，也让企业看到了过去可能被忽略的营销机会。请参见延伸阅读 12－1。

（3）实时监测传播效果，优化传播渠道决策。传统营销传播的事后调查评估方法获得消费者反馈的速度很慢，及时性也很差，但是大数据可以做到近乎实时地提供各种传播效果反馈数据，信息详尽，并具有跟踪性，这给营销传播的优化决策带来了巨大价值。通过在不同的网页植入 cookie，根据用户的互联网痕迹进行渠道营销效果优化，即根据网上顾客的行为轨迹来找出哪个营销渠道的顾客来源最多，哪个来源顾客实际购买量最多，是不是目标顾客等，从而调整营销资源在各个渠道的投放。

（4）销售预测和仓储管理。准确预测销量，可做到以销定产，一方面避免产品积压，增加成本；另一方面减少缺货，以免影响销售。通过数据分析预测销量，企业可以做到自动补货、提前发货或是做好退货准备，提高库存周转率，提升顾客体验。

（5）精准促销。在促销方式的选择上，企业更加明确对不同的消费者采用哪种促销方式比较好。通过消费者数据的收集和分析，企业可以判断出哪些顾客是价格敏感型的，针对性地推出一些价格折扣以推动购买；而对于那些价格不敏感的冲动型购买者，价值不高但漂亮的赠品可能会让消费者从心动到行动。

案例 12－2

今日头条：大数据为每个用户建立兴趣 DNA 模型

一支没有新闻基因的创业团队在短短两年内做出一款注册用户达 2.2 亿、日均活跃用户超过 2 000 万人的网上新闻产品——今日头条，成为 2013—2014 年移动新闻客户端大战中最大的黑马。

2012 年 8 月，今日头条上线，用生不逢时形容它当时的境遇再合适不过了。当时四大门户均已推出自己的新闻客户端产品，其中搜狐、网易新闻客户端的用户规模更是接近 4 000 万。虽然几大门户的新闻客户端还在贴身肉搏，但是对于刚刚踏上战场的今日头条来说，这场战争似乎已经结束了。对手是装备精良、割据一方的正规军，自己则是势单力薄的游击队，胜负看上去实在没什么悬念。

不过，在这场似乎只属于门户豪强的游戏里，剧情却发生了变化。今日头条不仅顽强地活了下来，还生生从对手那里抢下一块不小的地盘。至 2014 年底，今日头条的注册用户超过 2.2 亿，日均活跃用户超过 2 000 万人，并且保持每月新增 1 000 万以上的用户。这是怎么做到的？

穿着新闻外衣的推荐引擎

虽然有一个新闻性十足的名字，而且看上去与同类产品大同小异，但在骨子里，今日头条却完全是另外一个物种。与其将它称为新闻客户端，不如叫它推荐引擎，因为从出发点来看，今日头条与门户网站的新闻客户端截然不同。其创始人曾表示：“我的竞争对手不是同行。”

传统门户想要做的是一款提供新闻资讯的移动 App，完成从个人电脑向移动客户端的过渡，而今日头条想做的却是一款基于移动互联网的推荐引擎，新闻资讯仅仅是它所承载的内容而已。用推荐引擎分发新闻，是对传统新闻门户工作方式的一次巨大颠覆。

传统的新闻门户有着庞大的编辑团队，编辑按照一定的价值判断标准，从每天抓取到的海量新闻中选择一些重要的、用户感兴趣的新闻推荐到首页，或者将其排在靠前的位置。人工推荐模式的背后所追求的是信息覆盖的广度，只有大家都感兴趣的新闻才能为网站带来足够多的流量，这就意味着一些小众的长尾信息需求无法得到满足。如果一位用户喜欢一支乏人问津的NBA弱旅，他就很难在门户首页上看到这支球队的消息。因为放在首页的永远是那些战绩最好、最火热的球员和球队的消息。

想要解决长尾的信息需求，推荐引擎就成为最好的选择。今日头条不用人工推荐，而采用机器学习的方式，利用推荐引擎个性化地分发信息。即根据个人的阅读行为，建立每个人的兴趣DNA模型，精准推荐其感兴趣的新闻资讯，消费者看到的每一篇新闻都是自己关心的。今日头条可以采用用户已有的社交媒体账号登录，一旦绑定你的社交媒体账号，今日头条的推荐引擎就能迅速根据你账号的标签、好友、转发等信息分析出你大致的兴趣爱好，从而向你推荐相应的内容。随着算法不断进化以及用户使用时长的增加，这种推送会愈发精准，越多人使用越长时间，越好用。目前今日头条的用户中有一半绑定了自己的社交媒体账号。

大数据为每个用户建立兴趣DNA模型

过去，传统媒体不可能得到用户数据，无法获知用户行为。主编很希望获得用户的反馈，但只能通过读者来信，通常一期杂志或者一期报纸有1 000封读者来信就很不错了。也可以通过有限的用户访谈、调查来获得反馈。通过这种非在线的方式收集数据，信息的感知水平与移动App相比差别非常大。一个在线App，每秒钟用户的反馈可能是几千、几万。今日头条每天日志函数有100亿的规模。比如，一个人在地铁上使用今日头条的时候，不仅他在阅读数据，其实今日头条的系统也在观察他，观察他每一步的滑动，是否很快滑过标题还是有所停留，认真阅读还是粗略阅读，是否参与朋友圈讨论。这些行为都会被系统感知到，系统再做实时调整。

获取这些数据后，今日头条将数据分成几类：第一类是用户的动作特征，他的点击、停留、滑动、顶踩、评论、分享，这些是最主要的数据。第二类是用户的环境，他是在WiFi还是5G环境下，他是在北京还是上海，他是在常驻地还是在旅行，甚至包括白天还是晚上、天气如何、是不是节假日，都可以作为使用特征。第三类是用户的社交数据，比如用户用微博登录之后，可以获取他的微博身份，这些数据都会成为各种特征被系统学习到。更重要的是，系统不仅使用这种单一特征，还会将这些特征组合起来，分析不同特征情况下用户有什么样的兴趣爱好。

今日头条将海量的高级特征和精细化特征组合起来，建立多重模型，为每个用户形成兴趣图谱，作出推荐。“他是不是一个当地居民”“他是不是一个IT的重度用户”“他使用的手机价格是多少”等为高级特征，“他过去对某篇文章或某个明星照片的点击行为对他现在的阅读有什么影响”等为精细化特征。

今日头条每天产生100万条观察日志，观察2 000多万用户，能够从全局视角看到以往消费者调研难以看到的一些内容。比如在过去一年中，哪个事件被人们最快地遗忘，哪个城市的人最喜欢哪个艺人，通过大数据，机器都能知道。

资料来源：1. 今日头条张一鸣：互联网渗透传统行业 O2O 借势升温.（2015-02-09）. http://www.cankaoxiaoxi.com/science/20150209/660331.shtml.

2. 今日头条张一鸣：借机器学习给产品带来的价值.（2015-01-17）. http://tech.sina.com.cn/i/2015-01-17/doc-iavxeafs0136469.shtml.

3. 今日头条：野蛮人与新物种.（2014-03-06）. http://www.geekpark.net/topics/199757.

4. 今日头条张一鸣："要像造纸术那样改变信息传播方式".（2014-12-25）. http://fjnews.fjsen.com/2014-12/25/content_15451369.htm.

讨论题

1. 你使用了该 App 或类似的 App 吗？你希望它这么了解你吗？为什么？
2. 今日头条对个体的精准了解除了帮助它分发新闻，还有什么作用？

延伸阅读 12－1

大数据切片对比测试

将科学实证中的对照组测试（A/B 测试）方法，引入消费者行为的大数据分析中，就是大数据切片对比测试方法。什么是 A/B 测试？简单来说，当企业面临决策的不确定性时，可以从整体流量中划出小部分流量（切片），随机、均匀地分出两组，分别由两组用户进行测试，最终通过实验数据对比确定更优方案。

通过 A/B 测试，企业可以获得"某个产品在某个场景中对某些人有效"的具体数据，并据此做出反复调整。所以，A/B 测试是一个利用大数据对消费者行为进行量化反馈和深入洞察的过程。

字节跳动公司是应用 A/B 测试的先驱。自 2012 年成立以来，字节跳动先后将 A/B 测试应用在产品命名、交互设计、推荐算法、用户增长、广告优化和市场活动等方方面面的决策中，累计进行了 70 余万次测试，每天新增 1 500 余个测试，服务于 400 多条业务线。A/B 测试背后，折射出的是该公司内部让数据和事实说话，避免拍脑门的决策机制。对于今日头条、抖音等产品来说，A/B 测试堪称其成功留住客户、进行商业变现的奠基石。

在消费行业，元气森林也是通过系统的 A/B 测试，在气泡水这一细分赛道里突围而出：首先进行口味测试，测出天使用户对哪一种口味更感兴趣；再进行电商测试，看看验证型的产品在电商渠道的测试情况，是否达到规模化标准，再去线下铺开；在货架测试中，通过人工＋数据的方式监测消费者的购买行为，调整货架策略，最终完成整个 DTC 渠道测试。

A/B 测试能帮助企业在复杂的功能流程中精准地做减法，帮用户简化场景中的选择。很多企业推出了五花八门的内容服务，用户体验不增反降。如何科学筛选？

例如悟空租车平台，用户从选车到付款，有一个必经环节——押金缴纳，这一环节大大影响了下单转化率。于是，他们通过字节跳动推出的火山引擎 A/B 测试，用小流量进行如下对比实验：

- 对照组：现行支付流程，用户在下单页面需要同时支付租金与押金；
- 实验组：新方案，用户在订单支付完成后，再进入押金缴纳页。

测试运行两周后，团队发现实验组比对照组上升了 7%，增长非常明显。于是，悟空租车对产品进行了迭代，在提升用户体验的同时，也为平台带来了 7% 的收入增长。

资料来源：改编自王赛. A/B 测试应当成为一种企业增长行为.（2021–06–18）. https://www.sohu.com/a/472758380_100291486.

2. 长期品牌导向的大数据应用

（1）消费者洞察。通过行为数据并结合社交媒体上的文本数据，企业能够及时获取消费者对品牌和产品的看法和态度，了解到一些以往没有考虑到的、隐藏的消费者需求和偏好，以及时改进产品或者推出新产品。比如，研究者通过对在线聊天的数据分析发现，垂直差异较大的产品（如 3C 产品）常常基于客观因素被选择，消费选择的同质化程度较高，持续购买的稳定性较高；水平差异较小的产品（如衣服鞋帽）常常基于主观因素被选择，消费选择的异质化程度较高，长期购买的稳定性较低。[4] 美剧《纸牌屋》的成功部分是由于应用大数据进行消费者洞察。网飞是美国最大的视频点播服务提供商，它掌握了大量的观影习惯数据，譬如每个人按下暂停键、停止观看或者快进的数据，喜欢某部剧的人还喜欢哪些剧，导演和演员的关系等。网飞通过分析数据，决定翻拍广受大众（包括它的用户）欢迎和评论家赞赏的 1990 年 BBC 迷你剧《纸牌屋》。它还发现，喜欢这部剧的人也非常喜欢凯文·史派西（Kevin Spacey）参演，或者大卫·芬奇（David Fincher）导演的作品。因此，它才有了结论，决定投资 1 亿美元翻拍一部两季共 26 集由史派西和芬奇参加的同名剧。

（2）顾客盈利能力分析和管理。对交易信息的分析可以让企业区分出哪些顾客给企业带来较高收入和利润，哪些顾客是高成本但回报微薄甚至是负利润的，从而更好地将企业资源分配给优质顾客。这也让企业进一步明确了目标市场。此外，有了大数据之后，对顾客终身价值的预测会更加实时、动态且准确。

（3）消费者细分。通过将消费者的行为数据标签化和进行建模分析，可以描绘更加精准、更全景化的消费者图像，确定用户的属性类型和购买习惯，从而帮助企业进行市场细分，特别是基于行为变量的细分和基于个人的细分，对每个群体采取独特的行动。一对一营销也提高了消费者的体验，增强了企业和顾客之间的关系。

（4）基于长期品牌意义的传播决策。传播除了促进即时的销售，最重要的一部分工作就是建立并保持与消费者之间有意义的关系，这种关系就是我们所熟知的“品牌的建立和维持”。

为了建立品牌的长期形象和消费者的忠诚，不仅需要根据交易数据、浏览数据精准投放广告，还需要考虑媒介的组合、信息传播内容的选择以及挖掘新的潜在消费者。此时，大数据可以帮助企业进行媒体价值的评价、获得最优投放组合；帮助企业进行竞争品牌的市场分析和传播分析，挖掘潜在的消费者和沟通价值点；帮助企业进行投放测试，找出受众最有共鸣的广告创意，对广告作出及时的判断和调整。

12.3 算 法

随着计算机软件的发展，大数据分析走上了一个更高级的阶段——智能算法。算法已经成为一批引人注目的指数型公司的核心竞争力之一，例如中国字节跳动公司的抖音等，是人工智能算法应用于商业的一个典型。

何谓算法？算法（algorithm）一词来源于公元 9 世纪的波斯数学家 al-Khwarizmi，他名字的拉丁语音译 algorism 即英文算法一词的初形（意为阿拉伯数字的运算法则），在 18 世纪演变为 algorithm。算法一词后成为任何程序化运算或自动运算方法的统称。[5]

算法是指解题方案的准确而完整的描述，是一系列解决问题的清晰指令，算法代表用系统的方法描述解决问题的策略机制。计算机程序中，程序算法是指挥处理器完成特定任务的一系列方法步骤。计算机程序所体现的算法有很多层次，最具体是全部程序指令联合起来的详细步骤，由此往上可以逐步抽象，得到比较概况和抽象的算法。

人工智能时代的智能算法超越了计算机程序，以大数据和机器深度学习为基础，算法具备了越来越强的快速自主学习能力与决策功能。智能算法机器人（AI）超越人类的个案和领域已经越来越多，2016 年阿尔法狗完胜人类围棋世界冠军就是著名的例子。

智能算法已经深度嵌入人类社会生活，从新闻推送到手机导航，从预测治安风险到辅助法官量刑，算法逐渐在消费、教育、执法、金融、社会保障等领域接管人类让渡的决策权，如阿法零、自动驾驶汽车、犯罪风险预测系统等。

因为智能算法能够带来前所未有的效率和竞争力。商业世界是首先拥抱智能算法的领域之一。作为互联网商业术语，算法是指利用用户的行为信息记录，通过一些数学算法，推测出用户的偏好、兴趣和可能喜欢的东西。算法成为搜索引擎、浏览器、社交平台等标配的软件。

如果说大数据是原材料，那么算法就是指向结果的自动高效的装配流水线。算法为商家提供了全新的自动武器和竞争王牌，包括：个性化精准识别消费者、个性化分发推送相关的商业信息、极大提高运营效率、快速迭代优化算法和流程。所谓基于内容的推荐方法就是根据用户过去的浏览记录来向用户推荐用户没有接触过的推荐项。基于内容的信息推荐方法的理论依据主要来自信息检索和信息过滤。

算法背后的价值观会影响算法的构成，不同的算法意味着对大数据的加工和利用的思路和策略是不同的，即不同的算法代表了不同的大数据分析模型。从而影响信息分发和消费者的产品选择等多方面结果，请参见延伸阅读 12－2。

与搜索引擎相比，算法可以赋能收集、生产、选择和分发信息的任务，实现效率更高，成本更低，功能更强。如淘宝中，搜索已经让位于千人千面的个性化推荐。在内容平台（如抖音、小红书等）的算法支持下，消费者可以获得某一内容的更丰富的个性化信息。算法基于的大数据用户画像迅速匹配消费者的潜在需求，最大限度满足它所认定的个体的需求。算法通过快速迭代，不断对原有的算法模型修正和改进，实现了对用户更深层的窥探和把握，可以更加精准地匹配用户、更加贴合所谓的真实需求。

延伸阅读 12－2

抖音和快手的算法

在作为即时通信平台的微信和 QQ 红极一时之后，中国互联网内容平台的快速崛起引人注目。其领头羊是抖音（字节跳动）和快手（北京快手科技）。抖音和快手均是以短视频为主要媒介，满足用户休闲娱乐、社交、信息分享、信息获取等内容消费需求的中国最大的互联网内容平台。

最大体现在三个方面：用户规模大；使用时间长（人均单日使用时长约 90 分钟）；也体现在参与内容创作的群体的庞大，快手 2019 年 7 月至 2020 年 6 月期间发布过内容的用户达 3 亿，每日产出 UGC 超过 1 500 万，抖音创作者的数量在 2020 年新增了 1.3 亿。让很多人、很多地点、很多事件第一次以影像的方式被记录和大范围传播（见图 12－7）。

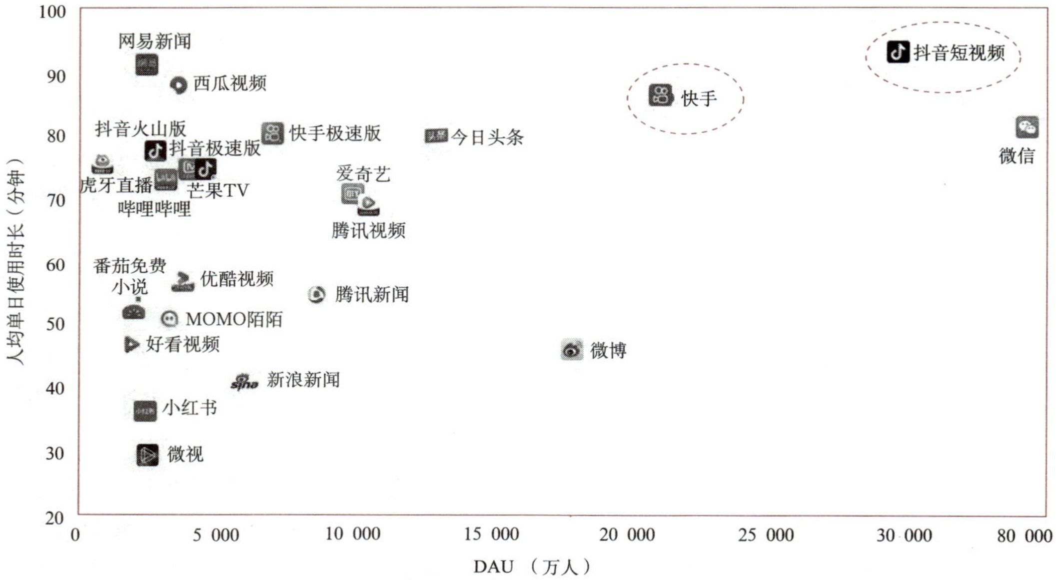

图 12－7　头部内容平台的 DAU 和人均单日使用时长（2020 年 6 月）

抖音和快手有一定的相似之处：服务的用户需求是相似的，都是满足用户休闲娱乐、社交、信息分享、信息获取等内容消费需求的产品。此外，两个产品在内容媒介（短视频 / 直播）、内容类型（休闲娱乐为主）、内容形态（信息流呈现为主）、参与者互动模式（点赞 / 评论 / 打赏）方面都有相似之处。

抖音和快手都有两个核心竞争要素，一是短视频的媒介形式（生产和理解门槛都很低），二是利用算法进行内容推荐。两个平台依靠算法分发内容的能力都很强。

随着内容量的巨增和数智技术的升级，内容分发的方式发生了大的演变：从最早的信息门户，到搜索引擎，到基于社交关系分发，到个性化算法推荐。

算法推荐涉及的过程包括：

- 理解内容：对内容进行抽象总结，提取关键词和打标签；

● 理解用户：刻画用户行为——点击 / 点赞 / 评论 / 分享 / 关注 / 不喜欢，探索用户意图；

● 将内容和用户进行匹配：拟合一个内容与用户匹配度的函数，设定一个目标，根据目标来匹配内容与用户。

共性之外，抖音和快手是两个不同的社群生态平台。

二者存在很大的差异：两个平台的底层价值观和出发点的不同（一个“美好”、一个“真实”），造成了产品、内容分发算法逻辑的差异（重内容质量 vs. 强调普惠公平）、社区运营的差异（重运营 vs. 轻运营）、产品形态的差异（单列沉浸式 vs. 双列可选择式），变现路径的差异（见表 12－1）。

表 12－1　抖音 / 快手的比较

	抖音	快手
价值观	记录美好（探索时尚优质的内容）； 对内容消费者更友好	记录真实，普惠公平； 对内容生产者更友好
内容运营	重人工运营（排行榜，话题挑战赛，明星入驻）	早年强调中性、淡化运营； 近年开始加强运营（设立精选版块，设立排行榜，主动邀请明星入驻）
内容形态	短视频（15 秒、60 秒），直播，图片，影集	短视频（11 秒、57 秒），中视频（6 分钟），直播，图片，K 歌，文字（说说）
内容分发	• 相对中心化（头部内容点赞量千万级别）； • 给予内容质量更高权重，给予社交关系更低权重（粉丝看到达人新发视频概率为 10%）； • 运营干预相对大； • 用户行为重要性排序：点费率 > 评论率 > 转发率	• 相对去中心化（头部内容点赞量百万级别）； • 给予社交关系更高权重（粉丝看到达人新发视频概率为 30% ～ 40%）、注重流量分配的公平性； • 运营干预相对小（后期运营力度加大）； • 用户行为重要性排序：评论率 > 转发率 > 点赞率
视频展现形式	单列沉浸式	双列选择式 / 单列沉浸式
对于创作者的吸引力	对优质内容生产者更友好，优质内容曝光量上限高于快手，涨粉更容易	粉丝和达人之间情感联系信任感更强，单位粉丝价值更高，更适合做私域流量沉淀
创作者生态	粉丝头部集中度高，头部用户中明星占比更大	粉丝分布相对均衡
种子用户	时尚、高颜值的年轻人为主（抖音早期从各地艺术院校邀请用户进行内容生产）	北方方言、三四线用户为主
用户画像	高线用户比例更高，南方用户多； 双方重合度在提升	更下沉，北方用户更多； 双方重合度在提升
用户增速	更快	相对平稳
用户接收内容方式	被动推送	半主动选择
用户对内容的容错率	低	高

续表

	抖音	快手
用户内容消费体验	看到优质内容概率更高，感受更好，使用时长易提升	看到中长尾内容概率比抖音高，体验相对欠佳
粉丝互动性	低	高
商业化变现	更适合平台主导的变现方式，如信息流广告	更适合达人主导的变现方式，如直播打赏、带货

资料来源：传媒行业：短视频系列报告之二-产品与算法：抖音、快手的生态成因.（2020-10-20）. http://data.eastmoney.com/report/zw_industry.jshtml?encodeUrl=9NzypCmdc49FKCr9CLvVhRivnpH1dPgJXtCQkt3IrTI=.

以下略述抖音和快手之差异。

1. 价值观的差异

抖音和快手在理解内容、理解用户的技术上，不存在巨大差异，但是在推荐算法的目标上是有差异的，这基于创始人赋予产品的价值观。

快手“公平、普惠”的原则是创始人程一笑和宿华利他价值观的体现，快手的目标是提升每一个人独特的幸福感，注重被忽视的多数人，主打下沉市场。相比抖音对内容的重视，快手更重视人。流量分发更均衡，给长尾用户被看到的机会，更注重社区的营造。因此产品采用双列、非全屏、半主动获取模式，容错率高，适合长尾内容，去中心化算法更加重视社交关系的影响（见图 12－8）。

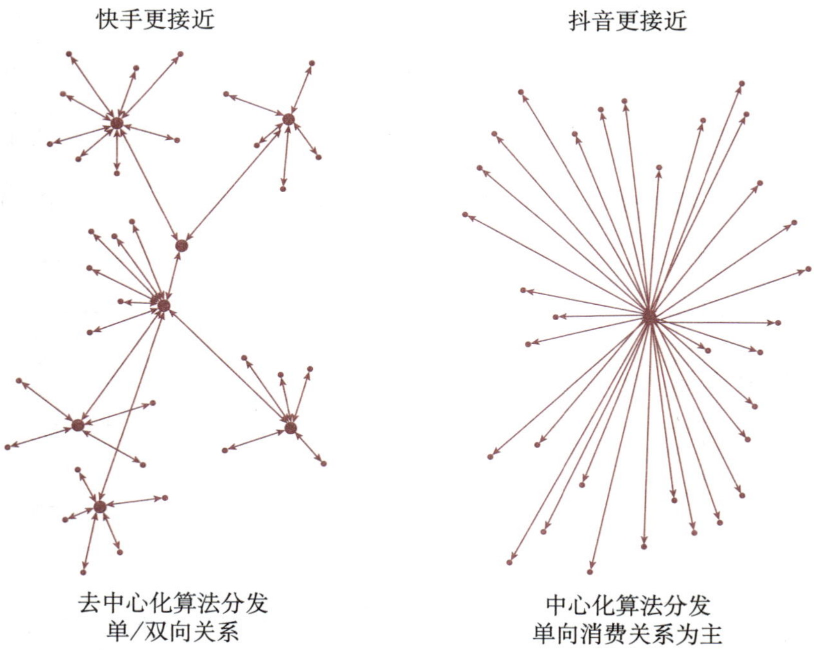

图 12－8　短视频平台内信息传递的网络拓扑结构

抖音强调“美好”，张一鸣推崇技术与数据，认为提高内容分发效率、满足用户的信息需求是最重要的。其偏中心化的算法更侧重筛选并持续放大高质量内容，最优化用户内容消费体验。因此与之匹配的产品形态是单列沉浸式、被动获取、下滑内容切换，最大化降低内容获取成本。

2. 内容分发的算法差异

总体上，抖音对内容的“优质程度”给予更高权重；而快手给予“分配结果的普惠公平”和“社交关系”更高权重。

（1）抖音：头部精品内容占据大部分流量，内容生态差距大

创作者在抖音发布内容，经过机器和人工审核后，会被分配一个初始流量池，平台根据初始流量池的用户行为反馈数据来判断内容是否受欢迎（重要反馈指标包括，完播率 > 点赞量 > 评论量 > 转发量），如果反馈数据好，平台会将内容推进更大的流量池；以此类推，只要视频的数据反馈是好的，平台就会持续增加视频的内容曝光，经过多轮筛选，最后进入热门流量池的视频一定是少量的、观看体验很好的精品内容，而这些精品内容会占据平台的大部分流量，而没有被算法选中的中长尾内容曝光量就会非常少，平台的内容生态会出现“贫富差距大”的特征（见图 12－9）。

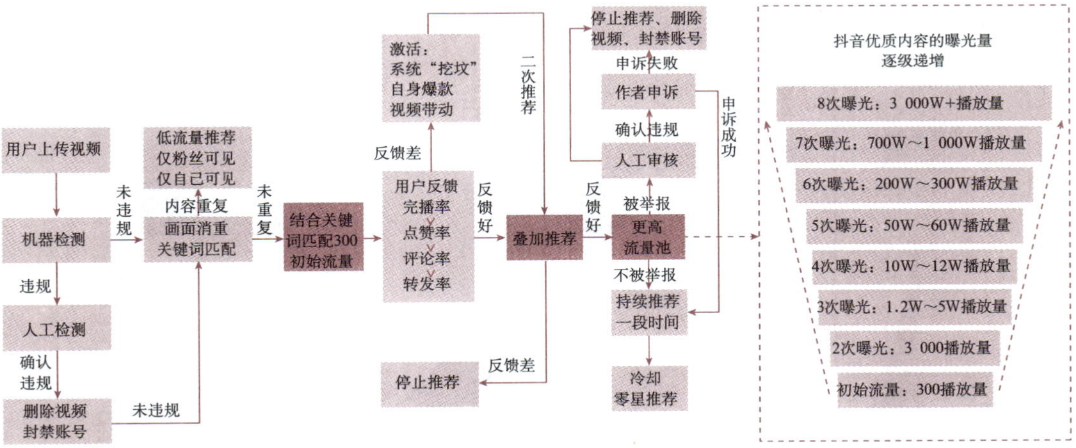

图 12－9　抖音的内容分发流程

（2）快手：内容分发坚持普惠原则，受基尼系数调控

创作者在快手发布内容，初步的流程和抖音是相似的，都是经过审核之后，会被分配到一个初始流量池（一般是在首页的“关注”和“同城”页面），如果初始流量池的数据反馈好（和抖音不同，快手更看重达人和粉丝之间的互动，因此评论率是最重要指标），就会进入更大一级的流量池，以此类推，数据反馈好的内容会出现在首页的“发现”页面。和抖音不一样的是，快手会引入基尼系数调控，将平台的内容曝光量差距控制在一定范围内，因此当视频热度达到一定阈值后，它的曝光机会将不断降低，因此不会出现抖音上少数头部精品内容占据平台大部分流量的情况。根据快手官方的报告，快手只有 30% 的流量分配给头部热门内容，剩下 70% 的流量是分配给中长尾内容的。这样的生态符合快手公平普惠价值观（见图 12－10）。

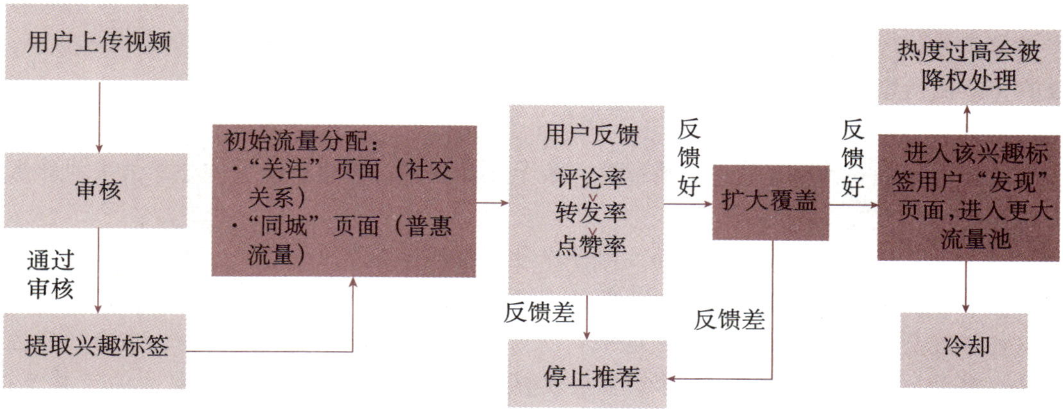

图 12-10　快手的内容分发流程

内容消费者在抖音看到高赞优质内容的概率更大。根据数据，15 日内，抖音前 40 视频，最热视频的点赞量能达到 2 000 万以上，第 40 名视频的点赞量也接近 500 万，且头部热门视频创作者基本有相对专业的内容生产能力（媒体号 / 政务号或明星）；而快手前 40 视频中，最热视频的点赞量不到 400 万。抖音头部内容的流量曝光远大于快手（见图 12-11）。

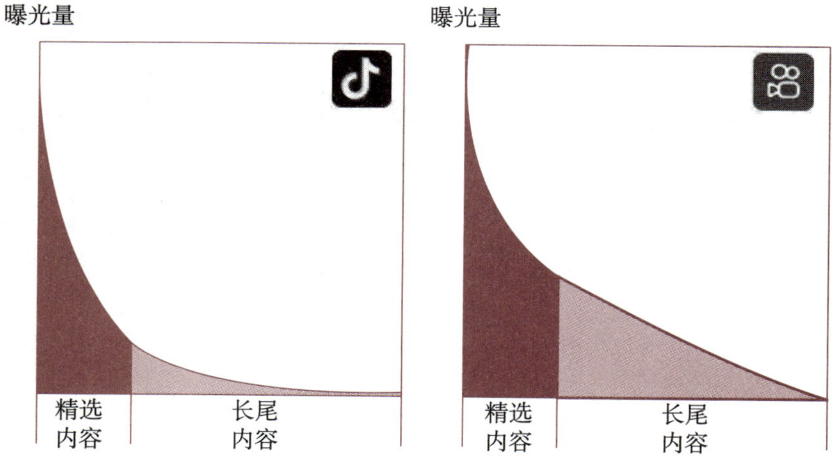

图 12-11　抖音和快手流量分发的差异

通过以上分析可以发现，虽两大产品均基于算法推荐逻辑，但因价值观的不同会使流量分发机制不一样，流量结果有所不同，抖音更偏公域流量，快手更偏私域。

3. 生态差异：抖音更消费者友好，快手更生产者友好

不同算法导致两种内容分配机制，进而产生了不一样的社群生态：抖音的内容消费者体验好，快手的内容生产者体验好。

（1）抖音：内容消费者的体验好，强调好内容、不强调粉丝社交关系

对内容消费者：这样的分配机制下，内容消费者的体验是非常好的，因为刷到的内

容是经过大量用户检验的精品。这也是抖音用户增长更快、黏性更高的原因。而用户数增加、时长提升，进一步扩大了平台可供分配的流量池。因此抖音的用户使用时长会高于快手对内容生产者：对有优质内容生产能力的创作者也是非常友好的，因为优质内容产出的回报是很高的，但对于没有专业内容生产能力的普通用户相对不友好，因为内容产出缺乏反馈，不能满足普通用户个性展示、记录生活、社交的需求。这样的筛选机制下，平台留下的大多是可以生产优质内容的、专业性更高的创作者，符合抖音记录“美好”的价值观，内容呈现 PUGC 化，这也是抖音更早吸引 MCN 机构入驻的原因之一。创作者的内容生产门槛提高，意味着平台需要在运营上投入更多精力和资源，来创造话题、提供模板维持内容池的丰富。此外，抖音的内容分发给“粉丝关注”的权重并不高，据火星营销研究院的数据，达人发新视频，其粉丝看到的概率只有 10% 左右，因此粉丝量多不一定保证达人产出内容的曝光量大，达人沉淀的粉丝价值相对来说没有那么大。

（2）快手：对广大普通内容生产者友好，人人可生产，粉丝关注更重要

对内容消费者：由于刷到的精品内容比例不高，观看体验相比抖音会差一些。内容分配上对普惠公平的坚持，是快手的用户增速慢于抖音的主要原因之一。

对内容生产者：普惠的算法对普通内容创作者是比较友好的。即使内容产出不算精良，也不会出现作品完全无人问津的情况，普通用户产出内容的动力会更高。平台上普通作品的数量多，内容创作者的创作心理门槛会更低。2019 年 7 月至 2020 年 6 月，在快手发布过作品的用户数高达 3 亿，这个数据验证了快手生态对普通内容生产者的友好，符合快手“记录世界记录你”的口号。此外，快手在内容分发上，给予社交关注更高的权重，据火星营销研究院的研究，达人发新视频，粉丝看到的概率达 30% ～ 40% 甚至更高，粉丝对达人的情感黏性更高，相比抖音，快手的达人更容易做私域流量沉淀、粉丝价值更大。

总体而言，相对抖音，快手更重视人而非内容的运行机制。快手短视频内容的消费体验弱于抖音，但是粉丝和达人之间的情感联系更紧密。正是因为这种情感连接，快手用户观看直播的比例更大、时长更长：快手 3 亿 DAU 中有 1.7 亿用户是有观看直播行为的，直播消耗了更多的时长。

4. 变现方式的差异

平台生态的差异导致了两个平台在不同变现方式上的能力差异。

抖音更适合广告流量变现（基于内容的变现）。因为抖音的用户更多是因为高质量的内容（而非达人）来到平台，因此粉丝与达人之间没有紧密连接，用户观看直播的行为更少，但短视频的视频播放次数（VV）更大；此外，平台分配给中长尾内容的流量很少，用户消费体验好，可以容忍的广告加载率也会更高，因此结合来看，留给广告的 VV 会更高。2019 年字节跳动广告收入占比 70% ～ 80%。

而快手更适合直播场景下的变现（基于粉丝-达人关系的变现），因为快手的用户更多是因为达人而来到平台，用户观看直播的行为更多，粉丝对达人的亲密度和信任感更高，因此快手更擅长由达人主导的、直播场景下的变现方式。但是快手分给短视频的

VV 少，且分配了更多流量给中长尾内容，内容消费体验欠佳，用户可以容忍的广告加载率上限会低于抖音。2019 年快手约 70% 的收入来自直播打赏 + 带货。

资料来源：短视频行业研究框架：从内容生产、分发、消费，看各平台异同与空间.（2021-02-09）. http://www.199it.com/archives/1203096.html.

如上所述，算法正在越来越深刻地改变和重构人类的社会生活。智能算法已经成为商业世界的强大新武器。算法的使用者——企业借助算法可以大得其利，可以更精准洞察和捕获消费者，可以明显提高营运效率和竞争力等。不过，我们不应该回避从伦理高度提出的另一个重要问题：算法对消费者和受施对象带来了什么？算法是天使还是魔鬼？

不可否认，智能算法作为人类重大的技术进步，积极意义和社会价值应该充分肯定，我们应该拥抱智能算法的更多创新。不过，“技术是一把双刃剑”的原理永远不会过时。消费者从算法中得到了效率提高带来的种种利益、便利和乐趣。同时，智能算法的负面影响首先凸显在消费者和受施者身上，在商业伦理缺失的情况下，算法导致的对消费者和员工的控制和伤害就更加醒目，请参见延伸阅读 12－3 和 12－4。

延伸阅读12-3　网络精准广告

延伸阅读 12－4

困在算法里的外卖骑手

随着中国网购和快递业的遍地开花，快递小哥数量激增，已成为近年来社会及媒体高度关注的群体之一。其中，以美团为代表的外卖行业自 2015 年以来进入迅猛发展阶段，外卖骑手这个群体在 2021 年受到的特别关注，与算法平台直接有关。

手机与平台的算法系统，改变了传统服务行业的组织规范和管理措施。2017 年，美团一篇优化算法的文章说，优化算法使平台降低了 19% 的运力损耗，提升了效率、赢得了满意的消费者体验，并降低了平台成本：过去 5 个骑手的送餐量，如今 4 个骑手就能完成。

算法在外卖骑手的订单分配、时间计算、路线预估和送单监测等方面，发挥了重要的监管作用。自顾客下单起，系统便开始根据骑手的路线、位置、方向决定派哪一位骑手接单。订单通常以 3 联单或 5 联单的形式派出，一个订单有取餐和送餐两个任务点，如果一位骑手背负 5 个订单、10 个任务点，就将有 11 万种路线，系统会在 1 秒钟内选出最优配送路线。订单的派发、路线规划都由平台算法指定。平台算法依据大数据的累积，精准预测每一次的送餐时间、交通情况、行驶路线等，并优化配送方案。骑手只是依据算法的指令专注于送餐。

为了赢得更好的消费者体验，平台将骑手的取餐时间、送餐路线、实时位置、手机号、准时率等数据与下单消费者共享。客户通过查看这些实时、可视化的数据，实现对骑手的监督。在订单进行中，消费者有权取消订单；订单完成后，消费者通过评分和评论系统对骑手进行服务评价。如果出现消费者投诉不合理的情况，平台或站点认定骑手不承担责任，系统的策略通常是安抚骑手，以其他形式补偿骑手，但难以更改数据或消除投诉记录。

为了激发骑手多接单，主动延长工作时间，平台采取了一系列游戏化的激励机制。系统为骑手设置了积分等级体系——跑的单越多，准时率越高，顾客评价越好，骑手的积分和等级就越高，奖励收入也会更多。系统将这种评价体系包装成升级打怪的游戏，不同等级的骑手拥有不同的称号。以美团为例，这些称号从低到高分别为普通、青铜、白银、黄金、钻石、王者。等级的晋升，成为骑手衡量自我价值和工作意义的重要参考。同时等级越高，骑手面临的维持等级的压力就更大，不得不接更多的单，延长每日送单时间。

夹在算法和消费者中间的外卖骑手，因一些悲剧的不幸发生而被高度关注，罪魁祸首指向算法缺乏人性的一面。

系统对骑手的送餐时间有严苛的要求。导航路线常常与实际路况不符，算法也常常忽视更为复杂的实际场景，如恶劣的天气、高峰期需要排队的写字楼电梯等。这导致平台给定的预计送餐时间往往短于实际送餐时间。一些外卖骑手表示，平台预测的送餐时间是按照点对点的直线距离测算，但在实际送餐中，外卖员面临拐弯、绕路、红灯等情况，系统给出的配送路线还常常包含逆行的路段。在送餐时间的指令压力下，骑手需要在安全和收入间做出选择，一时的铤而走险可能造成不幸的悲剧。

系统规定，骑手的超时率通常不得高于 3%，骑手如果不能在指定时间内完成订单，就要面临扣薪或降级的处罚，还会连累所在的配送站，包括站长、人事、质控等在内的所有人，甚至会影响与站点相关的渠道经理、区域经理的收入。每年年末，站点面临公司平台的考核，承接单量、超时率、差评率、投诉率等数据都会影响配送站的评级和绩效（包括调低配送单价）。每个区域内考核排名后 10% 的配送站会面临淘汰的风险。在这套考核评价体系下，超时带给骑手的不仅是收入的损失，还包括给团队拖后腿、影响团体荣誉等精神上的压力。

在公司利用算法赢得了效益和业绩的同时，外卖骑手的困境提醒我们，应该对算法的负面进行必要的反思。

资料来源：1. 邓智平 . “接单游戏”与平台经济中的劳动实践——以外卖骑手为例 . 求索，2021（3）：108–117.
2. 孙萍 . “算法逻辑”下的数字劳动：一项对平台经济下外卖送餐员的研究 . 思想战线，2019，45（6）：50–57.
3. 外卖骑手，困在系统里 | 百家故事 .（2020–09–08）. https://baijiahao.baidu.com/s?id=1677231323622016633&wfr=spider&for=pc.

相对传统的政治、经济和文化组成的社会权力，算法是一种全然不同的新的权力，是一种更为隐蔽和广泛的社会控制力量。身处算法生态中的消费者，可谓亦喜亦忧，消费者在分享智能算法赋能的同时，付出的代价是多方面的，主要表现在以下方面。[6]

1. 全裸：隐私的绝对丧失

算法带来巨大便利的同时，也使每个介入的个体变得更加透明。隐私作为一种个人的权利，在没有互联网和算法的时代可以得到较好的保护。在网络社会中，个体必须出让一部分隐私才能换取对网络服务的使用权，隐私信息包括从性别、年龄、通信方式到支付、位置行为轨迹、朋友圈和交往、兴趣及观点、偏好和愿望等，逻辑上是无所不在、无所不包的，即介入的消费者是透明的、全裸的。

2. 信息茧房：信息偏食和丧失选择权

算法对于消费者兴趣和偏好的迎合，可能会形成信息茧房（information cocoons）或获取信息的过滤气泡（filter bubble）。即被片面、偏好的信息所包围，在不知不觉中成为一个作茧自缚和丧失自主选择信息的人。

信息茧房概念来自美国学者桑斯坦，他在《信息乌托邦——众人如何生产知识》一书中提出，信息茧房意味着只选择性接受愉悦我们的信息。这导致“信息偏食”的视野局限，并且对观念、态度与决策等产生影响。[7]

在桑斯坦看来，人们之所以会陷入信息茧房，是因为对信息进行了选择与过滤。2011 年帕里泽在其著作《过滤气泡：互联网没有告诉你的事》中提出了过滤气泡概念[8]，更是直接强调了信息过滤对用户的影响。他发现搜索引擎可以随时了解用户偏好，并过滤掉异质信息，为用户打造个性化信息的同时，也会筑起信息和观念的隔离墙，使用户处在网络泡泡的环境中，阻碍多元化观点的交流。他认为用户天然地追求个人兴趣，而社交网络和个性化推荐对信息的过滤作用会迎合这种追求，聚焦用户信息获取的兴趣点，形成过滤气泡。

尽管关于信息茧房，研究者还存在一些争论[9]，但过于依赖算法推荐时，用户容易陷入信息茧房，可能被蒙在鼓里——这是消费者可怕的梦魇。

3. 更傻：惯性依赖导致机能衰退

被算法喂养的人，从繁杂的劳动中解放出来，赢得了效率和舒适，但同时造成了对算法越来越多的依赖，可能无法摆脱，甚至沉迷和上瘾。这意味着人原有的一些功能、能力和独立性会逐渐退化和丧失，在没有互联网和算法的环境中难以承受乃至可能无法生存。

得到乎？失去乎？上述负面影响的存在，已使得部分消费者对智能算法表现出种种抗拒和抵制行为。正如一切技术都是双刃剑，算法有强大的威力，但是必须受到商业伦理的约束和社会监管，否则可能变成魔鬼。

第 12 章小结

1. 高效率和低成本洞察和直达消费者的新方法框架是：大数据＋智能算法。
2. 大数据的来源多样，主要是消费者的数字行为轨迹、企业的数据等。多维数据、线上线下的数据对接，可以让数据更具价值和意义。大数据通过采集、建模、应用，可以给企业营销带来长期和短期利益。

3. 智能算法是全新的研究和影响消费者行为的智能工具，算法带来了巨大的商业竞争力，但同时不可忽视它对消费者的负面影响。

第 12 章思考题

1. 大数据+算法的消费者分析方法与传统的研究方法对比，各有哪些优劣？
2. 试收集资料，探讨我国不同类型的企业目前对消费者大数据和算法的利用达到了什么程度。
3. 探讨中国企业在运用大数据+算法方法上的创新案例，特别注重在洞察和影响消费者行为方面。

第 4 篇

营销应用篇

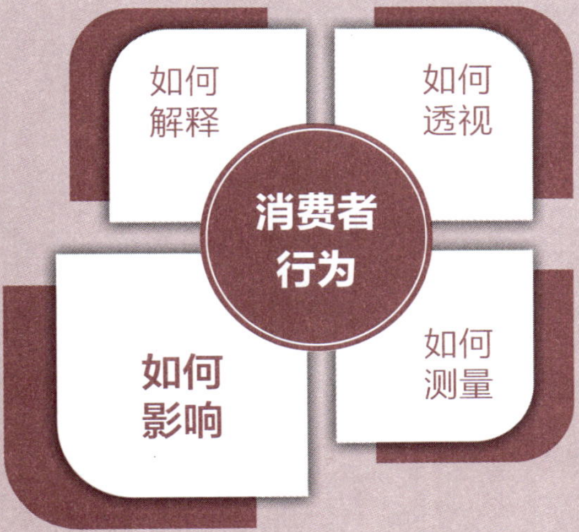

消费者行为学 4H 框架

第13章

消费者行为与营销管理

劝说是指试图改变态度的行为，是许多营销传播的核心目标。

——迈克尔·所罗门

营销组织必须重新界定它的角色，从管理顾客互动走向整合和管理公司所有面向顾客的过程。

——菲利普·科特勒

章前引例

蔚来汽车

在中国新能源车市场上，2014年创立的蔚来已成为最受关注的中国汽车品牌之一。

蔚来是智能电动汽车品牌，该品牌没有走中国汽车品牌常见的路线：主打低端市场以量取胜，而是直接对标BBA（宝马、奔驰、奥迪）高端市场，走以质取胜的路线，成交均价在42万元以上。据威尔森终端零售数据，上海2021年1—2月，蔚来ES8和EC6的交付量都超过了BBA。这意味着长期以来欧美高端汽车品牌在中国高枕无忧的护城河出现了缺口，蔚来在中国高端市场切走了欧美品牌6%的市场。

蔚来的突破有多方面的原因，如充分利用了中国的基础设施和科技的红利，聚焦于提升用户在数智化时代的体验则是关键。相对而言，汽车企业很多时候还是产品为中心，关注技术本身，比如说电动、车联网、智能化、人工智能或者自动驾驶，而较少关注用户的痛点。蔚来的创始人李斌强调要专注于移动互联网时代的用户体验，提出要“傻傻地对用户好”。

蔚来发现了中国电动车主的四大痛点：第一，电池贵，一个电池8万元起，等于把未来多年的汽车能源费一次性付清，这对用户来说并不合理；第二，残值低，由于电池损耗严重，导致电动车二手残值远低于同价位的燃油车；第三，电池升级快，锂电池技术不断升级意味着用户购买的电池在加速贬值；第四，充电时间长，电动车补充能源需要在充电桩充电 4～8 小时，远大于燃油车加油的时间，这些对车主来说都是很不好的体验。

为了解决用户的电池烦恼，蔚来提出了 BAAS（beverly as a service）服务的解决方案：卖车时创造性地将车和电池分开出售。用户可以只买车，把电池作为能源服务，按月付费，终身免费换电池。这样不仅解决了电池贵、残值低、电池升级快的后顾之忧，也带来了加电比加油更方便的用车体验。

蔚来的用户中心主义不仅在电池服务上，亦体现在用户体验的全链条，口碑在线上线下的用户社群中不胫而走……“温暖”的蔚来积累了一大批忠实的粉丝。2021 年 4 月，蔚来的第 10 万辆车下线，完成了汽车品牌的成人礼。品牌的用户转介绍率达到了 50%，即有一半的新用户都是通过老用户介绍购买的。愿蔚来不负众望。

消费者行为学的多种学科视角中，面向营销管理的消费者行为学逐渐成为主流。基于消费者行为的营销管理主张将消费者行为学研究的目标和结果引向市场、提高营销管理的效能。本章的中心是将消费者行为和营销管理两者直接关联起来，包括两个主题：如何影响消费者的认知和态度；如何影响消费者购买和黏住顾客。

简要回顾一下营销管理和消费者的关系。早在 20 世纪 20 年代，美国企业家亨利·福特（Henry Ford）已经提出：“消费者是我们工作的中心。我们必须时刻想到消费者，提供比竞争对手更好的产品和服务。”“尽量了解人们内在的需求，用最好的材料、最好的员工为大众制造人人都买得起的好车。”[1] 1954 年，现代管理学宗师德鲁克在他的名著《管理的实践》中提出了顾客价值（customer value）的重要思想。[2] 1960 年代建立的营销管理（marketing management）开启了从产品导向走向顾客导向的转型之路，强调以顾客价值为宗旨，而与传统营销从本质上区分开来。此后，研究、洞察、把握顾客的需求、心理和行为就成为营销管理的出发点和基础。

中国的消费者市场变化巨大，作为背景，让我们先简单浏览近几十年以来中国的消费升级。

聚焦中国 13－1

中国的四次消费升级

消费升级这一概念被宽泛地理解为：消费结构的升级变化，是各类消费支出在消费总支出中的结构升级和层次提高，是消费者支出模式的变革。1980 年代中国改革开放以来，经济高速增长，中国出现四次消费升级，推动了消费结构的演变，带动了产业结构的升级。

第一次消费结构升级出现在改革开放之初。当时，粮食消费下降，轻工产品消费上升。这一转变极大地拉动了我国轻工、纺织产品的生产，带动了相关产业的迅速发展，并带动了第一轮经济增长。

第二次消费结构升级出现在 20 世纪 80 年代末至 90 年代末。在这一阶段的前期，“老三件”（自行车、手表、收音机）和“新三件”（冰箱、彩电、洗衣机）分别是温饱和小康时期的标志性消费品，作为一种时尚受到消费者的青睐，并带动了相关产业的迅猛发展。随着经济的进一步发展，此阶段后期的消费特点是：家用电器消费快速增加，耐用消费品朝高档化方向发展，大屏幕高清晰度彩电、大容量冰箱、空调、微波炉、影碟机、摄像机成为城镇居民的消费热点，普及率进一步提高。这一转变对电子、钢铁、机械制造等行业产生了强大的驱动力，并带动了第二轮经济增长。

2005 年开始了第三次消费结构升级转型。中国日益增加的财富提升了社会整体购买力，也驱动消费模式的升级。从 2005 年到 2012 年，每年可支配收入超过 1 万美元的家庭从 2 000 万户增加到 2.43 亿户，占比从 4% 上升到 53%。家庭财富的积累导致可自由支配收入迅速增长。收入的上升改善了人们的生活质量，需求重心发生转移，人们开始更多追求服务型需求和自我实现型需求，而非基本的温饱类需求。

消费对中国 GDP 的贡献出现飞速增长，成为拉动中国经济增长的三驾马车之首。消费升级下，第三产业持续高速发展，供给侧改革也驱动产业结构不断优化。这都给中国经济的发展带来新的驱动力。

中国第三轮消费升级的主导力量是 80、90 世代，从阿里研究院的数据来看，这两代人 2012—2017 年高端品质消费的增速几乎两倍于 60 世代。消费者有能力也有意愿购买更安全、更高端、原产地的、有口碑的、品质更好的产品。更重要的变化是，消费形态从产品转向服务，服务、体验类消费上升。消费者追求精致健康的产品和服务，愿意在休闲娱乐上花更多的钱。消费者品位成为表达新的身份所倚借的文化资本。

2020 年前后开始的中国第四轮消费升级，被称为新消费。新消费的主力军是中国的 Z 世代，正如波士顿咨询公司所言，“新消费的三大主要动力是：崛起的高收入群体、新世代消费者和全渠道的普及”。新消费在投资界的大力驱动下，结合数智化技术，从升级消费品行业的供给端切入，开创新的消费文化。其正在将传统的消费品行业“重新做一遍”，新物种、新场景、新锐品牌纷纷涌现，以 Z 世代带动的消费者行为出现了新的特征。详情请参见第 8 章中聚焦中国 8－4。

资料来源：1. 易观智库．中国经济新常态下的消费升级趋势与应对——主流消费人群六大标签与互联网行业变化分析．（2016-03-04）．https://www.analysys.cn/article/detail/17405.

2. 阿里研究院．阿里新消费指数系列之一：品质消费指数报告．（2017-04-10）．http://www.199it.com/archives/580364.html.

3. 阿里研究院．2016 年互联网高端消费橙皮书．（2016-05-22）．http://www.199it.com/archives/474278.html.

4. 艾瑞咨询．2017 年中国网民消费升级和内容升级洞察报告．（2017-06-25）．https://www.sohu.com/a/151993674_663268.

5. 麦肯锡．2016 年中国消费者调查报告：加速前行，中国消费者的现代化之路．（2016-04-07）．http://www.199it.com/archives/474278.html.

13.1　如何影响消费者的认知和态度

本节主要从传播沟通的角度讨论影响消费者态度的营销策略。在过去几百年中，以广告为代表的营销传播经历了很多的演变，特别是，进入数智化时代，数字媒体和社会网络使得现代营销传播的面目焕然一新，其中一个新的推进是 1990 年代风靡一时的整合营销传播（IMC）被数字营销链路（DMC）所替代，请参见延伸阅读13-1。

延伸阅读13-1

从整合营销到链路营销

数字营销链路（digital marketing chain，DMC）是继舒尔茨的整合营销传播（integrated marketing communication，IMC）之后，近两年来在营销传播领域炙手可热的新概念和新趋势。链路营销成了学界、企业界一种新的风尚。腾讯、阿里、抖音、小红书都基于自身链路，提出了营销传播方法论，呈现百家争鸣的局面。阿里最早在全域营销的理论框架提出AIPL营销模型；随即腾讯明确提出全链路营销；2020年，字节跳动提出名为5A的链路模型；爱奇艺也阐释了自己的链路模型AACAR。

为什么链路如此大行其道？

1990年代以来，美国西北大学舒尔茨提出的整合营销传播风靡了几十年。其核心是为了提高传播效果。整合营销把企业所有的营销活动（如户外广告、公共关系、搜索引擎推广（search engine marketing，SEM）、内容营销、终端促销等）看成一个整体，让不同的传播活动共同创造统一的品牌形象。简单来说，整合营销就是在不同的接触点，用同一个声音说话（见图13-1）。

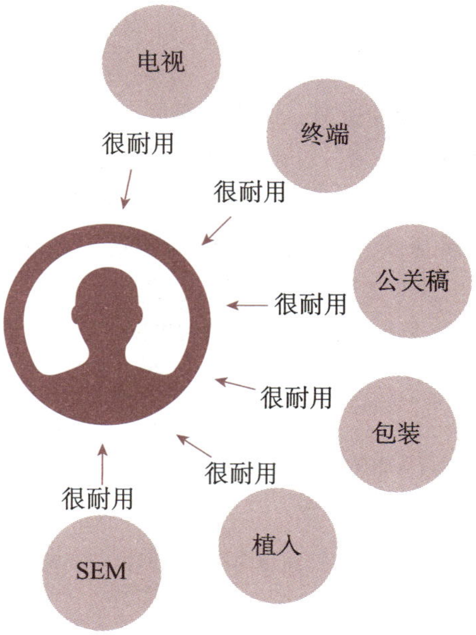

图13-1　整合营销传播原理

但是，在数智化生态中，数字媒体五花八门，消费者接触点变得几乎无限并且无法控制，既无法整合，更没法聚焦。营销费用往哪儿投，越发成了品牌主的决策难题。这意味着，整合营销传播实施的背景和土壤被颠覆，新的替代方案数字营销链路浮出水面。

什么是链路呢？整合关注的是：各类营销资源，是否保持统一的声音和形象；链路关注的是：消费者从第一个广告触点开始，到最终形成购买转化的全部行为链条。整合和链路最大的区别在于，整合是为了占据消费者心智，以音量大抢占消费者的记忆。而链路是为了驱动消费者行动，更关注不同步骤的广告活动对消费者行为的影响，它在空间维度外加入了时间维度，更在于驱动消费者的行为决策。

链路取代整合的趋势，出于以下三个原因。

（1）信息碎片化已经远超过预想。整合营销传播面临一种尴尬处境：世界的媒介格局越来越碎片化，要把媒介整合在一起，才能覆盖更多的消费者。但是面对满屏的 App，面对满眼的综艺大剧，没有哪家企业有足够的财力能把所有的媒介一次性整合。

（2）广告对消费者的预热缩短了。以往的媒介环境和消费情境中，广告和卖场是分离的，所以企业把广告信息精简成一张海报或一段 15 秒的商业电视广告，便于消费者记忆，使消费者购物时能回忆起品牌。而现在广告和卖场是一体的，所见即可购。例如：你看淘宝直播口红，马上就可以点击加购；你在快手里刷到山西果农采摘自家果园的脆苹果，可以点击链接一键购。所以，广告不仅是一种心智占领的预热，也可以直接诱导行为。

（3）数字营销更重视行为效果而不是认知。由于技术可以将广告效果进行量化评估，数字时代的企业逐渐开始追求品效销合一，倾向于计算每一笔广告的投入产出比（ROI）。腾讯更是合并了品牌和效果两个商务团队，整合集团内的品效资源，更注重消费者从看到广告到购买商品的整个行为链条。

链路营销的原则

第一原则：链路不能断裂

所谓链路，就是一个环环相扣的链条。如果中间存在断点，可能就意味着消费者的流失。以往 AIDMA 或者 AISAS 等模型大多是一种理论链路，从广告到购买决策的链条往往是断裂的，品牌主无法步步抓牢消费者的行为轨迹。现在的数字技术可以打通传播和购买中间的断层，使得链路模型更加可行。

第二原则：更短的链路＝更高效的转化

省去中间的步骤，加速消费者的购买决策才是更高效的链路，即：看到广告—直接行动。争取达成这样的效果：看到广告的同时，引起兴趣，降低心理防线，最好又在购物的同时完成分享裂变，比如直播电商。

第三个原则：数据要能无碍流通

很多数字营销活动之所以丢失了潜在消费者，是因为失去了追踪其行为轨迹的能力。所以，公司需要建立获取链路数据的能力。包括：

（1）后链路数据。所谓后链路数据，也就是最终的市场端数据，以三只松鼠而言，就是天猫店铺的销量数据；以拼多多而言，就是 App 的会员拉新和购物数据。后链路数据指的是最终的购买行为、下载行为、分享行为等，而不是广告的点击行为、观看行为。

（2）前链路数据。从广告角度看，前链路数据就是消费者广告行为数据，也就是广告的浏览、点赞、评论、观看完成率等数据。这部分数据需要足量，数据要足够多，颗粒要足够细，才能在数据里看出趋势和端倪。

资料来源：改编自 2020，“整合营销”已逝，“链路时代”来临.（2019-11-26）. http://www.woshipm.com/marketing/3133710.html.

第 3 章从理论上已指出，消费者态度包含三个要素：认知、情感和意动。所以，影响态度的策略要从以下两个部分展开：如何影响消费者的认知，如何劝说消费者和影响消费者的情感。

13.1.1 影响消费者认知的策略

消费始于问题（即痛点）或乐点。消费者之所以消费，往往是因为遇到了需要解决的问题。对问题的认知是消费者决策的第一步。所以，影响消费者要从消费者的认知开始。

1. 消费者对问题的认知

问题来自消费者的理想状态与实际状态之间的不匹配。理想状态是消费者想达到的状态，它基于消费者内心的期望。实际状态是指消费者对自己当前的感受及处境的认识。理想与现实之间总会存在差距，这种差距达到一定的程度时，消费者就会产生不满足感，从而意识到问题的存在进而导向消费购买。问题认知过程如图 13－2 所示。

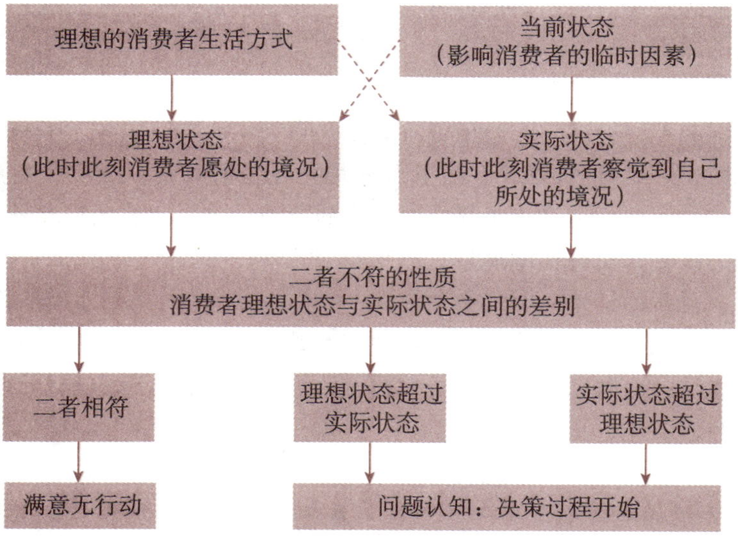

图 13－2 消费者的问题认知过程

资料来源：德尔 · I. 霍金斯，戴维 · L. 马瑟斯博. 消费者行为学：第 12 版. 北京：机械工业出版社，2014：307.

但是，消费者认知到问题并不意味着一定要解决问题。消费者要解决某一问题的意愿与三个因素相关：

（1）理想状态与现实状态之间的差异程度。差异越大，造成的心理压力就越大，解决问题的愿望就越强烈。

（2）问题的重要性。问题对消费者越重要，消费者解决问题的意愿就越强烈。

（3）问题的紧迫性。越是紧迫的问题，解决的意愿越强。

消费者在解决问题时，往往会在重要性和紧迫性之间权衡，并对不同的问题进行排序。

2. 影响消费者认知的营销策略

消费者认知导致消费行为习惯的改变，有可能意味着一个崭新的大市场的出现。例如头发问题或牙齿问题带来的护发市场和护齿市场。消费者认知主要包括：潜在需要认知、品牌认知、定位认知、价格认知、新产品认知、广告和促销认知等。影响消费者认知的营销策略通常要思考两个问题：

（1）消费者的问题或痛点是什么？

（2）如何激发或调整消费者的问题认知？

策略 1：抓痛点及乐点

消费者需求来自紧张或快乐。问题会导致紧张，期待会带来快乐。所以，挖掘消费者痛点以及乐点十分重要，从而改变消费者对现实状态的认知。在很多情况下，消费者对现实的认知往往是片面的，如果能够适当提醒，可能会使消费者的认知发生变化，产生需求。广告中的恐惧诉求策略，就是使一些几乎不可能发生的事情变得紧迫起来，如减肥、保险等。爱的诉求则引发关爱。

策略 2：免费试用

消费者认知的第一关是引起注意，对于不熟悉的新品牌、新产品，消费者认知的主要问题是心理距离大、风险高。为最大限度降低进入障碍，基本的策略是通过产品试用、免费品尝等，用零门槛培养消费者对品牌的初步认知。

策略 3：消费者参与和互动

在数智化时代，消费者的参与和互动是其认知、态度改变的重要驱动力。消费者对主动获取的信息印象更加深刻，能更有效地改变消费者的态度，并直接影响其行为决策。不仅如此，参与和互动还可以增加顾客满意度和忠诚度，促进消费者主动分享和推荐。

策略 4：推动消费者学习

消费者的大多数行为都是学习外部经验的结果。由于外部世界变化快，消费领域的新事物、新产品日新月异，消费者需要新的信息。企业可以用社交媒体和网上社群扩散传播品牌和新产品，达到影响和改变消费者认知的目的。

策略 5：提升消费者卷入度

如第 4 章所述，消费者卷入度是引起关注的重要内因。提升消费者卷入度可使消费者更重视、更积极，更高效认知营销传播的内容。一些文献提出了诱发消费者处理相关信息的手段。[3]

策略 6：危机公关调整消费者认知

调整消费者的认知还涉及危机公关。企业有时会面对一些不良的信息，要尽可能及时消除不良信息的影响。还有误导消费者认知的行业企业，如烟酒。这时，调整消费者对问题的认知就显得特别重要。企业可以利

案例13-1　高露洁的口腔护理教育

用公益广告和事件营销消除消费者的不良认知或改变消费者的看法，或者金蝉脱壳，打造新的形象。

13.1.2 劝说消费者的策略

营销传播的核心目的是劝说（persuasion），劝说消费者改变态度、信念或行为。传播有多种方式：语言的（书面或口头）、视觉的（插图、说明书、图片）、肢体的（动作、眼神）或者三者的结合。设计具有说服力的传播方式是劝说策略的中心。

过去，有效传播的基本要素是：谁说（信息源），说什么（信息），对谁说（接收者）和传播通道（媒体）。[4] 重复诉求是广泛运用的一种传播策略。重复的意义是使人们增加熟悉感，更倾向于认同某个选择。[5]

在数智化时代，全接触点价值创造模型成为新的传播模型，社交媒体和自媒体发挥越来越大的威力。全信息链的互动和分享、网上口碑、视频化、个性化和及时性是新的要素。[6] 有效劝说的策略正是围绕上述这些要素展开的。

策略 1：精确定位，聚焦一点

在营销传播中，对谁说是第一问题，定位策略可以优化这一问题，并且强化传播的效果。简言之，就是用聚焦一点的方法主导消费者的心智。

策略 2：提升信息源的说服力

从信息源入手增强信息的说服力，包括信息源的可信度、可靠性和吸引力等。

信息源越权威，说服力越强。如中央电视台的信息就比地方电视台的信息更有说服力。专业机构比非专业机构的说服力更强。权威人士或影视演员也可以增加信息源的说服力，因为权威人士让人更放心，事实性信息由专家（如著名的科学家）发出比由常人发出说服力更大。而影视演员可以让信息源更具有亲和力。

在数智化环境中，信息源更多来自社会网络群体，消费者在搜寻信息时，往往更偏爱没有商业目的的圈子，觉得它们更可靠、更值得信赖。群体作为信息源有多种方式出现：虚拟社群、意见领袖和参照群体等。

策略 3：网上口碑和参照群体

数智化时代，虚拟社群和网上口碑（eWord）发挥出广泛而巨大的威力。网上评论、陌生人的使用体验等成为影响和劝说消费者的重要新手段。不过，一些平台为了获得流量和博得好评而采取的“有奖评论”等欺骗手法，是违背市场原则而不可取的。

参照群体（参见第 1 章）对成员的影响往往是基于群体的压力和认同，分三种：

（1）信息性影响。群体通过提供高度可靠的信息来影响消费者的购买决策。如群体中有人购买并宣传了华为手机，让其他成员感到华为手机是可靠的。

（2）规范性影响。规范是群体内多数人同意的行为准则，它使群体内的行为具有一致性。规范很少是成文的，但通常被认为是群体成员的行为标准。如群体内存在不成文的着装规范，大家都会自觉遵守，而不需要强制或提醒。

（3）价值表达影响。以个人对群体价值观和群体规范的内化为前提，不需要任何外在的奖惩，个体就会依据群体观念与规范行事。

参照群体影响消费者时，要注意产品类别的差异和使用情境的差异。表 13－1 总结了在不同场合和产品类别的组合下参照群体的影响类型。

表 13－1　参照群体的影响类型

	必需品（参照群体的影响力弱）	非必需品——奢侈品（参照群体的影响力强）
公众公开场合（参照群体的影响力强）	影响力：对产品弱、对品牌强 如汽车、手表、西服	影响力：对产品和品牌均强 如高尔夫球会、化妆品、高档烟酒
个人消费场合（参照群体的影响力弱）	影响力：对产品和品牌均弱 如床垫、台灯	影响力：对产品强、对品牌弱 如别墅、高档内衣

资料来源：罗格·D. 布莱克韦尔，保罗·W. 米尼德，詹姆斯·F. 恩格尔. 消费者行为学：第 9 版. 北京：机械工业出版社，2003：320.

策略 4：意见领袖

意见领袖（opinion leader）是以个体形式出现的信息源，他们能够频繁地影响他人的态度或行为，他们的意见会被他人认真考虑，他们对产品有着深入的了解。在数智化时代，意见领袖的一种形式是超级顾客（super customer）。[7] 鉴于意见领袖的特殊性及其对消费者的影响力，应该在营销策略中特别重视意见领袖或超级顾客。

意见领袖成为重要的信息源有下面几个原因[8]：

（1）由于他们具有专家的权威，所以在技术上有竞争力，因而具有说服力。[9]

（2）他们以无偏见的方式预先考察、评价并综合产品信息，所以他们拥有知识的力量。不同于商业支持者，意见领袖并非代表某一公司的利益，他们别无企图，更值得信赖。他们针对商品提供的信息既有正面的，也有负面的，所以更客观。

（3）他们在社会上很活跃，在社区有广泛的联系。

（4）他们在价值观和信仰上与消费者类似。

（5）意见领袖往往是那些最早购买新产品的人，他们敢于承担较大的风险。

案例 13－2

“买买买教主”黎贝卡：内容和粉丝信任

黎贝卡本名方夷敏，2015 年，她通过公众号“黎贝卡的异想世界”分享一些血拼的心得，逐渐被粉丝奉为“买买买神教”教主。当前她的粉丝已经超过 150 万，头条篇篇 10 万 +，平均阅读量 35 万。

黎贝卡引人注意之处在于：其公众号内容除了分享心得之外，她也会接一些品牌广告，这是很多公众号的常见盈利行为，但不同的是，黎贝卡的每次推广效果特别好，转化率奇高。如祖·玛龙香水的推广，光是评论就有 9 000 多条；各种品牌包包在推送发出后几分钟被抢购一空的现象常常可见；由于读者大量涌入电商后台导致系统崩溃的情况也不在少数。一家合作的品牌方提供的销量数据显示，黎贝卡推广期间，品牌的客单量上升 10 倍，200 ～ 300 元的单品，2 小时内销售额超 10 万元、周销售额 170 多万元，转化率达到 25%。她自己和一些品牌的联名款，也因为太受欢迎常常处于需要秒杀的境况。

为何她的推广能得到消费者的认同和购买行为的转化？原因在于她的优质内容，以及她和粉丝建立的信任。

强 IP 如何养成：提供优质原创内容

黎贝卡每天都要花大量的时间写原创内容推送。

除了分享的信息足够深度、有趣、有用，切合热点也让她产生了不少爆款。黎贝卡的第五篇推送适逢林青霞生日的关口，她的一篇《史上最全林青霞私照大放送．这些款式穿三十年都不会过时》收获了 10 万 + 阅读量；在《我是歌手》最热的时候，一篇《李健，你抬高的不只是理工男的行情，还有衣品》再度刷屏朋友圈，当天增粉 1 万多，第二天阅读量就破百万。

在每天推送的频率下，如何避免微信读者的阅读疲劳，又兼顾更新的可持续性？

黎贝卡的办法也很简单，先分享自己感兴趣的内容，“自己的一些经验和买买买的体验”，读者基数越来越大，互动性越来越强之后，她们也参与到话题与内容的提供中来。

粉丝信任：身边的好朋友

黎贝卡的内容输出非常有个性，吸引来的受众也是一群经济独立、有自己的时尚品位且购买力极强的女性。与其他账号不同的是，黎贝卡的广告都清晰地标注其推广性质，明白地告诉读者哪些内容是她的心得分享，哪些内容是品牌推广，如此坦白地划出清晰的界限，反而使得粉丝十分信任她。因此她的推文每天只有一个二条位，而每篇广告的栏头都标注“推广”，广告位仍然供不应求，也并没有让用户反感。她推广的产品一定要是她本人用过、认可的，而且必须大大方方地做。

她还格外注重与微信读者的互动。除了浏览、回复读者的留言，她也有三个 500 人读者群，会在群里听这 1 500 人的反馈。在推文满足读者对时尚知识需求的同时，她也会利用与品牌合作为读者争取福利，比如微信推文后的黎贝卡专属八折码，或者贝壳 100 元代金券等。

对其人格的信任、高质内容的分享、坦诚做广告、价值观的认同、倾听粉丝的声音并给予反馈、为粉丝争取利益，这些都让粉丝深切感受到黎贝卡是自己人，是贴心人，是可信赖的对象，奇高的转化率也就不奇怪了。如《罗辑思维》联合创始人吴声所言：“超级 IP 黎贝卡的转化率取决于用户的信任体验和人格化的背书，其有态度的人格输出、时尚品位和女性价值观既有优质内容的保障，又能提供安全感的支撑，所以让数十万人心甘情愿地跟着她买买买，也是不少电商平台和品牌反复找她继续合作的主要原因。”

资料来源：1. 从资深记者，到转化率 25% 的“买买买神教”教主，黎贝卡的秘诀是内容和粉丝信任．（2017-03-21）．http://www.cyzone.cn/a/20170321/309222.html.

2. 首个联名款卖了 200 万 +，“买买买教主”的粉丝经济有多疯狂．（2016-09-21）．http://mt.sohu.com/20160921/n468858321.shtml.

讨论题

1. 你还知道哪些消费领域极具影响力的意见领袖？他们的影响力来自哪里？
2. 在不同地域或不同的经济发展水平下，意见领袖发挥影响力的方式有什么差异？

策略 5：调整消费者态度的相关属性

多属性态度模型（参见第 3 章）对制定改变消费者态度的策略有启发。有四种改变态度的方法：

（1）增加一个新的显著属性。例如，餐馆可能宣传星期六晚上有小提琴家演出。这是消费者要考虑的新因素。

（2）改变显著属性的强度。如果信念是负面的，可以降低它的重要性；如果是正面的，可以使它更重要。在上例中，消费者对餐具的卫生情况持有低的信念，但对此特性具有高的评价。因此餐馆应该告诉消费者，餐具已经检查过了。

（3）改变对已有属性的评价。在上例中，消费者对餐馆的价格水平评价低，即消费者不要求获得廉价的饭菜。餐馆可以指出低价格意味着消费者可以更经常地惠顾，或者不必花很多钱来宴请朋友。

（4）使已有的属性更重要。例如，消费者声明服务员的友好不为人所知或不重要。餐馆因此可以强调如果服务员令人愉快，就餐的感受将会大为不同。

策略 6：根据消费者卷入状态选择正确的广告劝说路线

按第 4 章的 ELM 模型，劝说路线（persuasion route）可以分为两种：一种是劝说的中心路线（central route to persuasion）；一种是劝说的外围路线（peripheral route to persuasion）。其市场策略的意图非常清楚：对高卷入度的购买，广告应使用中心路线，将重点放在信息的可信度上以提高对内容的吸收，例如请专家或权威机构作代言人，强调品牌的可靠性、高质量等特征；对低卷入度的购买，广告应使用外围路线，将重点放在信息的形式而不是内涵上，如运用视觉化的符号、邀请名人等来增加吸引力。

实验表明，为提高传播的有效性，高卷入度下追求复杂信息时，应重视专家等信息源，相反，在低卷入度、偏好简单信息的情况下，信息源的直接吸引力（感官印象）更重要（见图 13－3）。

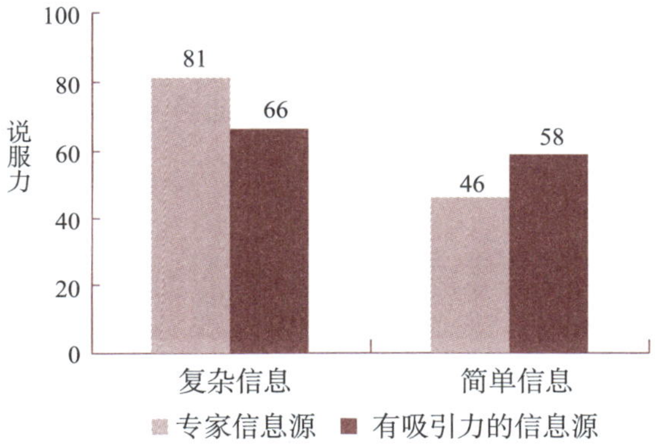

图 13－3　信息源与说服力

资料来源：根据 Norman（1976）的实验改编而成 .

13.1.3　影响消费者情感的策略

营销传播中，通常用广告创意来优化“说什么”，以争取较好的沟通效果。

理性诉求（rational appeal）与感性诉求（emotional appeal）是影响劝说效力的两个

因素。数智化生态中，感性诉求往往更加有效。

信息的陈述次序也是信息有效性的重要影响因素。研究表明，消费者在阅读信息的过程中，开始的信息容易受到更多的关注，随着信息长度的增加，人们的疲劳感和厌烦情绪会增加，这会减弱对后面信息的关注程度，但是结尾的陈述更容易被人们记住，这是因为最近的信息更容易被激活。因此开始的信息（最初效应）和最后的信息（最近效应）比中间的信息更容易对人产生影响。消费者感知过程模型描绘了消费者在购买之前如何认识、接收和记忆某条广告和其他刺激（见图 13－4）。[10] 该模型的重要之处在于，指出在达到消费者认知之前要通过两次过滤：先有感觉（生理）过滤，后有情感（心理）过滤。所以，营销传播在以理服人之前应重视以情动人。

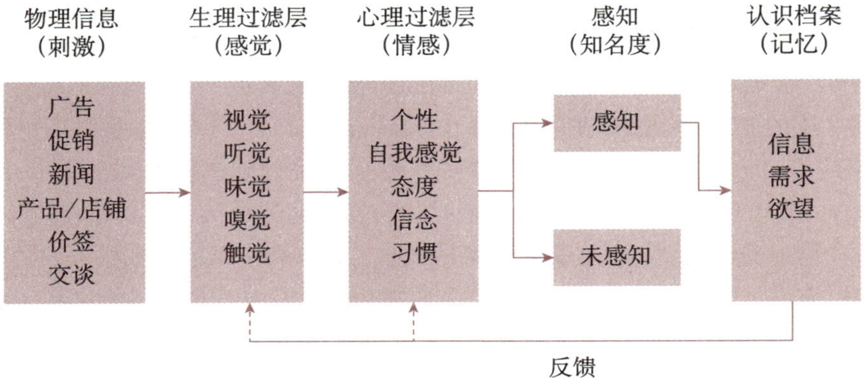

图 13－4　消费者感知过程模型

资料来源：威廉·阿伦斯．当代广告学：第 7 版．北京：华夏出版社，2001：131.

数智化时代广泛采用以视频信息为主的传播，例如短视频、直播等。其前身是源于日本 20 世纪漫画的畅销和普及的 C 传播模式，C 传播主张运用视觉图形符号（非文字符号）刺激大脑，相应出现了视觉营销的概念以及动漫一族。

C 传播和视频传播的特点是：

- 以图像、影视为主。
- 克服逻辑和文字解读的困难。
- 直接快速解读、省力。
- 吸引力大、无障碍。
- 丰富的想象与联想。
- 互动性。
- 趣味性。

延伸阅读 13－2

消费者“傻瓜”假设

1996 年，特劳特在《新定位论》（*New Positioning*）一书中引证人脑研究的新成果，努力解读消费者是如何处理信息的，在科学实验数据的支持下，提炼出消费者五个最重要的心理因素：（1）大脑的有限性；（2）大脑憎恨混乱；（3）大脑的不可靠性；（4）大脑不会改变；（5）大脑不能丧失焦点。

早在 1962 年，美国总统向国会提出的《消费者主权议案》就强调，“由于商品结构愈趋复杂，使得消费者不具有判断其优劣的能力，所以生产者必须对商品品质负全面的责任”。声称消费者没有能力判断商品的优劣，并不是对消费者智力的一种污辱，而是主张以假定消费者的“低能”来强制约束产品和服务的“高质”。其结果是出现了深受市场欢迎的“傻瓜”产品：“傻瓜”照相机、“傻瓜”洗衣机、“傻瓜”电脑、“傻瓜”软件等。

《信息文化导论》一书首先提出了信息行为中的消费者“傻瓜”假设，主张应该将消费者看成“傻瓜”，其行为具有如下七个特征：

（1）懒惰而无耐性（所以传播应简单化）；

（2）只有常识而无知识（所以传播应简明）；

（3）健忘而无记性（所以传播应连续持久）；

（4）感性直觉优先，理性居后（所以传播应从感觉入手）；

（5）喜欢悠闲，讨厌说教（所以传播应轻松）；

（6）三心二意，喜新厌旧（所以传播应差异求新）；

（7）从众跟随以保安全（所以传播应重视意见领袖和社群）。

资料来源：1. 杰克·特劳特，史蒂夫·瑞维金. 新定位. 北京：中国财政经济出版社，2002.
2. 卢泰宏. 信息文化导论. 长春：吉林教育出版社，1990：369-374.

13.2　如何影响消费者购买和黏住顾客

本节将讨论影响消费者行为的营销策略，包括两个部分：如何吸引消费者购买，如何与消费者建立良好的长远关系。

13.2.1　影响消费者终端购买的策略

在各种零售业态和同类售点的竞争中，尤其是在网购与移动购买兴起的时代，消费者从何处购买？购买什么？怎样让消费者产生购买激情？如何在整个购买过程中与消费者互动？在第 5 章和第 6 章的理论基础上，归纳出以下推动终端购买的营销策略。

1. 抓住消费者的第一体验

任何品牌要赢得消费者，都要过两道关：选择“我”和使用“我”。有人以为质量是第一位的，其实质量只在使用阶段才会显示出优劣，而使用在后，选择购买在前，必须首先从终端打开顾客之门。所以第一关其实是在购买终端，而不在生产车间。

消费者在购买终端获得对品牌的第一体验，即对品牌的亲近程度，从而决定买还是不买，这又称为终端品牌体验；消费者在使用过程中获得对品牌的第二体验，即对产品的认知，这时对品质的感知最重要，可以实现购买满意度和重复购买。优秀的品牌都深知这个道理，如可口可乐的“终端生动化”突出的就是首先在终端抓住购买者。宝洁公司在全球设立模拟商店研究中心（继美国、欧洲、日本之后在中国建立）研究购买心理，也是为了赢得消费者的第一体验。在数智化时代，如何在移动终端赢得消费者，已经成为新的挑战和新的营销目标。

在传统营销中，所谓零售为王，真正的意义是指售点终端与消费者距离最近，最可能影响消费者的决策，所以零售最有权力。进入数智化时代，终端在消费者手中，消费者拥有更大的权力。如何在终端激励消费者购买？

2. 终端激励

终端激励（point-of-purchase stimuli）是在购买点直接拉动消费者的主要策略，通常包括终端促销、现场广告、商品陈列和导购。请参见第 4 章案例 4－1。

策略 1：终端生动化

终端生动化策略是利用商品陈列、现场广告等在终端争取更多消费者购买。跨国公司开创的终端生动化管理（请参见延伸阅读 13－4），已被本土公司吸收采纳。网购环境中，终端生动化策略体现在智能终端的互动界面和网上展示等方面。

策略 2：终端促销

终端促销策略是以低价格等吸引购买者，在终端争取更多消费者购买。零售终端促销目标一般有以下四种[11]：

（1）吸引顾客。

（2）清除过多的存货。

（3）强化零售商品牌及店面的形象。

（4）建立实惠的价格形象。

可供零售终端选择的促销（SP）工具是广泛的，其中应用较多的有价格折扣、联合促销、会员促销、竞赛与抽奖、兑换促销券等。

策略 3：直播和导购

在网购虚拟终端，通过智能技术和大数据实现购买引导，或直播导购。

在实体终端，导购策略是利用人员在现场争取更多消费者购买。实体终端安排导购人员与顾客互动，会对顾客的购物行为产生影响。优秀的导购人员更能了解顾客的特征和偏好，更能满足特殊顾客的需要。

如果导购人员与顾客建立起信任的关系，便进入了关系型销售。

延伸阅读13-3　秒　杀

延伸阅读13-4　终端生动化

策略 4：降低价格敏感度

降低价格敏感度是促销的策略之一，如宣传“天天低价”，形成消费者口碑，降低入门障碍；或者运用大包装、包装捆绑让购买者感到很实惠；或者采用隐性升价或显性降价策略。

在定价上运用心理学中的差异阀（differential threshold）原则，即按“能够被觉察的刺激所允许的最小改变”来决定包装容量的改变或价格标识。如常采用 19 元、199 元等标价。

3. 购买情境和场景

终端场景和情境对购买的影响很大，尤其是对中高端购物者。情境设计的目标是使购物环境更加有趣、吸引人，以使顾客逗留的时间更长，与商品的接触更多。商场内合理的布局使消费者多接触商品和商场信息；声音、气味、光线等使消费者在感官上增加与商品的接触。表 13－2 给出了一个具体的例子。

表 13－2　背景音乐对餐馆顾客的影响

变量	慢节奏音乐	快节奏音乐
服务时间	29 分钟	27 分钟
消费者用餐时间	56 分钟	45 分钟
没落座就离开的顾客	10.5%	12.0%
购买的食品	55.81 美元	55.12 美元
在酒吧消费的金额	30.47 美元	21.62 美元
估计毛利	55.82 美元	48.62 美元

资料来源：德尔·I. 霍金斯，戴维·L. 马瑟斯博. 消费者行为学：第 12 版. 北京：机械工业出版社，2014：293.

策略 5：终端场景和情境创新

数智化带来的线上终端——网购和移动购买，也推动线下终端实现数字场景化创新，包括：数字化、差异化价值定位、空间美学和格调、社群与互动共享等，核心是创造极致的顾客体验。

策略 6：终端业态创新

业态创新是现代零售业最大的创新。各种终端不断开创出了全新的购买体验，例如，大型超市满足了消费者“一站购齐”的购物愿望；7-11 连锁店 24 小时服务迎合了消费者追求方便的愿望。百货店和专卖店的环境则使品牌购买者乐在其中。购物中心创造了更好的商业环境，人们既能购物又能消遣，享受轻松、浏览时尚、全家休闲、儿童娱乐等。有的购物中心已转型为城市巨大的娱乐体验中心，请参见第 2 章案例 2－3。

13.2.2　维系和发展顾客关系

随着数智化的发展，一个更深刻的问题是，影响消费者决策的基本思想和方向有何变化？

简言之，新的思想方法已经出现，即算法语言的兴起。运用算法来影响消费者行为的企业和案例并不鲜见，在越来越多的情境中，出现了 AI 代替人做判断决策的现实。

其实早在 1982 年，个人电脑登上美国《时代》杂志的封面就是一个象征性信息，因为个人电脑开始取代人的脑力劳动，后来的网上导航地图等使得人对 AI 的依赖进一步增加。所以，问题从消费者如何决策变成了机器人如何替代消费者决策，结果是智能算法的大行其道（参见第 12 章）。

在数智化生态环境中，消费者决策的大格局已经有所变化，但传播学、心理学和营销管理的一些经典思想并没有完全过时，让我们先简约介绍颇受关注的心理学的一个思想——影响力，再介绍营销管理中的顾客关系管理理论。

探讨人的决策行为，传统的基本思想之一是主张采纳捷径响应。捷径响应理论可以帮助我们理解消费者受到的关键性影响，以及他们是怎样做出购买决策的。

什么是捷径响应？在一本十分畅销的书《影响力》中[12]，作者西奥迪尼以通俗方式讲述了在排山倒海、无法全部消化的信息海洋中，人的选择和决策实际上是依赖某些简化的“捷径”，例如餐馆前停车多的是可选的餐馆。该作者是一位心理学家，他通过研究发现和归纳出了六条捷径，从社会响应的角度，这六条捷径也是产生最大效果的“影响力”标签（书名的来由）。西奥迪尼在书中阐述的六大捷径与影响心理学（psychology of influence）确定影响力来源的研究结果是一致的。仅仅表述的顺序有时不同而已。

那么，这六条会对决策产生广泛影响的捷径（核心信息）是什么呢？

影响心理学认为，在信息爆炸的环境中，人们往往通过社会认同、权威、承诺和一致性、喜爱（吸引力）、稀缺性、互惠这些捷径中的一条或几条，作出简单快捷的选择：

（1）社会认同。从众心理，社会认同发生在我们可以看到他人将要或者已经做出的选择时。

（2）权威。专家、评论家、医生或律师都在特定的、相关的产品领域具有权威，那些使用过产品的公民代言人也具有权威。

（3）承诺和一致性。承诺使人放心，如品牌。人们也倾向选择与自己的信仰、态度及过去的行为保持一致。

（4）吸引力。也称为喜爱，人们倾向于追随和模仿那些对他们有吸引力的人，如名人。

（5）稀缺性。难以得到的某些东西，人们会本能地更想拥有这些东西。稀缺产生吸引和偏好。

（6）互惠。使人放心、容易接受，如慈善拍卖，并且往往伴随内在的强烈愿望去偿还和报答恩情。

上述六条影响捷径，可以从现实生活中广泛体验到。也成为营销传播的指南针。

在争取到消费者的认同和初次购买后，营销管理提出的更高目标是：如何从一次购买发展到多次购买？如何黏住和赢得长久的顾客？这就必须依靠顾客关系营销。

顾客关系营销是 21 世纪的重要营销思想和策略[13]，顾客资产也成为品牌建立和公司竞争的基础。这是营销管理重心的一次大的迁移：从交易转向关系。

关系营销是一种与顾客共同创造价值的全新营销理念。表 13－3 比较了两种不同的营销策略。关系营销的基本思想是通过不断沟通和长期承诺来激发归属感，取得顾客的信任，培养顾客的忠诚，顾客的信任和忠诚又会带来持续的交易，于是企业可以降低经营风险和成本进而获利（见图 13－5）。这一逻辑已经被许多优秀企业（如 Costco）证实。

表 13－3　两种不同的营销策略

交易型营销的重点	关系营销的重点
• 着眼于单笔交易	• 着眼于客户的保持
• 不连贯的客户联络	• 连贯的客户联络
• 重视产品特性	• 重视客户价值
• 短期销售	• 长期销售
• 几乎不强调客户服务	• 非常重视客户服务
• 对满足客户预期做有限的承诺	• 对满足客户预期做高度承诺
• 质量是生产部门关心的问题	• 质量是所有员工关注的问题

资料来源：阿德里安·佩恩. 关系营销——形成和保持竞争优势. 北京：中信出版社，2002：7.

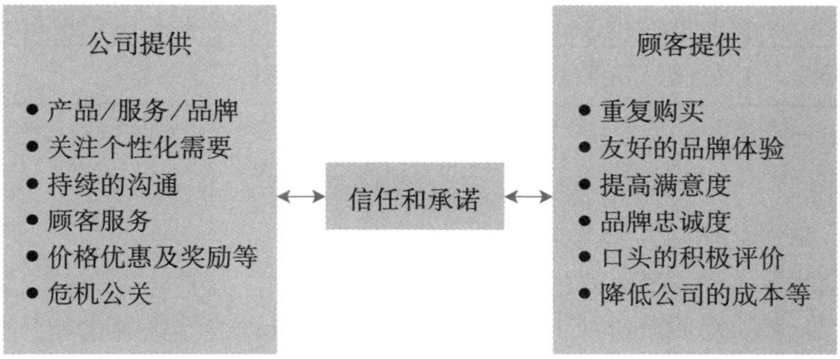

图 13－5　公司与顾客良性互动

资料来源：L. G. 希夫曼，L. L. 卡纽克. 消费者行为学：第七版. 上海：华东师范大学出版社，2002：631.

公司与顾客的关系是分等级的，一般是先从全体购买者中争取产生满意顾客，再争取产生重复购买者，最后培育出忠诚顾客，如图 13－6 所示。

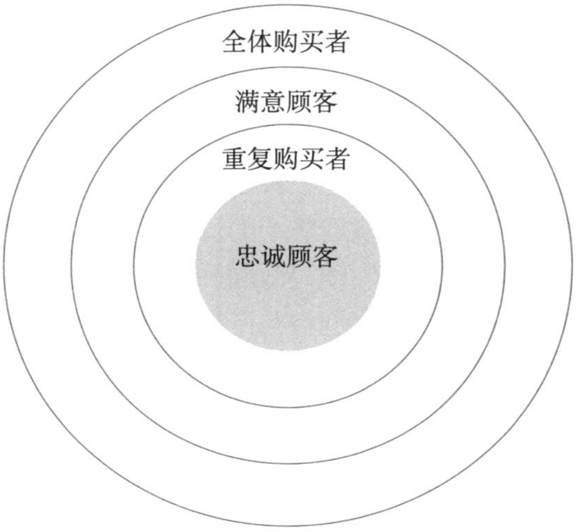

图 13－6　顾客关系环

资料来源：德尔·I. 霍金斯，戴维·L. 马瑟斯博. 消费者行为学：第 12 版. 北京：机械工业出版社，2014：387.

顾客关系营销的一般流程如下。

第一步：确立具有顾客价值的核心业务

发展一种具有顾客价值的核心产品或服务，并以它为中心建立顾客关系。

第二步：区分不同类型的顾客

表 13－4 对顾客进行了划分。顾客关系维护的目标对象是主动关系型顾客和被动关系型顾客，而不是交易型顾客。

表 13－4　不同类型的顾客

顾客类型	顾客期望与反应
交易型顾客	在可接受价格的前提下，寻找产品或服务。在购买过程中，他们不喜欢与产品供应商或服务提供商接触。
主动关系型顾客	时刻寻找与产品供应商或服务提供商接触的机会，以便获得额外的价值，企业如果忽视这种接触，会导致顾客不满，因为他们所珍视的关系消失了。
被动关系型顾客	寻找他们所需要的信息，但这些顾客对接触不感兴趣。

资料来源：克里斯廷·格罗鲁斯．服务管理与营销——基于顾客关系的管理策略：第 2 版．北京：电子工业出版社，2002：25.

第三步：黏住优质或核心顾客

顾客体验是黏住顾客最有效的武器。请参见第 2 章。数智化生态中，黏住顾客的工具和策略有了很大的发展，包括：虚拟社群、私域流量、终端场景化等，推动顾客关系走向深远和全面。

顾客关系包括一些基本的要素，信任和责任感是最重要的。品牌-消费者关系研究提出了品牌关系质量（BRQ）的概念，它包括以下六个方面[14]：

（1）爱 / 热情——与品牌之间的情感纽带。

（2）自我联系——品牌在多大程度上能传达的某些重要个性。

（3）承诺——品牌承诺保证其行为方式能够兑现的诺言。

（4）相互依赖——品牌和消费者之间具有高度依赖性，包括频繁的接触。

（5）亲密性——品牌使个人想起自身及其经历，并产生与品牌的亲密性。

（6）品牌伙伴质量——消费者以合作伙伴的身份对品牌进行的评估。

创造顾客价值是关系营销的根本，有三种创造顾客价值的基本途径。[15]

（1）增加财务利益。即给顾客提供经济上的价值，如多购多优惠、老顾客奖励。

（2）增加社交利益。通过对顾客需求和爱好的了解，公司有目的地开展个性化服务，从而使顾客感受到社交利益。社交利益与产品的情感功效有相似之处，就是让顾客在非同一般的服务过程中体验到独特的情感满足。

（3）增加结构性联系。所谓结构性联系，就是让公司与顾客的生活链、价值链建立有效的联系，这种联系一旦建立就使顾客在活动过程中产生了路径依赖。例如，提供长期服务，帮助顾客管理他们的订单、工资、存款等。

第四步：补救顾客关系

在关系出现危机时，要制定策略来补救关系，留住顾客，消除不利或负面影响，包括建立顾客抱怨处理中心和危机公关。尽可能运用危机公关策略，建立危机预警机制，防患于未然。

第 13 章小结

1. 本章前一节从营销沟通的角度讨论影响消费者态度的营销策略，包括如何影响消费者的认知、如何劝说消费者和影响消费者的情感。
2. 后一节从近距离和长远两个角度，分别阐述了推动消费者终端购买和黏住顾客的营销策略。强调消费者的零售点（终端）品牌体验是争取消费者的第一关。
3. 数智化时代影响和劝说消费者的手段及营销策略发生了巨大的变化，虚拟社区发挥出更有效的作用。

第 13 章思考题

1. 终端怎样影响消费者的购买决策？
2. 讨论数智化时代购物情境发生的变化。
3. 试比较分析在传统和数智化不同的情境中：
   （1）意见领袖与超级顾客之间的异同；
   （2）品牌代言人与网红人物的作用。

注 释

绪 论

［1］迈克尔·所罗门，卢泰宏，杨晓燕．消费者行为学：第10版：中国版．北京：中国人民大学出版社，2014：17.

［2］Mowen J C，Minor M S．消费者行为学：第4版．北京：清华大学出版社，2003：3．

［3］迈克尔·所罗门，卢泰宏，杨晓燕．消费者行为学：第10版：中国版．北京：中国人民大学出版社，2014：5．

［4］Macinnis D J，Folkes V S. The Disciplinary Status of Consumer Behavior：A Sociology of Science Perspective on Key Controversies. Journal of Consumer Research，2010，36（4）：899–914.

［5］卢泰宏．消费者行为学50年：演化与颠覆．外国经济与管理，2017，39（6）：23–38．

［6］德尔·霍金斯，罗格·贝斯特，肯尼思·科尼．消费者行为学：第8版．北京：机械工业出版社，2003：前言．

［7］LeeDecker C H. Historical Dimensions of Consumer Research．Historical Archaeology，1991，25（2）：30–45．

［8］迈克尔·所罗门，卢泰宏，杨晓燕．消费者行为学：第10版：中国版．北京：中国人民大学出版社，2014：18–19．

［9］Smith W R. Product Differentiation and Marketing Segmentation as Alternative Marketing Strategies. Journal of Marketing，1956，20（7）：3–8．

［10］凯文·莱恩·凯勒．战略品牌管理：第4版．北京：中国人民大学出版社，2014；卢泰宏．品牌思想简史．北京：机械工业出版社，2020．

［11］Baker M J，Saren M. Marketing Theory. Sage，2010：272.

［12］迈克尔·所罗门，卢泰宏，杨晓燕．消费者行为学：第10版：中国版．北京：中国人民大学出版社，2014：序言．

[13] 尼古拉·尼葛洛庞帝. 数字化生存. 海口：海南出版社，1997.

[14] Carter B，Brooks G，Catalano F，et al. Digital Marketing for Dummies. John Wiley & Sons，2007.

[15] Ryan D，Jones C. Understanding Digital Marketing：Marketing Strategies for Engaging the Digital Generation. Kogan Page，2009.

[16] de Swaan Arons M，et al. 数字化时代：打造终极营销机器；Joshi A，Gimenez E. 决策导向型营销；Avery J，et al. 解密 29 种消费者关系；Brinker S，McLellan L. 首席技术营销官崛起 // 哈佛商业评论，2014（7）.

[17] Kotler P，Keller K L. Marketing Management. 15th Edition. Pearson，2015：615–634.

[18] Charmonman S，Chorpothong N. Digital Lifestyle and the Road Ahead. The International Journal of the Computer. Special Issue，2005：1–8.

[19] Prensky M. Digital Natives，Digital Immigrants. On the Horizon，2001，9（5）：1–6.

[20] Solomon M R. Consumer Behavior：Buying，Having，and Being. 11th Edition. Pearson，2015.

[21] Edelman D C. Branding in the Digital Age. Harvard Business Review，2010（Dec）.

[22] Rowles D. Digital Branding：A Complete Step-by-Step Guide to Strategy，Tactics and Measurement. Kogan Page，2014.

[23] Edelman D C. Branding in the Digital Age. Harvard Business Review，2010（Dec）.

[24] Tuten T L，Solomon M R. Social Media Marketing. 3rd Edition. Sage，2014.

[25] Kotler P，Armstrong G. Principles of Marketing. 17th Edition. Pearson，2017.

[26] Wind Y J，Hays C F. Beyond Advertising. Wiley，2016.

[27] Ramaswamy V，Ozcan K. Offerings as Digital Interactive Platforms. Journal of Marketing，2018，82（4）：19–31.

第 1 章

[1] Ajzen I. The Theory of Planned Behavior. Organizational Behavior and Human Decision Processes，1991（50）：179–211；Van Lange P A M，Kruglanski A W，Higgins E T. Handbook of Theories of Social Psychology. Volume One. Sage，2011：438–459.

[2] 尼古拉斯·克里斯塔基斯，詹姆斯·富勒. 大连接. 北京：中国人民大学出版社，2013.

[3] Schiffman L G，Kanuk L L. Consumer Behavior. 5th Edition. 北京：清华大学出版社，1997：644–656.

[4] 德尔·I. 霍金斯，戴维·L. 马瑟斯博. 消费者行为学：第 12 版. 北京：机械工业出版社，2014：15.

［5］亨利·阿塞尔．消费者行为和营销策略：第 6 版．北京：机械工业出版社，2000.

［6］迈克尔·所罗门，卢泰宏，杨晓燕．消费者行为学：第 10 版：中国版．北京：中国人民大学出版社，2014.

［7］菲利普·科特勒，凯文·莱恩·凯勒，卢泰宏．营销管理：第 13 版·中国版．北京：中国人民大学出版社，2009：117.

［8］同上.

［9］同上.

［10］迈克尔·所罗门，卢泰宏，杨晓燕．消费者行为学：第 10 版：中国版．北京：中国人民大学出版社，2014.

［11］同上.

第 2 章

［1］J. 布莱恩．消费者行为学精要．北京：中信出版社，2003：11.

［2］迈克尔·所罗门，卢泰宏，杨晓燕．消费者行为学：第 10 版：中国版．北京：中国人民大学出版社，2014：78.

［3］Mowen J C，Minor M S．消费者行为学：第 4 版．北京：清华大学出版社，2003：70.

［4］张爱卿．20 世纪动机心理研究的历史探索．华中师范大学学报，1999，38（3）：26–31.

［5］Herzberg F. Work and the Nature of Man. William Collins，1966；Thierry H，Koopman-Iwerna A M. Motivation and Satisfaction//Drench P J. Handbook of Work and Organizational Psychology. John Wiley，1984：141–142.

［6］菲利普·科特勒．营销管理：第 11 版．上海：上海人民出版社，2003：7–8.

［7］罗格·D. 布莱克韦尔，保罗·W. 米尼德，詹姆斯·F. 恩格尔．消费者行为学：第 9 版．北京：机械工业出版社，2003：185–192.

［8］迈克尔·所罗门，卢泰宏，杨晓燕．消费者行为学：第 8 版·中国版．北京：中国人民大学出版社，2009：108.

［9］菲利普·科特勒，凯文·莱恩·凯勒，卢泰宏．营销管理：第 13 版·中国版．北京：中国人民大学出版社，2009：15.

［10］Schmitt B H．体验营销．北京：清华大学出版社，2004：62–64.

［11］钟震宇，王阿芹．宜家：利润出自你的生活态度．商学院，2004（8）.

［12］Füller J，Matzler K. Virtual Product Experience and Customer Participation—A Chance for Customer-Centred，Really New Products. Technovation，2007，27（6–7）：378–387.

［13］Dahan E，Hauser J R. The Virtual Customer. Journal of Product Innovation Management，2002，19（5）：332–353.

[14] Füller J，Mühlbacher H，Rieder B. An die Arbeit，lieber Kunde!. Harvard Business Manager，2003，25（5）：36–45.

[15] 黎万强．参与感——小米口碑营销内部手册．北京：中信出版社，2014.

[16] Füller J，Bartl M，Ernst H，et al. Community Based Innovation：How to Integrate Members of Virtual Communities into New Product Development. Electronic Commerce Research，2006，6（1）：57–73.

[17] Sawhney M，Prandelli E. Communities of Creation：Managing Distributed Innovation in Turbulent Markets. California Management Review，2000，42（4）：24–54.

[18] Kohler T，Füeller J，Matzler K，et al. Co-creation in Virtual Worlds：The Design of the User Experience. MIS Quarterly，2011，35（3）：773–788.

第3章

[1] 迈克尔·所罗门，卢泰宏，杨晓燕．消费者行为学：第10版：中国版．北京：中国人民大学出版社，2014：109.

[2] 德尔·I. 霍金斯，戴维·L. 马瑟斯博．消费者行为学：第12版．北京：机械工业出版社，2014：255.

[3] J. 布莱思．消费者行为学精要．北京：中信出版社，2003：50.

[4] Markus H. Self Schemata and Processing Information about the Self. Journal of Personality and Social Psychology，1977，35：63–78.

[5] Sirgy J M. Self Concept in Consumer Behavior：A Critical Review. Journal of Consumer Research，1982，9：287–292.

[6] 德尔·I. 霍金斯，戴维·L. 马瑟斯博．消费者行为学：第12版．北京：机械工业出版社，2014：255.

[7] 贺岭峰．自我概念研究的概述．心理学动态，1996，4（3）.

[8] Belk R. Possessions and the Extended Self. Journal of Consumer Research，1988，15（2）：139–168.

[9] Wicklund R A，Gollwitzer E M. Symbolic Self-Completion. Erlbaum，1982.

[10] Mead G H. Mind，Self and Society. University of Chicago Press，1934.

[11] Solomon M R. Consumer Behavior：Buying，Having，and Being. 11th Edition. Pearson，2015：279–280.

[12] Schlenker B R，Pontari B A. The Strategic Control of Information：Impression Management and Self-Presentation in Daily Life// Tesser A，Felson R B，Suls J. Psychological Perspectives on Self and Identity. American Psychological Association，2000：199–232.

[13] Solomon M R. Digital Identity Management：Old Win in New Bottles?. Critical Studies in Fashion and Beauty，2010，1（2）：173–180.

[14] Wood N，Solomon M R. Virtual Social Identity. Sage，2010.

[15] Jin S A A. The Virtual Malleable Self and the Virtual Identity Discrepancy Model：

Investigative Frameworks for Virtual Possible Selves and Others in Avatar-based Identity Construction and Social Interaction. Computers in Human Behavior，2012，28（6）：2160–2168.

[16] 德尔·I. 霍金斯，戴维·L. 马瑟斯博．消费者行为学：第 12 版．北京：机械工业出版社，2014：259.

[17] Aaker J L. The Malleable Self：The Role of Self-Expression in Persuasion. Journal of Marketing Research，1999，36：45–57；Onkvisit S，Shaw J. Self-Concept and Image Congruence：Some Research and Managerial Implications. Journal of Consumer Marketing，1987，4（1）：13–23；Zinkhan G M，Hong J W. Self-Concept and Advertising Effectiveness：A Conceptual Model of Congruency，Conspicuousness，and Response Mode. Advances in Consumer Research，1991，18（1）：348–354.

[18] Claiborne C B，Sirgy J M. Self-Image Congruence as a Model of Consumer Attitude Formation and Behavior：A Conceptual Review and Guide for Further Research. The Academy of Marketing Science Conference. New Orleans，1990.

[19] 亨利·阿塞尔．消费者行为和营销策略：第 6 版．北京：机械工业出版社，2000：304.

[20] Malhotra N K. A Scale to Measure Self-Concepts，Person Concepts，and Product Concepts. Journal of Marketing Research，1981（11）：462.

[21] Peterson R A. Revitalizing the Culture Concept. Annual Review of Sociology，1979（5）：137–166.

[22] 菲利普·科特勒，凯文·莱恩·凯勒，卢泰宏．营销管理：第 13 版·中国版．北京：中国人民大学出版社，2009：125–127.

[23] Zablocki B D，Kanter R M. The Differentiation of Life-Styles. Annual Review of Sociology，1976，2：269–298.

[24] 德尔·I. 霍金斯，戴维·L. 马瑟斯博．消费者行为学：第 12 版．北京：机械工业出版社，2014：262–265.

[25] 吴垠．关于中国消费者分群范式 China-VALS 的研究．南开管理评论，2005，8（2）：9–15.

[26] Negroponte N. Being Digital. Alfred A. Knopf，1995.

[27] Charmonman S，Chorpothong N. Digital Lifestyle and the Road Ahead. The International Journal of the Computer. Special Issue，2005：1–8.

第 4 章

[1] Hart A. Understanding the Media. Routledge，1991：5.

[2] 保罗·莱文森．新新媒介．上海：复旦大学出版社，2011.

[3] 曼纽尔·卡斯特．网络社会的崛起．北京：社会科学文献出版社，2000.

[4] 尼古拉斯·克里斯塔基斯，詹姆斯·富勒．大连接．北京：中国人民大学出版

社，2013：推荐序．

［5］彭兰．新媒体用户研究．北京：中国人民大学出版社，2020．

［6］约瑞姆·杰瑞·温德，凯瑟琳·芬迪森·海斯．广告的未来：全接触点价值创造．北京：中国人民大学出版社，2020．

［7］特蕾西·塔腾，迈克尔·所罗门．社会化媒体营销．北京：中国人民大学出版社，2014：20–23．

［8］Berger J. Word of Mouth and Interpersonal Communication：A review and Directions for Future Research. Journal of Consumer Psychology，2014，24（4）：586–607.

［9］Schiffman L G，Kanuk L L. Consumer Behavior. 5th Edition. 北京：清华大学出版社，1997：652.

［10］Wayne D M. The Marketing Communications Process. McGraw-Hill，1976.

［11］菲利普·科特勒，凯文·莱恩·凯勒，卢泰宏．营销管理：第 13 版·中国版．北京：中国人民大学出版社，2009：136．

［12］J. 布莱恩．消费者行为学精要．北京：中信出版社，2003：137–139.

［13］亨利·阿塞尔．消费者行为和营销策略：第 6 版．北京：机械工业出版社，2000：100.

［14］Zaichkowsky J L. Measuring the Involvement Construct in Marketing. Journal of Consumer Research，1985，12：341–352.

［15］Petty R E，Cacioppo J T，Schumann D. Central and Peripheral Routes to Advertising Effectiveness：The Moderating Role of Involvement. Journal of Consumer Research，1983，10（2）：135–146.

第 5 章

［1］菲利普·科特勒，凯文·莱恩·凯勒，卢泰宏．营销管理：第 13 版·中国版．北京：中国人民大学出版社，2009：136．

［2］德尔·I. 霍金斯，戴维·L. 马瑟斯博．消费者行为学：第 12 版．北京：机械工业出版社，2014：304．

［3］菲利普·科特勒，何麻温·卡塔加雅，伊万·塞蒂亚万．营销革命 4.0：从传统到数字．北京：机械工业出版社，2018.

［4］Howard J A. Consumer Behavior in Marketing Strategy. Prentice Hall，1989.

［5］J. 布莱恩．消费者行为学精要．北京：中信出版社，2003：139.

［6］德尔·I. 霍金斯，戴维·L. 马瑟斯博．消费者行为学：第 12 版．北京：机械工业出版社，2014：225.

［7］Daniel Kahneman，Amos Tversky. Prospect Theory：An Analysis of Decision Under Risk. Econometrica，1979，47（2）：263；Amos Tversky，Daniel Kahneman. Advances in Prospect Theory：Cumulative Representation of Uncertainty. Journal of Risk and Uncertainty，1992，5（4）：297–323.

［8］罗格·D. 布莱克韦尔，保罗·W. 米尼德，詹姆斯·F. 恩格尔．消费者行为学：第 9 版．北京：机械工业出版社，2003：66.

［9］J. 布莱思．消费者行为学精要．北京：中信出版社，2003：120.

［10］Howard J A. Consumer Behavior in Marketing Strategy. Prentice Hall，1989.

［11］迈克尔·所罗门，卢泰宏，杨晓燕．消费者行为学：第 10 版：中国版．北京：中国人民大学出版社，2014：242.

［12］德尔·I. 霍金斯，戴维·L. 马瑟斯博．消费者行为学：第 12 版．北京：机械工业出版社，2014：290.

［13］亨利·阿塞尔．消费者行为和营销策略：第 6 版．北京：机械工业出版社，2000：122–124.

［14］Cobb C J，Hoyer W D. Planned versus Impulse Purchase Behavior. Journal of Retailing，1986，62（4）：384–409.

［15］德尔·I. 霍金斯，戴维·L. 马瑟斯博．消费者行为学：第 12 版．北京：机械工业出版社，2014：367.

［16］Singh J. A Typology of Consumer Dissatisfaction Response Styles. Journal of Retailing，1990，66：88.

［17］Singh J. Consumer Complaint Intentions and Behavior：Definitional and Taxonomical Issues. Journal of Marketing，1988，52：101.

第 6 章

［1］Court D，Elzinga D，Mulder S，et al. The Consumer Decision Journey. McKinsey Quarterly，2009（3）：1–11.

［2］Edelman D C. Branding in the Digital Age. Harvard Business Review，2010（Dec）.

［3］ElmoLewis E St. Catch-Line and Argument. The Book-Keeper，1903，15：124；Side Talks about Advertising. The Western Druggist，1899，21：65–66；Financial Advertising. Levey Bros.，1908；The Duty and Privilege of Advertising a Bank.The Bankers Magazine，1909，78：710–711.

［4］特蕾西·塔腾，迈克尔·所罗门．社会化媒体营销．北京：中国人民大学出版社，2014：224.

［5］Wellman B. Physical Place and Cyberplace：The Rise of Personalized Networking. International Journal of Urban and Regional Research，2001，24（2）：227–252.

［6］卢泰宏，周懿谨，何云．价值网研究渊源与聚变效应探析．外国经济与管理，2012（1）：9–17.

［7］彭兰．新媒体用户研究．北京：中国人民大学出版社，2020.

［8］同上.

［9］同上.

［10］特蕾西·塔腾，迈克尔·所罗门．社会化媒体营销．北京：中国人民大学出

版社，2014：133．

［11］同上．

［12］尼古拉斯·克里斯塔基斯，詹姆斯·富勒．大连接．北京：中国人民大学出版社，2013．

［13］刘岚．宝洁与中国广告一起成长．数字营销传播会议演讲 // 阳翼．数字营销传播：思维、方法与趋势．广州：暨南大学出版社，2015．

［14］卢泰宏，周懿谨，何云．价值网研究渊源与聚变效应探析．外国经济与管理，2012（1）：9–17．

［15］特蕾西·塔腾，迈克尔·所罗门．社会化媒体营销．北京：中国人民大学出版社，2014：20–23．

［16］黎万强．参与感——小米口碑营销内部手册．北京：中信出版社，2014．

［17］伯特·斯考伯，谢尔·伊斯雷尔．即将到来的场景时代．北京：北京联合出版公司，2014．

［18］玛丽贝尔·洛佩兹．指尖上的场景革命：打造移动终端的极致体验感．北京：中国人民大学出版社，2016．

［19］吴声．场景革命：重构人与商业的连接．北京：机械工业出版社，2015；吴声．场景纪元：从数字到场景的新商业进化．北京：中信出版社，2020．

［20］查克·马丁．决胜移动终端：移动互联时代影响消费者决策的 6 大关键．杭州：浙江人民出版社，2014．

［21］Chuck Martin．决战第三屏：移动互联网时代的商业与营销新规则．北京：电子工业出版社，2013：2．

第 7 章

［1］Mooij M. Consumer Behavior and Culture：Consequences for Global Marketing and Advertising. Sage，2004.

［2］菲利普·科特勒，凯文·莱恩·凯勒，卢泰宏．营销管理：第 13 版·中国版．北京：中国人民大学出版社，2009：118，173．

［3］Solomon M R. Consumer Behavior：Buying，Having，and Being. 11th Edition. Pearson，2015.

［4］德尔·I. 霍金斯，戴维·L. 马瑟斯博．消费者行为学：第 12 版．北京：机械工业出版社，2014：41.

［5］McCracken G. Culture and Consumption：A Theoretical Account of the Structure and Movement of the Cultural Meaning of Consumer Goods. Journal of Consumer Research，1986，13（1）：71–84.

［6］塞缪尔·亨廷顿．文明的冲突．北京：新华出版社，2013．

［7］托马斯·弗里德曼．世界是平的：21 世纪简史．湖南：湖南科学技术出版社，2010．

［8］Levitt T. The Globalization of Markets. Harvard Business Review，1983（May-June）.

［9］Clements K W，Chen D. Fundamental Similarities in Consumer Behaviour. Applied Economics，1996，28（6）.

［10］Huszagh S M，Fox R J，Ellen D. Global Marketing：An Empirical Investigation. Columbia Journal of World Business，1985，20（4）.

［11］Dawar N，Parker P. Marketing Universale：Consumers'Use of Brand Name，Price，Physical Appearance and Retailer Reputation as Signal of Product Quality. Journal of Marketing，1994，58（2）.

［12］德尔·I. 霍金斯，戴维·L. 马瑟斯博．消费者行为学：第 12 版．北京：机械工业出版社，2014：93．

［13］Schutte H. Consumer Behavior in Asia. New York University Press，1998.

［14］Kahle L R. The Nine Nations of North America and the Value Basis of Geographic Segmentation. Journal of Marketing，1986，50（2）.

［15］Kahle L R，Liu R，Watkins H. Psychographic Variation Across United States Geographic Regions. Advances in Consumer Research，1992，19：346–352；Kahle L R，Beatty S E，Homer P. Alternative Measurement Approaches to Consumer Values：The List of Values（LOV）and Values and Life Style（VALS）. Journal of Consumer Research，1986，13：405–409.

［16］卢泰宏等．中国消费者行为报告．北京：中国社会科学出版社，2005：1–5.

［17］迈克尔·所罗门，卢泰宏，杨晓燕．消费者行为学：第 10 版：中国版．北京：中国人民大学出版社，2014：359．

［18］迈克尔·所罗门，卢泰宏，杨晓燕．消费者行为学：第 10 版：中国版．北京：中国人民大学出版社，2014：366．

［19］Mowen J C，Minor M S．消费者行为学：第 4 版．北京：清华大学出版社，2003：240．

［20］Mowen J C，Minor M S．消费者行为学：第 4 版．北京：清华大学出版社，2003：239．

［21］迈克尔·所罗门，卢泰宏，杨晓燕．消费者行为学：第 10 版：中国版．北京：中国人民大学出版社，2014：367–368.

［22］Levitt T. The Globalization of Markets. Harvard Business Review，1983（May-June）.

［23］弗兰克·费瑟．未来消费者．沈阳：辽宁教育出版社，1999；格伦·彼得斯．超越下一次浪潮：想到下一代消费者心里去．沈阳：辽宁画报出版社，2000.

第 8 章

［1］林语堂．中国人（全译本）．上海：学林出版社，2000：199．

［2］翟学伟．中国人行动的逻辑．北京：社会科学文献出版社，2001：83．

［3］迈克尔·所罗门，卢泰宏，杨晓燕．消费者行为学：第 10 版：中国版．北京：中国人民大学出版社，2014：306.

［4］利昂·希夫曼，约瑟夫·维森布利特．消费者行为学：第 11 版．北京：中国人民大学出版社，2015：364–366.

［5］Schiffman L G，Kanuk L L. 消费者行为学：第 7 版．北京：清华大学出版社，2001：458.

第 9 章

［1］张春兴．现代心理学．上海：上海人民出版社，1994：353.

［2］Strauss W，Howe N. Generations：The History of America's Future，1584 to 2069. William Morrow & Company，1992：32.

［3］德尔·I. 霍金斯，罗格·J. 贝斯特，肯尼思·A．科尼．消费者行为学：第 8 版．北京：机械工业出版社，2003：162.

［4］Prensky M. Digital Natives，Digital Immigrants. On the Horizon，2001，9（6）：1–6.

第 10 章

［1］英国经济学家情报社．跨国公司在中国：赢家和输家．北京：新华出版社，2000：9.

［2］Askegaard S，Madsen T K. The Local and the Global：Exploring Traits of Homogeneity and Heterogeneity in European Food Cultures. International Business Review，1998，7（6）.

［3］维瑟拉·R. 拉奥，乔尔·H. 斯特克尔．战略营销分析．北京：中国人民大学出版社，2001：25–27；德尔·I. 霍金斯，罗格·J. 贝斯特，肯尼思·A. 科尼．消费者行为学：第 8 版．北京：机械工业出版社，2003：414–415.

第 11 章

［1］Peng L，Cui G，Chung Y，et al. The Faces of Success：Beauty and Ugliness Premiums in e-Commerce Platforms. Journal of Marketing，2020，84（4）：67–85.

［2］吴绍宏．消费者研究的方法、历史、进展与趋势．理工学报—澳门理工学院，1998，1（2）：38–61.

［3］马克·桑德斯，菲利普·刘易斯，阿德里安·桑希尔．研究方法教程：第 3 版．北京：中国商务出版社，2004：2.

［4］同上．

［5］纳雷希·K. 马尔霍特拉．市场营销研究：应用导向：第 3 版．北京：电子工业出版社，2002：59.

［6］艾尔·巴比．社会研究方法：第 10 版．北京：华夏出版社，2000：71.

［7］阿尔文·C. 伯恩斯，罗纳德·F. 布什．营销调研：第 2 版．北京：中国人民大学出版社，2001：207.

［8］纳雷希·K. 马尔霍特拉．市场营销研究：应用导向：第 3 版．北京：电子工业出版社，2002：138.

［9］Saunders M，Lewis P，Thornhill A. Research Methods for Business Students. 3rd Edition. Prentice Hall，2003：120.

［10］Bearden W O，Netemeyer R G. Handbook of Marketing Scales. 2nd Edition. Sage，1993：258–260.

第 12 章

［1］维克托·迈尔-舍恩伯格，肯尼思·库克耶．大数据时代：生活、工作与思维的大变革．杭州：浙江人民出版社，2013.

［2］Beyer M，Laney D. The Importance of "Big Data"：A Definition. Gartner，2012.

［3］维克托·迈尔-舍恩伯格，肯尼思·库克耶．大数据时代：生活、工作与思维的大变革．杭州：浙江人民出版社，2013.

［4］Tirunillai S，Tellis G J. Mining Marketing Meaning from Online Chatter：Strategic Brand Analysis of Big Data Using Latent Dirichlet Allocation. Journal of Marketing Research，2014，51（4）：463–479.

［5］克里斯托弗·斯坦纳．算法帝国．北京：人民邮电出版社，2014.

［6］喻国明，赵文宇．算法是一种新的传播观：未来传播与传播学的重构．西南民族大学学报（人文社科版），2020（05）：145–149.

［7］凯斯·R. 桑斯坦．信息乌托邦——众人如何生产知识．北京：法律出版社，2008：8.

［8］Pariser E. The Filter Bubble：What the Internet Is Hiding from You. Penguin Group，2011.

［9］彭兰．导致信息茧房的多重因素及"破茧"路径．新闻界，2021（1）：30–38，73；郭小安，甘馨月．"戳掉你的泡泡"——算法推荐时代"过滤气泡"的形成及消解．全球传媒学刊，2018（6）：76–90.

第 13 章

［1］亨利·福特．福特自传——我的生活和事业．北京：中国城市出版社，2005.

［2］彼得·德鲁克．管理的实践．北京：机械工业出版社，2006：41–42.

［3］Stewart D W，Furse D H. Analysis of the Impact of Executional Factors in Advertising Performance. Journal of Advertising Research，1984，24：23–26；MacInnis D J，Moorman C，Jaworski B J. Enhancing and Measuring Consumers'Motivation，Opportunity，and Ability to Process Brand Information from Ads. Journal of Marketing，1991，55：32–53.

[4] L. G. 希夫曼，L. L. 卡纽克．消费者行为学：第 7 版．上海：华东师范大学出版社，2002：308.

[5] Chook P H. A Continuing Study of Magazine Environment，Frequency，and Advertising Performance. Journal of Advertising Research，1985，25（4）：23–33.

[6] Chuck Martin．决战第三屏：移动互联网时代的商业与营销新规则．北京：电子工业出版社，2013：2．

[7] 埃迪·允，史蒂夫·卡洛蒂，丹尼斯·穆尔．聚焦超级顾客．哈佛商业评论，2014（3）．

[8] 迈克尔·所罗门，卢泰宏，杨晓燕．消费者行为学：第 10 版：中国版．北京：中国人民大学出版社，2014：273–274．

[9] Leonard-Barton D. Experts as Negative Opinion Leaders in the Diffusion of a Technological Innovation. Journal of Consumer Research，1985，11（4）：914–926.

[10] 威廉·阿伦斯．当代广告学：第 7 版．北京：华夏出版社，2001：131．

[11] 卢泰宏，朱翊敏．实效促销 SP．修订版．北京：清华大学出版社，2003：173.

[12] 罗伯特·B. 西奥迪尼．影响力．北京：北京联合出版公司，2016．

[13] 菲利普·科特勒．营销管理：第 11 版．上海：上海人民出版社，2003：58．

[14] Fournier S. Consumers and Their Brand：Developing Relationship Theory in Consumer Research. Journal of Consumer Research，1998，24：343–347.

[15] Kotler P，Keller K L. Marketing Management. 14th Edition. Pearson，2011：142–143.

图书在版编目（CIP）数据

消费者行为学：洞察中国消费者 / 卢泰宏，周懿瑾著. -- 4 版. -- 北京：中国人民大学出版社，2021.10
高等学校经济管理类主干课程教材．市场营销系列
ISBN 978-7-300-29905-1

Ⅰ. ①消… Ⅱ. ①卢… ②周… Ⅲ. ①消费者行为论－高等学校－教材 Ⅳ. ① F713.55

中国版本图书馆 CIP 数据核字（2021）第 194674 号

高等学校经济管理类主干课程教材·市场营销系列
消费者行为学：洞察中国消费者（第 4 版）
卢泰宏　周懿瑾　著
Xiaofeizhe Xingweixue: Dongcha Zhongguo Xiaofeizhe

出版发行	中国人民大学出版社		
社　　址	北京中关村大街 31 号	**邮政编码**	100080
电　　话	010－62511242（总编室）		010－62511770（质管部）
	010－82501766（邮购部）		010－62514148（门市部）
	010－62515195（发行公司）		010－62515275（盗版举报）
网　　址	http://www.crup.com.cn		
经　　销	新华书店		
印　　刷	北京昌联印刷有限公司	**版　　次**	2005 年 5 月第 1 版
开　　本	787 mm × 1092 mm　1/16		2021 年 10 月第 4 版
印　　张	17.25　插页 1	**印　　次**	2025 年 5 月第 8 次印刷
字　　数	378 000	**定　　价**	59.00 元

中国人民大学出版社　管理分社

教师教学服务说明

中国人民大学出版社管理分社以出版工商管理和公共管理类精品图书为宗旨。为更好地服务一线教师，我们着力建设了一批数字化、立体化的网络教学资源。教师可以通过以下方式获得免费下载教学资源的权限：

★ 在中国人民大学出版社网站 www.crup.com.cn 进行注册，注册后进入“会员中心”，在左侧点击“我的教师认证”，填写相关信息，提交后等待审核。我们将在一个工作日内为您开通相关资源的下载权限。

★ 如您急需教学资源或需要其他帮助，请加入教师 QQ 群或在工作时间与我们联络。

中国人民大学出版社　管理分社

教师 QQ 群： 648333426（工商管理）　114970332（财会）　648117133（公共管理）
教师群仅限教师加入，入群请备注（学校+姓名）

联系电话： 010-62515735，62515987，62515782，82501048，62514760

电子邮箱： glcbfs@crup.com.cn

通讯地址： 北京市海淀区中关村大街甲 59 号文化大厦 1501 室（100872）

管理书社　　人大社财会　　公共管理与政治学悦读坊